Rudolf Goldscheid

Menschenökonomie,
Weltkrieg und Weltfrieden

edition pace | Band 22

*Regal: Pazifisten & Antimilitaristen
aus jüdischen Familien*

Herausgegeben von Peter Bürger

In Kooperation mit dem
Lebenshaus Schwäbische Alb

Rudolf Goldscheid

Menschenökonomie, Weltkrieg und Weltfrieden

Ausgewählte Schriften
1912 – 1926

edition pace

Diese Buchausgabe folgt
der schon erschienenen
Digitalversion des Online-Regals
beim Lebenshaus Schwäbische Alb e. V.

© 2024

Rudolf Goldscheid

MENSCHENÖKONOMIE,
WELTKRIEG UND WELTFRIEDEN

Ausgewählte Schriften 1912 – 1926

edition pace (Gründungsreihe) Band 22

Herausgegeben & bearbeitet von Peter Bürger
(www.tolstoi-friedensbibliothek.de)
Umschlagmotiv: Rudolf Goldscheid (li., neben F. Tönnies)
auf dem Berliner Soziologenkongress 1930 | austria-forum.org
Verlag: BoD • Books on Demand GmbH, In de Tarpen 42,
22848 Norderstedt
Druck: Libri Plureos GmbH, Friedensallee 273, 22763 Hamburg
ISBN: 978-3-7597-7885-7

Inhalt

Vorbemerkungen
zu dieser Auswahl von Schriften Rudolf Goldscheids   7

Ausgewählte Texte 1912 – 1926

FRIEDENSBEWEGUNG UND MENSCHENÖKONOMIE
Verlag der ‚Friedens-Warte' I 1912   23

KRIEG UND KULTUR
‚Friedens-Warte' I Dezember 1912   68

DAS VERHÄLTNIS DER ÄUSSERN POLITIK ZUR INNERN
Ein Beitrag zur Soziologie des Weltkrieges
und Weltfriedens I September 1914   79

DEUTSCHLANDS GRÖSSTE GEFAHR
Ein Mahnruf I Mai 1915   134

HUMANES EHRGEFÜHL UND
KULTURELLE BEDEUTUNG DES INTERNATIONALISMUS
Gesammelte Aufsätze I 1919   186

WELTREAKTION UND PAZIFISMUS
‚Die Friedens-Warte' I März 1923   197

INTERNATIONALISMUS UND MENSCHLICHKEIT
‚Die Friedens-Warte' I April/Mai 1923   204

DER GLAUBE AN DIE GEWALT
‚Die Friedens-Warte' I September/Oktober 1923   210

DIE VERFOLGUNG QUIDDES WEGEN LANDESVERRAT
‚Die Friedens-Warte' I Januar/März 1924   219

DAS JUBILÄUM DES WELTKRIEGES UND DIE PAROLE:
NIE WIEDER KRIEG!
‚Die Friedens-Warte' I April/Juli 1924   226

DER AUSBAU DES PAKTES VON LOCARNO
UND DER ZUSAMMENSCHLUß EUROPAS
‚Die Friedens-Warte' I September 1926   232

Anhang

Dokumentation
WÜRDIGUNG DES PAZIFISTISCHEN WIRKENS
von Rudolf Goldscheid in der ‚Friedens-Warte' 1930
anlässlich seines 60. Geburtstages   237

1. Rudolf Goldscheid als Denker und Kämpfer   237
2. Rudolf Goldscheid als Organisator der
    Friedensbewegung   239
3. Rudolf Goldscheids Persönlichkeit und
    Stellung zur Frauenfrage   242
4. Rudolf Goldscheids Haltung im Weltkriege   245
5. R. Goldscheid und die deutsche Friedensbewegung   250

BIBLIOGRAPHIE

Schriften von Rudolf Gottscheid   255

1. Dichterische Werke   255
2. Selbstständige philosophische, soziologische
    und politische Veröffentlichungen   255
3. Beiträge in Zeitungen, Zeitschriften und Sammel-
    werken (Auswahl)   256

Literatur über Rudolf Goldscheid   259

Vorbemerkungen
zu dieser Auswahl von
Schriften Rudolf Goldscheids

„Ihr habt im Kriege eine Welt zu verlieren und nichts zu gewinnen, als neue Ketten und neue Lasten. Nationen aller Länder, vereinigt euch! Vereinigt euch im Kampfe gegen den Krieg, vereinigt euch im unablässigen Ausbau solcher Friedensorganisationen, die den Ausbruch von Kriegen für alle Zeiten *kulturtechnisch* unmöglich machen!"

RUDOLF GOLDSCHEID: ‚Krieg und Kultur', 1912[1]

Das Regal „Pazifisten und Antimilitaristen aus jüdischen Familien" innerhalb der Reihe „edition pace" vermittelt das Denken von Frauen und Männern, deren Friedenswerke unser – durchaus auf Erfahrung beruhendes – Wissen um eine *mögliche* (!) Schönheit der menschlichen Gattung immer wieder aufs Neue anschaulich werden lassen. Die Freude am eigenen Menschsein kann vorzugsweise dort Nahrung finden, wo in anderen Vertretern der Spezies *Vernunft* und *Menschlichkeit* – diese aufeinander verwiesenen Entsprechungen – eine unzerreißbare Verbindung eingehen. Im vorliegenden Band mit Texten des Österreichers RUDOLF GOLDSCHEID (1870-1931) erkunden wir Pfade eines rationalen Pazifismus, der die Symbiose von klarem Denken und lebensdienlicher Ethik (‚biophiles Ethos') nicht nur für wünschenswert hält, sondern auch als alternativlos betrachtet.

Das Votum von Albert Einstein

Nachdrücklich hat nach dem Ersten Weltkrieg ALBERT EINSTEIN (1879-1955) für wissenschaftliche Grundlegungen der Friedensar-

---

[1] Neu in: Rudolf GOLDSCHEID, Grundfragen des Menschenschicksals. Gesammelte Aufsätze. Leipzig/Wien: E. P. Tal & Co. Verlag 1919, S. 190-200.

beit votiert. Er ging davon aus, dass Vertreter empirischer Wissenschaften aufgrund von Erfordernissen und Interessenlagen ihrer Fachgebiete eine besondere Affinität zur Kritik der Kriegsapparatur aufweisen:

> „Kriege sind die schwersten Hindernisse für die Entwicklung aller Bestrebungen, die wesentlich auf der Zusammenarbeit von Menschen aller Nationen beruhen, insbesondere alle kulturellen Bestrebungen. [...] Deshalb muß ein Mensch, dem die geistigen Werte die höchsten sind, Pazifist sein. Dies beweist auch die Geschichte, wenn man die Männer der Vergangenheit nicht zählt, sondern wägt.
> Wie steht es mit der Wirkung der Wissenschaft auf die Entwicklung des Pazifismus? Der Einfluß der Geisteswissenschaft in dieser Beziehung war offenbar ein sehr geringer. Es ist leicht, zu beobachten, daß die Mehrzahl der Vertreter derjenigen Wissenschaft, die hier in erster Linie in Betracht kommt, nämlich der Geschichte, die Sache des Pazifismus keineswegs gefördert hat. Viele Vertreter dieser Wissenschaft, wenn auch nicht gerade die besten unter ihnen, haben sich merkwürdigerweise, besonders bei Gelegenheit des letzten großen Krieges, in der Öffentlichkeit durch besonders starke chauvinistische und militaristische Äußerungen hervorgetan. – Ganz anders steht es bei den Naturwissenschaften. Ihre Vertreter neigen infolge des universellen Charakters der von ihnen behandelten Gegenstände und infolge der Notwendigkeit international organisierter Zusammenarbeit zu internationaler Gesinnung und damit zur Begünstigung der pazifistischen Ziele. Ähnlich verhält es sich mit den Nationalökonomen, die den Krieg notwendig als eine durch Organisationsmangel bedingte Störung des wirtschaftlichen Prozesses auffassen müssen. [...]"[2]

Namentlich einige Friedensforscher, die wie EINSTEIN aus jüdischen Familien stammten, haben sehr früh die Bedeutung der Natur-, Wirtschafts- und Sozialwissenschaften für einen zeitgemäßen Pazi-

---

[2] Zitiert aus Walter FABIAN / Kurt LENZ: Die Friedensbewegung. Ein Handbuch der Weltfriedensströmungen der Gegenwart. Berlin: Schwetschke & Sohn 1922, S. 78-79.

fismus unterstrichen. Zum Ende des 19. Jahrhunderts legte JOHANN bzw. IWAN VON BLOCH (1836-1902) in sechs Bänden seine bahnbrechende Arbeit *„Der zukünftige Krieg in seiner technischen, volkswirtschaftlichen und politischen Bedeutung"* vor.[3] Diese weitsichtige Aufklärung zu künftigen Schrecken konnte leider Irrationalismus und Macht der bis heute fortbestehenden, jüngst auch im Nahbereich revitalisierten Militärreligion nicht brechen. – Während des Ersten Weltkrieges erschien dann das zweibändige Werk *„Die Biologie des Krieges – Betrachtungen eines Naturforschers"* (Zürich 1917) des in Deutschland gemaßregelten, ja verfemten Mediziners und Hochschullehrers GEORG FRIEDRICH NICOLAI[4] (1874-1964, ursprünglicher Geburtsname: G. LEWINSTEIN).

RUDOLF GOLDSCHEIDS Beiträge zur Friedensfrage aus vorwiegend soziologischer und ökonomischer Perspektive setzten schon einige Jahre vor dem ‚Menschenschlachthaus 1914-1918' ein und gehören zur gleichen Richtung eines ‚wissenschaftlichen Pazifismus'.

Lebensweg, Werk und Wirken von Rudolf Goldscheid

J. Fleischhacker schreibt in einer biographischen Skizze: „Rudolf Goldscheid wurde am 12. August 1870 in Wien geboren und wuchs als sechstes und jüngstes Kind seiner Eltern Moses Hirsch (1824-1897) und Betty Goldscheid (geborene Reitzes; 1810-1884) auf. Goldstein entstammte einer wohlhabenden Familie; sein Vater war im Handelsgewerbe beschäftigt … Seine Mutter widmete sich ausschließlich der Erziehung der heranwachsenden Kinder und der Führung des Familienhaushalts. In diesem gut behüteten Milieu aufwachsend und die Schulausbildung in Wien absolvierend verließ Goldscheid mit 21 Jahren zum ersten und einzigen Mal über längere

---

[3] Vgl. zu ihm den ersten Band im „Regal „Pazifisten und Antimilitaristen aus jüdischen Familien": Johann von BLOCH, Die wahrscheinlichen politischen und wirtschaftlichen Folgen eines Krieges zwischen Großmächten. Neuedition der Übersetzung von 1901 mit Begleittexten von B. Friedberg, Manfred Sapper und Jürgen Scheffran. Norderstedt: BoD 2024 (mit einer bibliographischen Übersicht).
[4] Vgl. zu ihm folgende Darstellung von Leben und Werk: Wolf W. ZUELZER, Der Fall Nicolai. Frankfurt a. M.: Societäts-Verlag 1981 (gründlich, exzellent geschrieben und frei von Idealisierungen der Persönlichkeit Nicolais).

Zeit seine Heimatstadt und zog nach Berlin. 1891 ließ er sich an der Königlichen Friedrich Wilhelms-Universität zu Berlin für das Studium der Philosophie immatrikulieren. Zu seinen Lehrern zählten bedeutsame Nationalökonomen, Philosophen und Soziologen. Bei dem Volks- und Finanzwissenschaftler Adolph Wagner (1835-1917) erhielt Goldscheid Einblicke in die Literaturgeschichte der National-ökonomie und des Sozialismus, beim Volkswirt Gustav Schmoller (1838-1917) belegte er Vorlesungen zur allgemeinen und theoretischen Nationalökonomie. Wichtige Anregungen zum philosophischen Denken erhielt Goldscheid unter anderem in den Ethikvorlesungen von Georg Simmel (1858-1918) und in den Kursen zur Philosophie der Erfahrungswissenschaft unter der Leitung von Wilhelm Dilthey (1833-1911). Drei Jahre später brach Goldscheid im August 1894 seine philosophischen und wirtschaftswissenschaftlichen Studien ab und ließ sich exmatrikulieren. ... In den spärlichen Archivfunden fehlt jeglicher Hinweis darauf, warum Goldscheid trotz guter und sehr guter Studienergebnisse sein Studium der Philosophie vorzeitig und damit ohne einen akademischen Abschluss abbrach. Möglicherweise waren es gerade seine ehrgeizigen literarischen Ambitionen[5] [als Dichter; pb], die ihn zu dieser Entscheidung führten ... Nach dem Abbruch seines Studiums in Berlin verlieren sich über wenige Jahre die Spuren von Rudolf Goldscheid."[6]

Die Angaben zur Schulausbildung (nur „Mittlere Reife" oder Abitur ?) in der Sekundärliteratur fallen unterschiedlich aus und scheinen nicht ganz geklärt zu sein. 1898 heiratete Goldscheid in Leipzig Marie von Maltzahn, die nicht aus einer jüdischen Familie stammte. Der Onkel Sigmund Reitzes, jüdischer Bankier in Wien, ermöglichte die unabhängige geistige Arbeit, war jedoch nicht glücklich über die politische Ausrichtung des Neffen im Lager der Linken.[7] 1903 kehrte der junge Geistesarbeiter von Berlin nach Wien

---

[5] Vgl. im vorliegenden Band auf →Seite 255 eine Übersicht zu den unter dem Pseudonym *Rudolf Golm* veröffentlichten Dichterischen Werken Rudolf Goldscheids aus dem Zeitraum 1888-1899.
[6] Jochen FLEISCHHACKER: Rudolf Goldscheid. Soziologe und Geisteswissenschaftler im 20. Jahrhundert. Eine Porträtskizze. In: AGSÖ | Archiv für die Geschichte der Soziologie in Österreich. Newsletter Nr. 20 (Graz, Juni 2000), S. 3-14, hier 3-4. [Kurztitel: FLEISCHHACKER 2000]
[7] Goldscheid war der – damals natürlich noch sozialistischen – Sozialdemokratie

zurück. – „Trotz der vorzeitigen Studienunterbrechung zeigte sich Goldscheid ausgesprochen aufgeschlossen gegenüber den Wissenschaften. Zeugnis hierfür ist seine wissenschaftliche Produktivität, die sich in einer Fülle von Büchern, Aufsätzen, Festschriften und Kommentaren niederschlug. Obgleich für Goldscheid die Universitätstore Zeit seines Lebens verschlossen blieben, engagierte er sich immer für die Belange der Wissenschaft und war maßgeblich am Prozess der Institutionalisierung der Soziologie in Österreich und Deutschland beteiligt. Gemeinsam mit Repräsentanten der Geisteswissenschaften, der Ökonomie, Statistik, Sozialpolitik, Geschichte, Philosophie, Rechtswissenschaft und Theologie diskutierte Goldscheid über den Gegenstand und die Aufgaben der sich etablierenden soziologischen Wissenschaft."[8] Als ‚Monist'[9] konnte er eine strikte Trennung von Natur- und Geisteswissenschaften (oder von Wissenschaft und Politik) nicht nachvollziehen.

Schon 1902 hatte Goldscheid sein bedeutsames soziologisches Erstlingswerk *„Zur Ethik des Gesamtwillens"* veröffentlicht. Er war später maßgeblich beteiligt an der Gründung der ersten „Soziologischen Gesellschaft" für den deutschsprachigen Raum in Wien (1907) sowie der „Deutschen Gesellschaft für Soziologie | DGS" in Berlin (1909) und gehörte ab 1913 als ordentliches Mitglied auch dem „Institut International de Sociologie" in Paris an.[10] 1910 und 1912 erfolgten auf den ersten beiden Deutschen Soziologentagen seine heftige Auseinandersetzungen mit Max Weber und Werner Sombart im Kontext des sogenannten „Werturteilsstreit". Im Deutschen Kaiserreich sollten die Sozialwissenschaftler die politische Relevanz ihrer Forschungen ausklammern und – bezogen auf Ausgangspunkte,

---

[8] in Österreich verbunden, der er später auch beitrat. 1918 ließ er sich in den Wiener Arbeiterrat wählen und zeigte mit Blick auf die revolutionären Kräfte im linken Spektrum keine Berührungsängste.

[8] FLEISCHHACKER 2000, S. 4.

[9] Goldscheid war 1906 „an der Gründung des ‚Österreichischen Monistenbundes' beteiligt. Unter dem Dach dieses Vereines trafen sich Wissenschaftler verschiedener Disziplinen, die von *einer natürlichen Einheit der Welt* überzeugt waren und diese *ausschließlich mit Hilfe wissenschaftlicher Vernunft* erklären wollten" (FLEISCHHACKER 2000, S. 4).

[10] Vgl. zu allen Angaben ohne eigenen Literaturverweis Arno BAMMÉ: Rudolf Goldscheid. Eine Einführung. Marburg: Metropolis-Verlag 2020, bes. S. 166-169: ‚Zeittafel'. [Kurztitel: BAMMÉ 2020]

Schlussfolgerungen, Handlungskonzepte etc. – keinen normativen, wertenden Standort einnehmen. Eine solche Wissenschaft, die sich ‚neutral‘ bzw. ‚unparteiisch‘ wähnt (und sich über den möglichen Gebrauch / Mißbrauch von Forschungsergebnissen keinen Kopf zerbricht), ist selbstredend am besten geeignet, die bestehenden Verhältnisse zu festigen statt sie *zugunsten der Menschen* zu verändern. Goldscheid, durchaus in vielem mit den ‚Positivisten‘ sympathisierend, redete mitnichten einer Vermischung von Forschung (Erfahrungswissenschaften) und ‚Gesinnung‘ das Wort. Doch eine Wissenschaft, die die Weltwirklichkeit nur beschreibt und erklärt, während sie bei der Frage *„Wie soll die Menschenwelt sein?"* verstummt, betrachtete er als unannehmbare Ideologie.

Kapitalismus verhindert (wie Militarismus) gleichermaßen klares Denken und Menschlichkeit. Goldscheid selbst wählte als demokratischer Sozialist und Pazifist seine soziologischen Forschungsgegenstände gezielt aufgrund seiner „allgemeinen Wertvoraussetzungen" aus. Ihn trieb die Frage um, welches Gefüge in Gesellschaft und Ökonomie mit *Frieden, freiheitlichen Verhältnissen* und der *Förderung des Lebens* (Wohl der Individuen und der menschlichen Gattung) vereinbar ist. Nicht in Frage kamen für ihn hierbei der realexistierende sog. „Liberalismus", der die Wirtschaft (Kapitalismus) von seinen nur vordergründigen Demokratisierungsbestrebungen ausklammert, und ein autoritärer wie gewaltgläubiger sog. „Sozialismus", den er dem Gefüge des Reaktionären zuordnete.

Zur Textauswahl im vorliegenden Band

Die Ziele des Pazifismus können somit nur unter den Bedingungen einer *gleichermaßen* demokratischen *und* sozialistischen Umgestaltung des Bestehenden – stets mit internationalistischer Perspektive – erreicht werden. Goldscheid wirkte schon vor dem Ersten Weltkrieg für die Friedensbewegung, beteiligte sich „im Jahr 1915 an der Initiative zur Gründung einer Zentralorganisation und eines Publikationsorgans für einen dauerhaften Frieden" und gehörte 1921-1927 dem Vorstand der *„Deutschen Liga für Menschenrechte"* an. Er übernahm außerdem 1922-1925 in der Nachfolge von Alfred Hermann Fried (1864-1921) die Herausgeberschaft der *„Friedens-Warte"*, der Zeitschrift des organisierten Pazifismus.

Die ersten fünf friedensbewegten Texte in unserer Auswahl – mehrheitlich zuerst als selbstständige Veröffentlichungen erschienen – stammen aus dem Zeitraum 1912 bis 1919:

FRIEDENSBEWEGUNG UND MENSCHENÖKONOMIE (1912) | Es besteht nach wie vor „eine Wirtschaft, die tötet" (Papst Franziskus). Kapitalismus und Militarismus schreiten, ohne mit der Wimper zu zucken, über die Leichenberge von Hunderttausenden ihrer Opfer hinweg: das Lebensglück der Menschen ist ihnen ‚scheißegal'; willige Politiker präsentieren den militärisch-industriellen Komplex, der Leben vernichtet statt zu fördern, noch als Dienst an der Menschheit … – Scheinbar ohne jede Empathie führt nun der Sozialist und Pazifist Rudolf Goldscheid 1912 gegen die Komplexe des Menschenverschleißes seinen Ansatz der „Menschenökonomie" ins Feld (u. a. als Gegenentwurf zur bloßen ‚Warenökonomie'). Die eiskalten Berechnungen und Begrifflichkeiten (‚Menschenmaterial' usw.) der Wirtschaftswissenschaften kommen ins Spiel.[11] Gerade so aber – mit ‚Zahlen und Figuren' als Schlüssel – läßt sich die Frage beantworten, „ob die Friedenspalme oder das Kriegsschwert mehr mit Blut befleckt" ist; denn: „Jede Kanone, jedes Panzerschiff stellt das Äquivalent für eine bestimmte Summe geopferter Menschenleben und unbehobener sozialer Übel dar." – Goldscheid sieht innige „Zusammenhänge zwischen Wirtschaftlichkeit und Menschlichkeit"; kostspielig ist am Ende stets die verweigerte Humanität. Gerade auch aus ökonomischer Perspektive bleibt das Programm ‚Krieg' die ultimative Irrationalität. „Mit dem Konzept der ‚Menschenökonomie' sollte gezeigt werden, dass Humanität, Solidarität, Mitgefühl etc.

---

[11] Auch an anderen Stellen (u. a. im Zusammenhang mit der sog. ‚Eugenik') hat R. Goldscheid Terminologien zeitgenössischer ‚Wissenschaften' übernommen, ohne die menschenverachtenden Programme ihrer Urheber zu teilen. Vgl. dazu z. B. Helge PEUKERT: Rudolf Goldscheid. Menschenökonom und Finanzsoziologe. Frankfurt a. M.: Lang 2009; FLEISCHHACKER 2000; BAMMÉ 2020, bes. S. 51-54 und 111-117; Katharina NEEF: Rudolf Goldscheids Menschenökonomie. Biopolitik und soziale Revolution. In: Albert Dikovich / Alexander Wierzock (Hg.): Von der Revolution zum neuen Menschen. Stuttgart: Franz Steiner Verlag 2018, S. 201-218.

keine sittlich-moralischen Zusätze sind, sondern zentrale Erfordernisse für die Erhaltung und Förderung des menschlichen Lebens als des letztendlichen Zieles aller Ökonomie."[12]

KRIEG UND KULTUR (1912) | Auch in dieser nachfolgenden Schrift werden Irrsinn und Heilsversprechen der Militärreligion thematisiert: *„Eine merkwürdige Art, das Leben der Menschen sichern zu wollen, indem man sie in Hunderttausenden zur Schlachtbank führt!"* „Im Kriege feiert … die Menschen- und Gütervergeudung die tollsten Orgien. Gegen diese muß sich darum ein Geschlecht, *bei dem das ökonomische Denken in das Zentrum des Willens gerückt ist,* am stärksten erheben." – Die sich in immer kürzeren Zeiträumen vollziehende kulturelle Evolution der menschlichen Gattung[13] ist zweifellos zweigesichtig, denn es hat ja „gerade der Fortschritt unserer technischen Kultur die Zerstörungsmöglichkeiten im Kriege ins Unermeßliche gesteigert". Schon vordergründig galt für Goldscheid 1912: „Die kulturelle Leistungsfähigkeit eines Volkes kulminiert in unseren Tagen nicht mehr wie ehemals in der Kriegstüchtigkeit". Doch nun müssten wir im Sinne seiner Schriften einen *qualifizierten Begriff von ‚Kultur'* ins Spiel bringen, der allein auf die Förderung des Lebens zielt und sich mit dem Destruktiven nicht zusammenreimen lässt. Dann wäre für unser Jahrtausend zu postulieren: Die kulturelle Leistungsfähigkeit eines sozialen Raumes, eines Landes, eines Kontinents oder der gesamten Gattung kulminiert einzig in der überlebenswichtigen Befähigung zum Frieden. Am allerwenigsten kommt es auf der Grundlage eines denkbar aggressiven Wirtschaftssystems (Kapitalismus) zu entsprechenden geistigen bzw. kulturellen Strukturen der Gewaltfreiheit und Kooperation, die allein der Gattung ein Überleben ermöglichen können. Deshalb wäre es kaum klug, die marxistische Basis-Überbau-Theorie ganz zu den Akten zu legen. Die Überlegungen Goldscheids bewegen sich aber darüber hinausgehend in Richtung der viel späteren UNESCO-Gründungsurkunde: „Da Kriege im Geist der Menschen entstehen, muss auch der Frieden im Geist der Menschen verankert werden."[14] Das geistig-seelische Gefüge sozia-

---

[12] BAMMÉ 2020, S. 110.
[13] Vgl. BAMMÉ 2020, S. 89-117: ‚Evolution in Natur und Kultur'.
[14] https://www.unesco.de/ueber-uns/ueber-die-unesco

ler Räume – auch das geistig-seelische Gefüge der ‚Weltgesellschaft‘ – muss als Wirklichkeit verstanden und in friedenswissenschaftlicher Hinsicht erforscht werden. Kommen vielleicht kulturelle Strategien ins Blickfeld, die der Gattung homo sapiens (und allen Wesen, die unter ihr leiden) einen Ausweg aus dem Verhängnis eröffnen?

DAS VERHÄLTNIS DER ÄUSSERN POLITIK ZUR INNERN (Juni/September 1914) | Eingangs zitiert Goldscheid folgende Bemerkung des ehemaligen Reichskanzlers Fürst Bülow: *„Unsere auswärtige Politik mußte in den ersten Dezennien des Flottenbaues unter abnormalen Verhältnissen arbeiten: die Rüstungen standen nicht im Dienste der Politik, sondern diese stand bis zu einem gewissen Grade im Dienste der Rüstungsfragen."* Astronomische Rüstungsausgaben belasten die Völker und füllen die Kassen der ‚unproduktiven‘ Totmachindustrien. Die Menschen sehen sich im Kontext von Angstpropaganda und Sicherheitsversprechen genötigt, „gerade jene Waffen zu segnen, die gegen sie selbst gerichtet sind". Der hochgerüstete „bewaffnete Friede ist eben zugleich der stärkste Damm gegen die Ausgleichung der Gegensätze im Innern, gegen die Beseitigung jener künstlichen Niveaudifferenz, die den Strom der Volksarbeit auf die Mühle der Bevorrechteten lenkt." Kurzum: „Die herrschenden Klassen wären ganz außerstande, ihre bevorzugte Stellung aufrecht zu erhalten", wenn eine aggressive Außenpolitik „diese nicht kontinuierlich stärken und rechtfertigen würde". Doch selbst die Kirchen verraten ihre universalistische Botschaft.[15] – Goldscheid schreibt über den brandgefährlichen Hochrüstungskomplex, der nach innen die Besitz- und Machtverhältnisse zementiert: „In der waffenstarrenden Welt wird die Angst der Völker vor einander immer größer. Friedenssicherung und Kriegsvorbereitung sind bereits nicht mehr mit Sicherheit zu unterscheiden. Um stark genug zu erscheinen, sucht man sich wechselseitig Schrecken einzujagen. Man weiß schon nicht recht, rasselt der Säbel mehr aus zitternder Furcht oder aus überschäumendem

---

[15] Im Wortlaut: „Wie mächtig die nationalen Tendenzen in unseren Tagen sind, das zeigt sich ganz deutlich sogar schon an der Kirche, die, um das Bestehende, das sie hält, zu konservieren, mit ihren universalistischen Traditionen in der Praxis nach den mannigfachsten Richtungen hin gebrochen hat. Sie ist heute, wie alle reaktionären Mächte der Vergangenheit, zu einem Werkzeug des chauvinistischen Nationalismus, des extremen nationalen Machtgedankens geworden."

Mut. Bedienen sich doch Schwäche und Kraft derselben Mittel! Eine neue Massenpsychose hat die Völker ergriffen: nationale Nervosität. Um sich von dieser zu befreien, will man lieber früher als später losschlagen. – Dazu kommt, daß die Riesensummen für die Rüstungen nur aufgebracht werden können, wenn die entsprechende Seelenverfassung in den Menschen vorhanden ist. Die Kriegsfurcht muß darum noch künstlich genährt werden, und zwar so, daß sie sich in Kriegsbegeisterung umwandelt. Alle Völker müssen also in kriegerischem Geiste erzogen werden, und da dies dem natürlichen Geist unseres Arbeitszeitalters widerspricht, so muß diese Erziehung schon bei der Jugend beginnen. An diese Tendenzen knüpft das Rüstungskapital mit seinen spezifischen Interessen naturgemäß an, besonders indem es sich die Presse dienstbar zu machen sucht, um die öffentliche Meinung so zu bearbeiten, daß sie all das gutheißt, was das Rüstungskapital braucht, soll es in seinem Zinserträgnis nicht geschmälert sein. Was der Rüstungsindustrie um so leichter gelingt, als an ihr alle jene Produktionszweige mitinteressiert sind, denen durch die Höhe der Rüstungsausgaben die Führerschaft in der Vertretung der Produzenteninteressen zufällt." – Die Ideologie der vermeintlichen ‚Friedenssicherung mit immer mehr Waffen‘ wird die Aussicht auf eine echte Demokratie zunichtemachen und schließlich einen Weltkrieg entfachen: „Entweder Demokratie und Völkerverständigung werden eine parallele, sich wechselseitig fördernde Entwicklung nehmen, oder der internationale Antagonismus, mit seiner Friedenssicherung durch Rüstungssteigerung allein, wird die Auflösung der Demokratie einleiten, den Absolutismus in veränderter Gestalt wieder zur Herrschaft bringen, und so durch äußerste Entfesselung der Machtinstinkte schließlich einen Weltkrieg entzünden".

DEUTSCHLANDS GRÖSSTE GEFAHR (MAI 1915) | Im Zentrum dieser Wortmeldung steht die These, dass nur die – freilich auch in *ökonomischer* Hinsicht ausgebildete – Demokratie die Grundlage für einen Frieden der Menschenwelt gewährt (und umgekehrt: dass es unter dem Vorzeichen der ‚Kriegstüchtigkeit‘ echte Demokratie nicht geben kann): „Krieg und Reaktion sind Geschwister. Die bestehende Gesellschaftsordnung lebt direkt von der ständigen Kriegsgefahr und Kriegshetze, welche ungeheure technische und politische

Machtmittel in den Händen Weniger konzentriert. In einer Welt, die den Krieg überwunden hätte, wären unfreie Völker, wäre äußere und innere wirtschaftliche Ausbeutung heute gleichermaßen unmöglich. An der Frage von Krieg und Frieden hängt darum das Ganze der Demokratie." – Mit dieser im ersten Kriegsjahr publizierten Schrift betätigt sich Goldscheid u. a. als parteiischer ‚westlicher Bündnispolitiker' und wird seinem eigenen friedenswissenschaftlichen Anspruch nur zum Teil gerecht. Abgründige Gewaltschatten der ‚westlichen Demokratien' (und des deutschen Kaiserreichs) bleiben ausgeblendet. Die allzu berechtigte Kritik am zaristischen Rußland der Pogrome gerät schließlich in eine bedenkliche Nähe zu jener lang tradierten Russophobie, bei der sich bekanntlich auch die Sozialdemokratie einbinden ließ[16]: „Deutschland … muß wählen, ob es gemeinsam mit Oesterreich-Ungarn seine eigentliche Aufgabe darin erblickt, in Abwehrstellung gegen Rußland *den undurchdringlichen Damm gegen die Flutwellen des Ostens* aufzurichten, oder ob es im Bunde mit Rußland zur *eigentlichen Vormacht des Ostens* werden will." „Unverkennbar weist der Zeiger der Weltuhr Deutschlands nach links – in seiner inneren Politik ebenso wie in seiner äußeren! Folgen wir ihm, schlagen wir die Richtung zur Demokratie und nach dem Westen ein, und Europa wird nicht kosakisch werden, sondern – nach Überwindung dieser seiner größten Gefahr – als glücklicher Nutznießer deutschen Segens glorreich die Zukunft behaupten!" – Der letzte in den vorliegenden Band aufgenommene Goldscheid-Text (→S. 232-236) wird jedoch erhellen, dass sich der Verfasser im Jahr 1926 ein geeintes und freiheitliches Europa nicht mehr vorstellen konnte ohne eine Partnerschaft mit Russland.

HUMANES EHRGEFÜHL UND KULTURELLE BEDEUTUNG DES INTERNATIONALISMUS (1919) | Goldscheid entwickelt in diesem bemerkenswerten Aufsatz nach Ende des Weltkriegs einen pazifistischen Internationalismus, der gewiss eher ‚idealistisch' als ‚materialistisch' ausgerichtet ist und sich auf die heute noch viel dringlicher zu stellende

---

[16] So gab AUGUST BEBEL auf dem SPD-Parteitag vom September 1907 in Essen zu Protokoll: „[W]enn es zu einem Kriege mit Rußland käme, das ich als Feind aller Kultur und aller Unterdrückten … ansähe, … dann sei ich alter Knabe noch bereit, die Flinte auf den Buckel zu nehmen und in den Krieg gegen Rußland zu ziehen. …"

Frage ‚Scheitert der homo sapiens?' zuspitzt: „Man wünscht die äußere Lebenshaltung, die uns als Gattung *homo sapiens* gebührt, ohne das aufs leidenschaftlichste zu wahren, was uns zur Gattung *homo sapiens* erhebt. … Wir schätzten unsere nationale Ehre, unsern nationalen Ruhm höher ein als unsere humane Ehre, als unsere menschliche Verantwortung – und Krieg und Massenmord wurde das unentrinnbare Schicksal der Gattung *homo sapiens*. … Ein neues Geschlecht muß deshalb heranwachsen, *dem internationale Gesinnung, dem Kulturpatriotismus ein ebenso natürliches, gleichsam organisches Empfinden ist, wie dem heutigen vaterländische Begeisterung.* Sonst wird die Hoffnung auf dauernd innerlich gesicherte Kultur allewig ein schöner Traum bleiben und wir werden bei aller Höhe unseres technischen Könnens rettungslos an unserer geistigen Enge zu Grunde gehen. … An der Zukunft des Pazifismus und Internationalismus hängt so weit mehr als bloß unser äußeres Schicksal: der Mensch in seinen idealsten Ambitionen, *der Mensch als geistig-sittliche Potenz, als Träger des Lichtes beseeltester Liebe* wird mit ihm siegen oder untergehen." – In Goldscheids Schriften begegnen uns auf Schritt und Tritt Inspirationen eines ‚neuen Internationalismus', der qualitativ unendlich mehr ist als nur eine vordergründige Kampfstrategie der unterdrückten Klassen des Erdkreises. Nicht etwas nach der Art einer kommerziell oder machtpolitisch betriebenen Gleichschaltung der menschlichen Weltgesellschaft in kultureller Hinsicht schwebte ihm vor, sondern ein freies dialogisches Gefüge von Verbundenheit (in Vielfalt und Verschiedenheit) auf dem Globus.

Aus den insgesamt fünfzehn Texten, die Goldscheid nach Ende des Ersten Weltkrieges in der *„Friedens-Warte"* veröffentlicht hat, wird in unserer Sammlung immerhin eine Auswahl von sechs Texten dargeboten:

WELTREAKTION UND PAZIFISMUS (1923): „Die nationale Parole war … nirgends etwas anderes als die täuschende Maske des ‚Internationalismus der Reaktion'. Weit früher als die Beherrschten haben die herrschenden Klassen sich über ihre gemeinsamen Interessen international verständigt. Der ganze ihnen unterstehende Staatsapparat hat stets zugleich dieser Aufgabe gedient und in den letzten Jahrzehnten besonders in immer höherem Maße zur Weltherrschaft der ‚Internationale der Nationalisten' geführt. Nur deshalb erschien ihnen der Krieg als die selbstverständliche Fortsetzung der Politik mit anderen Mitteln, weil, wo immer das vorwärtsdrängende Leben ihre Vorrechte bedrohte, [nur] das Leben und nicht ihre Vorrechte geopfert werden durften. […] W e l t r e a k t i o n *oder* P a z i f i s m u s, das ist die Schicksalsfrage, vor die die Geschichte uns mit unserer gesamten kulturellen Existenz stellt!"

INTERNATIONALISMUS UND MENSCHLICHKEIT (1923): „Das Grundgesetz des Geistes ist nun die Einheit der Erfahrungsordnung und die damit verbundene Erkenntnis, daß alles mit allem zusammenhängt … Auf nichts anderes als dies gehen aber der Internationalismus und die Menschlichkeitsidee aus. Es ist kein Sinn des Lebens möglich, wenn man nicht in der Förderung des Ganzen seine unabweisbare Aufgabe erblickt, und wie soll sich diese Aufgabe erfüllen lassen bei Brandmarkung des Internationalismus als Vaterlandsverrat und Verhöhnung der Menschlichkeit als Sentimentalität." Hier geht es freilich nicht um ein lediglich idealistisches Postulat zugunsten der ‚Einen Menschheit', denn der Verfasser weiß ja, dass die *ganze Gattung* unter den Bedingungen der real existierenden modernen Welt mehr denn je eine *Schicksalsgemeinschaft* bildet (auf Gedeih und Verderb – oder zum Lichten hin).

DER GLAUBE AN DIE GEWALT (1923): Goldscheid votiert weitsichtig für eine Religionskritik der irrationalen militärischen Heilslehre, welche das ‚seelische Gefüge der Welt' korrumpiert. Zu entlarven ist der aberwitzige Glaube, „daß Kriege fähig sind, irgend ein menschliches Problem zu lösen". – „Heute heißt es: die ‚*Vernunft innerhalb der Grenzen der Gewalt*', wie es ehemals hieß: die ‚Vernunft innerhalb der Grenzen des Wunderglaubens' … weil wir im Letzten noch ebenso gewaltgläubig sind, wie die Generationen vor uns wundergläubig waren, wie die Naturvölker am Dämonenglauben festhalten. Wir haben den Gewaltglauben intellektuell nicht überwunden, darum kommen wir auch moralisch nicht über die Gewalt hinaus. … Am Gewaltglauben ist das kaiserliche Deutschland zugrunde gegangen, am Gewaltglauben ist der Sozialismus in Sowjetrußland zerbrochen, wie schon vorher genau so der Welteinheitstraum des alten Rom und der Napoleons durch den blinden Glauben an die Gewalt in Nichts zerrann."

DIE VERFOLGUNG QUIDDES WEGEN LANDESVERRAT (1924): Hetze gegen Pazifisten war bis ins bürgerliche (und sozialdemokratische) Lager hinein ein durchgehendes Phänomen der wegen der Beibehaltung des Schwertglaubens letztlich auf Sand gebauten Weimarer Republik. Goldscheid schreibt: „Wie, es wird behauptet, es bestünden illegale militärische Formationen, und man will das Gesetz nur gegen denjenigen anwenden, der auf diese hinweist, nicht aber gegen die illegalen Formationen selber! Illegale Formationen – man hat sich in Deutschland so sehr an diesen Begriff gewöhnt, als handle es sich um eine verfassungsmäßige, auf Gewohnheitsrecht beruhende Einrichtung".

DAS JUBILÄUM DES WELTKRIEGES UND DIE PAROLE: NIE WIEDER KRIEG ! (1924): „Der breitesten Massen wie der erlesensten Geister hat sich bereits die Überzeugung bemächtigt, daß wir keines der großen sozialen und ideellen Probleme, deren Bewältigung den eigentlichen Sinn unseres Lebens ausmacht, zu lösen vermögen, solange es uns nicht gelingt, die Kriegsgefahr völlig aus der Welt zu bannen."

DER AUSBAU DES PAKTES VON LOCARNO UND DER ZUSAMMENSCHLUß EUROPAS (1926): Goldscheid gehört zu den Vordenkern der europäischen Einigung, doch anders als noch 1915 votiert er jetzt für friedliche Zusammenarbeit, Güteraustausch und ‚innigsten Wirtschaftsverkehr mit Rußland'.

Der Anhang unseres ‚Lesebuches' enthält Würdigungen des pazifistischen Wirkens des Autors, entnommen der ‚Friedens-Warte' vom Juli und August 1930, sowie einen bibliographischen Überblick zu Schriften von und über Rudolf Goldscheid.

Erschütternde Aktualität: Die ‚Gattungsfrage'

Wer sich bei der Lektüre des vorliegenden Auswahlbandes einen Farbstift zur Seite legt, könnte auf Schritt und Tritt längere Textpassagen oder kurze Aphorismen markieren, die – trotz des Zeitabstandes von einem ganzen Jahrhundert – den Eindruck erwecken, als wären sie passgenau für unsere Tage niedergeschrieben worden.

Der im Horizont der Zivilisationsgeschichte gleichsam erst am gestrigen Tag in Erscheinung getretene Abgrund des modernen –

industriellen – Krieges stand Rudolf Goldscheid schon deutlich vor Augen. Dies hat gleichwohl seinen Glauben an ein Fortschreiten des gesamten Menschengeschlechts nicht wirklich zerbrochen (einem ‚Fortschrittsautomatismus' huldigte Goldscheid nicht). Uns fällt heute ein ‚Optimismus trotz des Abgrundes' ungleich schwerer. Wir wissen im dritten Jahrtausend der christlichen Zeitrechnung um noch weitaus größere Schrecken als dieser Autor, dessen Problemanzeigen sich aber nach der Barbarei eines *zweiten* Weltkrieges mit 65 Millionen Toten, angesichts der Atombombe, im Hinblick auf die totalitären Kriegsszenarien einer ‚Künstlichen Intelligenz' … keineswegs erledigt, sondern nur unvorstellbar verschärft haben:

„Nichts kurzsichtiger, als zu glauben, in dem Ringen um Vermeidung von Kriegen handle es sich nur um eine politische oder gar lediglich um eine parteipolitische Angelegenheit. *Hier stehen wir vielmehr vor der alles Politische weitaus überragenden Grundfrage unserer Gattung überhaupt.* Zu so gewaltiger Größe hat die Entwicklung des wissenschaftlichen und organisatorischen Genius die Kriegstechnik entfaltet, daß die Kulturmenschheit sich nur vor Selbstmord zu bewahren vermag, wenn sie dafür sorgt, die selbstgeschaffene Höllenmaschine nicht in Funktion geraten zu lassen. Das sicherste Mittel hierzu ist natürlich ihr systematischer Abbau. Zu diesem schreiten heißt aber, die Friedenstechnik in noch viel vollkommenerer Weise ausbauen wie bisher die Kriegstechnik, heißt also mit glühendstem Eifer die *allgemeine pazifistische Wehrpflicht* verfechten, sich mit Leib und Seele in den Dienst des allumfassenden Vaterlandes friedlicher Kultur stellen. – *Nie wieder Krieg, nie wieder Völkermord, nie wieder planmäßige, bestialisch organisierte Massenschlächterei*!"[17]

Das heute für den homo sapiens überlebenswichtige ‚Neue Denken' ist in der menschlichen Kulturgeschichte mehr als einmal schon vorgedacht worden. Das ‚Rad' muss mitnichten immer wieder ganz neu erfunden werden. Viel wäre bereits gewonnen, wenn wir in diesem Zusammenhang den von den herrschenden *Mächten und Ge-*

---

[17] Rudolf GOLDSCHEID: *Das Jubiläum des Weltkrieges und die Parole: Nie wieder Krieg!* In: Die Friedens-Warte 24. Jg. (1924) H. 4/7 – April/Juli, S. 101-103, hier S. 103.

walten' erwünschten kollektiven Gedächtnisverlust durchbrechen könnten. Als wegweisender Pionier der Soziologie im deutschsprachigen Raum ist RUDOLF GOLDSCHEID im 21. Jahrhundert schon in Erinnerung gebracht worden. Es ergeht hier die Einladung, ihn vor allem auch als schwergewichtige Stimme eines *,Pazifismus im Ernstfall der Zivilisation'* wiederzuentdecken.

Düsseldorf, August 2024   Peter Bürger

Friedensbewegung
und Menschenökonomie

Verlag der ‚Friedens-Warte' 1912[1]

Rudolf Goldscheid

VORWORT

In etwas erweiterter Fassung übergebe ich hiermit den Vortrag der
Öffentlichkeit, den ich im März dieses Jahres in der Oesterreichischen Friedensgesellschaft hielt. Ich knüpfe darin in erster Linie an
die bahnbrechenden Schriften von Bertha von Suttner, Alfred H.
Fried, Joh. von Bloch und Norman Angell an. Auf die zahlreichen
Publikationen dieser und anderer Vorkämpfer des Pazifismus wie
auf die gesamte einschlägige sozialistische Literatur muß ich jene
verweisen, die sich eingehender mit dem Problem beschäftigen wollen, das im Rahmen meines kurzen Vortrages naturgemäß nur in
flüchtigen Umrissen behandelt werden konnte. Selbstverständlich
sind dann auch meine eigenen größeren Werke heranzuziehen, deren Kenntnis ich in den folgenden Ausführungen voraussetzen
mußte. Von diesen kommen besonders in Betracht: *„Zur Ethik des
Gesamtwillens"*, *„Entwicklungswerttheorie"*, sowie namentlich die letzten zwei Kapitel von *„Höherentwicklung von Menschenökonomie,
Grundlegung der Sozialbiologie"*. Sicherlich ist mein Vortrag auch
ohne das Studium dieser Arbeiten verständlich, aber er erhält erst
durch sie die tiefere Begründung. Das gilt vor allem für das volle
Verständnis der Bedeutung der Menschenökonomie.

Wien, April 1912.
Rudolf G o l d s c h e i d.

---

[1] Textquelle | Rudolf GOLDSCHEID: Friedensbewegung und Menschenökonomie.
(= Internationale Verständigung, Heft 2/3). Berlin/Leipzig: Verlag der ‚Friedens-
Warte' 1912. [64 Seiten] [Online-Ausgabe: https://polona.pl].

I.

Die moderne Soziologie läßt im Anschluß an Marx, Gumplowicz, Oppenheimer und ihre älteren Vorläufer keinen Zweifel mehr darüber, daß der Staat eine Macht-, eine Gewaltorganisation ist, daß er aus den Institutionen hervorgegangen ist, die die Sieger den Besiegten auferlegten. Der Kampf, der Krieg ist ursprünglich die produktivste Form der Arbeit. Indem die eine Gruppe die andere überwindet, verdrängt sie sie aus ihrem Besitz, macht sie sich auf kürzestem Wege ihre Arbeitsergebnisse zu eigen, ja mehr als das, sie versklavt deren tüchtigste Arbeitskräfte und vernichtet alle Schwachen. In diesem Zustand vollzieht sich im Kampf eine sehr einfache Arbeitsteilung: die *Einen suchen auf Kosten der Anderen zu leben;* radikalste Ausbeutung ist auf dieser Entwicklungsstufe die ertragreichste Art wirtschaftlicher Betätigung. So lange es zulässig und möglich erscheint, die Nachbargruppe ihres äußeren Reichtums zu berauben und nebenbei noch mittels relativ geringen Arbeitsaufwandes billige Arbeitskräfte zu gewinnen, die man rücksichtslos innerhalb kürzester Zeit aufbrauchen darf, kann man selbstverständlich nicht geneigt sein, die friedliche Arbeit höher einzuschätzen als das Kriegshandwerk. Der Krieg stellt somit unter primitiven Verhältnissen das produktivste Arbeitssystem dar und empfängt auch dadurch seine Bedeutung, daß durch den Kampf die Horden zu Stämmen, die Stämme zu Völkern, die Völker zu nationalen Rieseneinheiten zusammengeschweißt wurden.

Es mußte ehemals ebenso unwirtschaftlich erscheinen, zu arbeiten statt zu kämpfen, wie es heute unwirtschaftlich erscheint, Produkte in langwierigem Arbeitsprozeß mit der Hand herzustellen, die weitaus rationeller mit der Maschine gefertigt werden können. Wozu selbst arbeiten, wenn man andere durch Waffentüchtigkeit dazu zwingen kann, für einen zu arbeiten, warum Dinge selbst mühselig herstellen, wenn man einfach nur die gepanzerte Faust auszustrecken braucht, um die fertigen Produkte im Kampf zu gewinnen! Diese naheliegende Überlegung verschafft dem Krieg ursprünglich seine Superiorität gegenüber der Arbeit. Aber mit dem Wachstum der einzelnen Gruppen, mit der Zunahme des Seßhaftigkeitsbedürfnisses, mit der Steigerung des äußeren Reichtums, mit dem Fortschritt der nationalen Einigung verschiebt sich die Produktivitätsbilanz des Krieges. Nicht nur daß der Krieg allmählich immer kostspieliger wird, daß seine Vorbereitung immer größere Mittel verschlingt, daß er sich zwischen immer größeren Gruppen abspielt, ist zu beobachten, sondern es ist im Krieg auch immer mehr zu verlieren und immer weniger zu gewinnen.

Diese historische Entwicklung hat sich in einem äußerst komplizierten Prozeß vollzogen. Es läßt sich im Verlaufe weder durchführen, alle Besiegten zu töten oder zu vertreiben, so daß man wirklich vollständig in ihren Besitz träte, noch gelingt die Versklavung der Überwundenen in vollem Maße, wodurch die im Kampf Erfolgreichen kein unbelastetes Erbe mehr eroberten. Man bekam Land und Kapital nur noch mit seinen ursprünglichen Eignern zusammen, und wie sehr man sich auch bemühte, die neugewonnenen Provinzen auszubeuten, indem man deren Einwohner in ihren Rechten beschränkte, so sank doch der Reinertrag des Krieges kontinuierlich herab, die äußere Ausbeutung erwies sich weniger rentabel als die innere. Man führt Kriege schließlich weit mehr, um das Feld der inneren Ausbeutung auszudehnen, als um sich kurzerhand in fremden Besitz zu setzen. Der Krieg dient so allmählich in der Hauptsache zur Expansion der nationalen Wirtschaft und erst auf diesem Umweg zur Expansion der Nation. Man will nicht mehr bloß neue Produzenten erwerben, sondern in weit höherem Maße neue Konsumenten. Der Krieg wird zum Schutz des Warenaustausches, statt allein auf einseitige Waren- und Menscheneroberung auszugehen. Je größer jedoch der Umfang des Warenaustausches wird, desto geringer wird das, was der Krieg für diesen und neben diesem zu leisten vermag. Die Warenerzeugung und der Warenaustausch tritt an erste Stelle, der Krieg erst an zweite.

Und nun überlege man, was in unseren Tagen der Krieg im Wirtschaftssystem der Kulturvölker bedeutet. Während er früher zur natürlichen Lebensbetätigung gehörte, sucht man sich heute gegen ihn zu schützen wie gegen eine Elementarkatastrophe. Es sind nicht die Völker, welche am längsten keine Kriege geführt haben, die schwach dastehen, sondern die größte Friedensperiode, die die Kulturvölker hinter sich haben, war die Zeit des mächtigsten technischen, wirtschaftlichen und kulturellen Aufschwungs. In dieser hat auch der Staat als Institution die kolossalste Umwandlung erfahren. Aus dem ehemaligen Vergewaltigungsstaat ist der moderne Verwaltungsstaat geworden, der augenblicklich schon im Begriff steht, sich in eine *Versicherungsgemeinschaft* umzugestalten. Es sind die ungeheuersten Kräfte am Werk, die Volkswirtschaft, die Jahrhunderte hindurch nur Volksbewirtschaftung, Volksbewirtschaftung im Interesse einer relativ kleinen Schicht Bevorzugter war, überzuführen in *Wirtschaft für das Volk, in Wirtschaftlichkeit am Volk*. Das Volk empört sich dagegen, bloßes Geschäftskapital zu sein, aus dem eine einzelne Klasse Vorteil zieht, es sucht sich durchzusetzen in seiner Eigenschaft als *organisches Kapital*, es duldet nicht länger, daß man von diesem selbst, statt bloß von seinem natürlichen Zinsertrag lebt, es widersetzt sich dagegen, nur Kulturdünger zu sein, wo es die Kraft in sich fühlt, zum Kulturträger aufzusteigen.

Es ist die ungeheuer gestiegene Produktivität der Arbeit, welche dahin wirkte, daß der Kampf heute nicht mehr der Vater aller Dinge ist. Wir zweifeln nicht mehr daran: *die Arbeit ist die Mutter aller Dinge*, und je rationeller, je ökonomischer wir die Arbeit zu gestalten wissen, desto größeren Ertrag wirft sie ab, desto sicherere Garantie ist dafür gegeben, daß ihr Ertrag sich im Verlauf nicht nur nicht mindert, sondern vielmehr stetig anwächst. Der Güteraustausch ist ins Unermeßliche angeschwollen, was zur Folge hat, daß jedes Volk am Gedeihen der anderen Völker mitinteressiert, mitbeteiligt ist. Was wir im Krieg gewinnen können, ist geringfügig im Vergleich zu dem, was der friedliche Handel uns abwirft, und obendrein sind die Kosten moderner Kriege so enorm, daß sie selbst für die Sieger durch keine Beute, keine Kriegsentschädigung aufgewogen werden können.

Auch Ländereroberungen fallen heute nicht mehr ins Gewicht, weil wir deren Bevölkerung mit erwerben und je weniger wir geneigt sind oder es vermögen, diese einem schärferen Ausbeutungssystem zu unterwerfen, als die eigene, desto geringer wird der Wertzuwachs, der uns durch Erwerb fremder Länder zufällt. Weil wir besiegte Kulturvölker nicht in höherem Maße auszubeuten vermögen als die eigenen Nationsgenossen, deshalb geht alle moderne Eroberungsarbeit auch in erster Linie auf Vergrößerung des Kolonialbesitzes aus. Selbst bei diesem müssen wir jedoch bereits die Erfahrung machen, daß der Kostenaufwand, den der Ausbau des Ausbeutungssystems erfordert, vielfach weitaus größer ist als der Erfolg, der in absehbarer Zeit von diesem zu erwarten ist. Überdies ermöglicht die Freizügigkeit des Kapitals auch Beteiligung an der Ausbeutung der Kolonialvölker, ohne daß man deren Land erobert, was gleichfalls die kriegerische Konkurrenz minder produktiv gestaltet als die wirtschaftliche.

Überall ist der Krieg so zu einem Nebenfaktor gegenüber dem Handel geworden. Und Kriege, die nicht mehr der Austragung von starken Handelsinteressengegensätzen dienen, werden vielfach selbst von Anhängern des Krieges für vermeidbar gehalten. Trotzdem können wir beobachten, daß Kriegsgefahren uns stets von neuem bedrohen und daß auch unter Kulturvölkern der Gedanke sich durchaus noch nicht eingewurzelt hat, daß der Krieg eine überwundene Kinderkrankheit des Menschengeschlechts darstellt. Ganz im Gegenteil: die Möglichkeit kriegerischer Verwicklungen erscheint uns wieder in greifbarere Nähe gerückt als in der unmittelbaren Vergangenheit und die Mittel, die für die Rüstung aufgebracht werden, erhöhen sich von Jahr zu Jahr. Gewiß gewinnt auch die Friedensbewegung von Tag zu Tag an Boden; ihre Apostel, die ursprünglich verlacht wurden, werden jetzt schon sehr ernst genommen, ernster sogar, als es nach den Reden der Menschen bei oberflächlicher Betrachtung den Anschein hat, aber ihre praktischen Erfolge sind dennoch noch nicht offensichtlich, sie beeinflussen die politischen Entscheidungen mehr als Imponderabilien auf indirektem Wege, wie direkt als kompakte historische Kräfte. Die *öffentliche Meinung* ist eben noch kein klarer Ausdruck für die unausgesprochene *geheime Meinung* der Menschen.

Daß die Dinge so liegen, ist aber nicht allzu verwunderlich. Man muß sich nur vor Augen halten, daß der Staat als Kampfinstitution entstanden ist. Er ist aus dem Völkerkampf, aus dem Ausbeutungssystem, das die Sieger den Besiegten auferlegten, hervorgewachsen und seine ganze Struktur drängt ihn darum, in der erworbenen Funktionsweise zu verharren. Wie es die *äußere Ausbeutung* war, die der *inneren* zum Leben verhalf, so ist es heute die innere Ausbeutung, die auf äußere hindrängt. Es war das Völkerverhältnis, welches die Eigenart unserer Gesellschaftsordnung schuf. Und in der Aufrechterhaltung des historischen Völkerverhältnisses hat darum die innere Ausbeutung auch nach wie vor ihre stärkste Wurzel. Marx hat sicherlich nur die eine Seite der Sache gesehen, wenn er erklärte, daß es die Klassengegensätze sind, die die nationalen Gegensätze aufrechterhalten. Er hat nicht genügend berücksichtigt, daß die nationalen Gegensätze jenen Faktor darstellen, der die Klassengegensätze nicht nur geschaffen hat, sondern sie auch am radikalsten konserviert. Es ist ein Irrtum, zu glauben, daß mit dem Schwinden der Klassengegensätze die nationalen Gegensätze *von selbst* fortfallen. Tatsache ist vielmehr, daß die Klassengegensätze sich nur in dem Maße mildern können, als die nationalen Gegensätze zur Abschwächung gebracht werden. Ein Prozeß, der sicherlich auf das mächtigste durch die Milderung der Klassengegensätze, durch die Tendenz zur Abschwächung der inneren Ausbeutung gefördert wird, der aber nicht in befriedigendem Ausmaß zustande kommt, so lange das äußere Ausbeutungsstreben unvermindert fortbesteht.

Wie alle individuelle Kultur sozial bedingt ist, so ist alle soziale Kultur international bedingt. Die Abhängigkeit der Struktur des Staates vom Völkerverhältnis haben wir im Auge zu behalten, wenn wir über das Verhältnis zwischen innerer und äußerer Ausbeutung zur Klarheit gelangen wollen. Es liegen hier äußerst komplizierte Wechselbeziehungen vor. Die Klassengliederung ist ein Produkt des Völkerkampfes, wird durch den Völkerkampf aufrechterhalten, gefestigt, vertieft, ja beinahe darf man sagen gerechtfertigt, und zugleich ist es doch wieder die Klassengliederung, die die Völkergegensätze konserviert und verschärft. Jede Milderung des Ausbeutungssystems wirkt darum abschwächend auf die Völkergegensätze, aber andererseits ist es zugleich das Völkerverhältnis, *welches jeweilig die Grenze limitiert, bis zu welchem Grade in einem Lande die Ausbeutung herabgemindert werden kann.*

Daraus ergibt sich für den Pazifismus eine doppelte Aufgabe: er muß erstens unermüdlich darauf hinarbeiten, alle Tendenzen zu fördern, welche der inneren Ausbeutung entgegenwirken, und er muß zweitens dafür sorgen, daß der internationale wirtschaftliche Wettbewerb weitgehende innere Ausbeutung nicht zur Existenznotwendigkeit für die einzelnen Völker macht. Die internationale *wirtschaftliche* Pazifikation ist die Voraussetzung der Abschwächung der *kriegerischen* Konkurrenz. Erfährt die Produktion und Konsumtion der einzelnen Völker keine tiefergreifende internationale Regelung wie in unseren Tagen, dann wird trotz aller wirtschaftlichen und finanziellen Verflochtenheit der einzelnen Nationen die Kriegsgefahr nicht völlig beseitigt werden können. So lange der friedliche Verkehr zwischen den Völkern der internationalen Organisation noch so wenig unterworfen ist wie in der Gegenwart, so lange die Völker einander das Leben und die Arbeit im Frieden noch so sauer zu machen suchen wie heute, werden immer wieder die nationalen Lebensnotwendigkeiten nur durch Machtargumente mit kriegerischem Nachdruck durchgesetzt werden können. Keine Nation wird geneigt sein, sich einem Schiedsgerichte zu unterwerfen, *sobald es sich darum handelt, daß sein Lebensnerv unterbunden werden soll.* Alle rechtliche Regelung, alle vernunftgemäße Betätigung hat in dem Bedürfnis nach Lebenssicherung und Lebenssteigerung ihren Ursprung, wird durch dieses Bedürfnis geschaffen und entfaltet. Im Momente, wo das Leben selber bedroht erscheint, brechen darum tiefere organische Mächte hervor, kommen die Instinkte, kommen die Affekte zu ihrem Recht, der Urzustand der Natur kehrt wieder.

Was jahrelang im Frieden an unermüdlicher sozialer Kleinarbeit zur Ausgleichung von Völkerinteressengegensätzen zu leisten versäumt wurde, das sucht schließlich im Krieg seine explosive Lösung. Die Kriegsursachen wachsen aus den Rückständen versäumter internationaler Organisationsarbeit hervor, was nur derjenige übersehen kann, der den unmittelbaren *Kriegsanlaß* für die wahre *Kriegsursache* ansieht. Der Kriegsanlaß ist nur der letzte Tropfen, der den Stein schließlich höhlt. Es ist bisher unterlassen worden, die Kriegsursachen ebenso exakt bis in ihre feinsten Einzelheiten zu erforschen, wie dies die Naturwissenschaft etwa bei den Krankheiten getan hat. Und ebenso hat man es versäumt, genau festzustellen, worin jeweilig die tatsächlichen Völkerinteressengegensätze bestehen, wie groß oder wie klein der Einfluß sein könnte, der deren Beseitigung auf das gesamte wirtschaftliche und kulturelle Leben der Nationen üben könnte. Hier wären noch die allerverhängnisvollsten historischen und soziologischen Illusionen zu zerstören.

Aber man darf auch nicht bei der Erforschung der Kriegsursachen und der Interessengegensätze der Völker stehen bleiben, man muß ebenso auch genau festzustellen trachten, was innerhalb der modernen Verhältnisse die Kriege zur Lösung von Völkerkonflikten beizutragen vermögen. Tritt man erst an diese letztere Arbeit heran, so erkennt man bald, daß die Kriege heute weit mehr bloß noch *Lösung von affektiven Spannungen* bringen, als daß sie tatsächlich die realen Völkergegensätze in ihrer Tiefe beseitigen. Diese bleiben vielmehr auch nach Beendigung der Kriege bestehen, nur daß die Gegner dann zu geschwächt sind, um die gewaltsame Austragung fortsetzen zu können. So groß die Schrecken des Krieges in der modernen Welt auch sein mögen, mit wie viel Verlusten sie verbunden sind, wie ungeheuer ihr Zerstörungswerk ist, *entwicklungsökonomisch, entwicklungstechnisch* bedeuten sie nur eine Kräuselung der Oberfläche, das moderne Leben ist nicht auf kriegerischen Wettbewerb, sondern auf wirtschaftlicher Arbeit und auf Austausch der Arbeitsprodukte aufgebaut. Der Krieg wirkt heute einfach wie eine Katastrophe, die man schließlich überwindet oder nicht, aber er verändert die ökonomische Struktur nicht mehr in dem Sinne, daß er die Produktion von Mehrwert für das siegende Volk erheblich verbessern könnte.

Es ist diese veränderte Rolle, die der Krieg im Produktionssystem der Gegenwart spielt, welche ihn zu einem Anachronismus stempelt. Ja, wir können sogar mehr beobachten als dies. Wir können konstatieren, daß friedliche Lösungen von Völkerkonflikten wegen ihrer organisatorisch solideren Arbeit weitaus tiefer greifen als deren kriegerische Austragung. Jeder Krieg läßt in der besiegten Nation Revanchegelüste, tiefwurzelnde Feindschaft zurück, die unablässig bemüht ist, dem Gegner seine aufbauende Betätigung zu erschweren, *während friedliche Lösungen zu einer stetig nachwirkenden Besserung der Beziehungen hinführen.*

Wenn man das ins Auge faßt, was die Verteidiger des Krieges zu dessen Rechtfertigung anführen, so ergibt sich eine sehr auffällige Erscheinung. Während man früher die positiven Leistungen des Krieges für die Entwicklung zu verherrlichen trachtete, sind diese Loblieder heute schon so ziemlich verstummt. Man wagt nicht mehr mit Moltke zu behaupten, daß der Krieg das unentbehrliche Stahlbad der Völker sei, man rühmt auch nicht mehr dessen selektive Wirkungen, da man nicht bestreiten kann, daß es gerade die tüchtigsten, kräftigsten, produktivsten, im besten Lebensalter stehenden Individuen sind, die der Krieg ausmerzt; man hat auch den Glauben verloren, daß im Krieg notwendig das kulturell höherstehende Volk siegen müsse, ist es doch gerade der Selektionist Lapouge, der nicht müde wird, zu wiederholen, daß im Krieg in der Regel das differenziertere Element unterliege – man begnügt sich heute vielmehr mit der Erklärung, daß Kriege unvermeidbar seien und daß darum kein Kostenaufwand zu hoch wäre, um voll gerüstet dazustehen. Es hat sich also die Meinung durchgesetzt, daß der Krieg unter allen Umständen als Übel zu betrachten ist, und fraglich bleibt nur noch, ob dieses Übel beseitigt werden kann, ob es ein anderes Mittel gibt, als Verbesserung der Rüstung, um diesem Übel solange als möglich zu entgehen. Mit anderen Worten, die Aktivität der *entwicklungsökonomischen Bilanz des Krieges* steht heute nicht mehr in Frage. Worum der Streit sich heute bloß noch dreht, das ist die *ökonomische Bilanz des bewaffneten Friedens*.

In dieser Beziehung sind wir noch nicht über die alte Scheinweisheit hinausgelangt: Si vis pacem para bellum. *Wenn du den Frieden willst, bereite dich für den Krieg vor.* Wir haben noch nicht den Mut, einzusehen, daß es für uns heute nur *eine* brauchbare Devise geben kann und daß diese lautet: Si vis pacem para pacem. *Wenn du den Frieden willst, so leiste unausgesetzt organisatorische Friedensarbeit.* Mit Kriegsvorbereitung den Frieden sichern wollen, das ist ein Versuch mit gänzlich untauglichen Mitteln, das ist eine Einseitigkeit, ein Widerspruch, eine Negation des Zweckes schon durch die angewandten Mittel. Wir werden später sehen, daß diese verkehrte Haltung aus jenem Pax omnium contra omnes, den die gegenwärtige Gesellschaftsordnung zum Ausdruck bringt, notwendig hervorwächst, daß es dieser *Friede Aller gegen Alle* ist, der immer wieder die Gefahr des *Krieges Aller gegen Alle* heraufbeschwört. Weil der Wahlspruch unserer Zeit nicht lautet: *Alle für Einen und Einer für Alle*! sondern, wenn auch uneingestanden, in dem Wunsche beruht: *Alle für Wenige und diese Wenigen für sich selber*! ist der Krieg auch noch in der Gegenwart sehr oft nicht die *ultima*, sondern sogar die *prima* ratio.

II.

Rudolf Kobatsch hat in seiner vortrefflichen Schrift „Die Bilanz der Rüstungen" in sehr instruktiver Weise die Argumente, die man für den bewaffneten Frieden vorbringt, in drei Hauptthesen zusammengefaßt. Er führt als diese das produktive, das handelspolitische und jenes Argument an, wonach die Rüstungsausgaben die *Versicherungsprämie* des Friedens bedeuten. Seine Widerlegung dieser

Stichworte der Kriegsleute ist zweifellos unanfechtbar. Es kann nicht bestritten werden, daß die Arbeit, die für Kriegszwecke verausgabt wird, nicht im wahren Sinne wirtschaftlich produktiv ist. Wenn auch die Löhne derjenigen, die in der Kriegsindustrie beschäftigt sind, im größten Umfange im Lande zirkulieren, so ist es doch ganz offensichtlich, daß dadurch menschliche Arbeitskraft den Kulturaufgaben entzogen wird, und daß es für die Produktivitätsbilanz nicht gleichgültig ist, welche Art von Arbeit geleistet wird. Es kommt doch nicht nur darauf an, daß gearbeitet wird und daß man diese Arbeit entlohnt, sondern in erster Linie, ob entwicklungsförderliche Arbeit geleistet wird, und darüber entscheidet einzig und allein, ob die Arbeit an der Kriegsrüstung tatsächlich als Versicherungsprämie für den Frieden im heutigen Ausmaß unentbehrlich ist, d. h. ob hier wirklich mit dem geringsten Arbeitsaufwand der größtmöglichste Nutzeffekt erzielt wird. Es wird sich bei Erörterung des dritten Argumentes zeigen lassen, daß dies keineswegs der Fall ist, daß hier vielmehr mit einem ganz ungeheuren Arbeitsaufwand ein relativ sehr dürftiger Nutzeffekt zustande kommt.

Was das *handelspolitische Argument* anlangt so ist bereits in zahllosen Schriften bewiesen worden, daß die Aktivität der Handels- und Zahlungsbilanz nicht proportional der Höhe der Rüstungsstärke und Rüstungslast wächst, daß naturgemäß vielmehr in der Regel das umgekehrte Verhältnis zu beobachten ist, und daß die Art des internationalen Wirtschaftsverkehrs, die Art der internationalen wirtschaftlichen und finanziellen Verflochtenheit, welche die Gegenwart darbietet, nicht gestattet, die Kriegsstärke mit der wirtschaftlichen Stärke zu identifizieren. Auf dem Weltmarkte entscheidet die Höhe der Produktionstechnik, die Qualität der Arbeitsprodukte, die Tüchtigkeit der Kaufleute, und nicht die erreichte Stufe der Kriegstechnik und die Güte und Anzahl von Dreadnoughts und Kanonen. Ja, es ist vielfach sogar das Gegenteil der Fall. Völker, die durch eine zu starke Rüstungslast gedrückt werden, deren kriegerische Stärke bei den Nachbarn Mißtrauen und Besorgnis erweckt, trachtet man zu *isolieren* und in ihrer wirtschaftlichen Entwicklung auf alle mögliche Weise zu hemmen, ein Bestreben, das sie selbst fördern, indem die Rüstungslast sie zu einem Steuerdruck zwingt, der die Konkurrenzfähigkeit ihrer wirtschaftlichen Betätigung wesentlich herabsetzt. Ich brauche bezüglich dieser Momente nicht ins

Detail einzugehen, weil sie schon so mannigfach erörtert wurden, daß diesbezüglich wenig Neues mehr zu sagen ist.

Am meisten begeistert man sich heute für die *Rüstungslast als Versicherungsprämie*. Hier ist in der Tat auch der Punkt, wo die Ökonomie des bewaffneten Friedens am besten untersucht werden kann. Wir müssen uns vor allem klar darüber werden, was eigentlich zur Rechtfertigung der Rüstungslast ins Treffen geführt wird. Gibt man die Meinung auf, daß durch den Krieg wirtschaftliche Vorteile zu gewinnen sind, und stellt sich auf den Standpunkt, daß die Rüstungslast nur gerechtfertigt werden kann als Schutz vor dem Krieg, so ist damit eine völlig veränderte Haltung eingenommen. Denn ehemals war der Krieg ein ökonomisches Mittel; betrachtet man die Rüstung heute nur als Schutzinstitution, so muß die Entscheidung über diese nach ganz anderen Kriterien vor sich gehen, als solange man den Grundsatz verfechten will, daß der Krieg unentbehrlich ist, um die wirtschaftlichen Lebensnotwendigkeiten eines Volkes zu sichern, zu erweitern, zu verbessern.

Diese Auffassung kann aber heute nicht mehr aufrechterhalten werden. Alle modernen Erfahrungen beweisen, daß die Durchsetzung nationalökonomischer Notwendigkeiten nicht mehr durch Kriegsdrohung bewirkt wird. Zollkriege schlagen nicht in wirkliche Kriege um, und eines ist jedenfalls sicher: die wirtschaftlichen Vorteile, die durch Kriegsdrohung gewonnen werden, reichen nicht im entferntesten an die ungeheuren Kosten heran, die die moderne Rüstung verschlingt. Und was die Gefahr anlangt, daß die Nachbarvölker über ein nicht ausreichend gerüstetes Volk herfallen und sein Land unter sich aufteilen, so hat auch dieses Argument keine Schlagkraft. Das Schicksal der Türkei scheint dieser Behauptung allerdings zu widersprechen. Aber in Wirklichkeit liefert auch dieses nicht den erforderten Beweis. Nur Länder, die sich im Zustand tiefster Unkultur befinden, gewähren den Anreiz zur Eroberung. Hochentwickelte Kulturen werden heute nicht mehr angegriffen. Die Sicherheit der Schweiz, Hollands, Norwegens und Schwedens zeigen dies ganz offensichtlich. Und diese Erscheinung ist auch gar nicht verwunderlich. Nur ganz schlecht verwaltete, ökonomisch vollends unzureichend ausgenutzte Länder und Völker können ihren Überwindern beträchtliche wirtschaftliche Vorteile verschaffen. Je höher die Kultur eines Volkes steht, desto geringern Gewinn kann dessen

Besiegung dem Sieger bringen. *Kräftige, hochentwickelte, gesunde Kultur ist darum der beste Schutz vor Angriff.*

Nur ein unkultiviertes Volk greift ein kultiviertes an, um sich durch Raub in dessen Eigentum zu setzen. Nur ein unkultiviertes, in der Ausnutzung seiner Schätze und Kräfte zurückgebliebenes Land liefert einem Kulturvolk den Anreiz zum Angriff, wegen der ökonomischen Vorteile, die für den Sieger aus dessen Eroberung durch Übertragung seiner Kultur erwachsen. Die Richtigkeit dieser Einsicht kann man am deutlichsten daraus erkennen, daß *die Interessengegensätze der Kulturvölker heute in der Hauptsache auch nur noch aus deren Konkurrenz um die Beherrschung und Ausbeutung der Unkulturvölker erwachsen.*

Um den Wandel, der sich in den gesamten Verhältnissen seit einigen Generationen vollzogen hat, in seinem ganzen Umfang und in seiner ganzen Tiefe zu überblicken, vergleiche man nur das Napoleonische Zeitalter mit unserer Gegenwart. Was war damals selbstverständlicher als Kriegführen ! Und es konnte auch gar nicht anders sein. *Die absolutistische Staatsform und der Krieg sind unzertrennliche Korrelate.* Solange die Untertanen das Geschäftskapital der herrschenden Schicht sind, muß alles Bestreben der Regierenden naturgemäß darauf hinauslaufen, mit der Zahl der Untertanen das Geschäftskapital zu erweitern, und auch Landerwerb dient unter diesen Verhältnissen der Bereicherung. Je geringer der Einfluß des Volkes auf die Verwaltung ist, je weniger die allgemeine Wohlfahrt das Ziel ist, auf das hingearbeitet wird, desto größere Vorteile vermag ein Krieg den Siegern zu bringen. Das Heldenideal kulminiert darum in dieser Periode im Kriegshelden. Weltherrschaft, Weltmacht erscheint als das Höchste, was man erringen kann. Und je mehr solcher absolutistischen Gemeinwesen existieren, desto wichtiger muß für jede Nation die Kriegsvorbereitung sein. Die Kriegsstärke erscheint unter diesen Umständen notwendig als Existenzfrage.

Man braucht sich nur an die deutschen Befreiungskriege zu erinnern, um sofort Klarheit darüber zu haben, welche Rolle noch vor einem Jahrhundert der Krieg im Leben der Völker spielte. Die Erweckung und Vertiefung des Nationalgefühls entschied damals über Sein oder Nichtsein der deutschen Kultur. Man hatte, wenn man der intensivsten Ausbeutung durch die Nachbarvölker entgehen wollte, keine Wahl, ob man sich rüsten und wehren wollte oder nicht. Die

Gefahr, äußerer Ausbeutung zu unterliegen, war so stark, daß selbst die schwerste innere Ausbeutung daneben nicht in Betracht kam. All das hat sich heute gründlich verändert. Die konstitutionelle Staatsform, die alle Kulturvölker den herrschenden Schichten aufgezwungen haben, verringert das Maß der möglichen inneren Ausbeutung und damit auch das der äußeren. Das Volk ist heute nicht mehr in demselben Grade das Geschäftskapital der Herrschenden wie in der Vergangenheit. Ein Krieg zwischen konstitutionell regierten Staaten kann darum auch den Siegern nicht mehr dieselben Gewinne bringen wie jener zwischen absolutistisch regierten. Die Menschen untereinander, wie Mensch und Land verbinden in den ersteren ganz andere Beziehungen wie in den letzteren. Die innere Sozialisierung ist innere Pazifikation, die auf äußere Pazifikation hinwirkt.

Es sind die stärksten Wechselbeziehungen, die zwischen innerer und äußerer Ausbeutung hin- und hergehen. Je mehr sich die inneren Ausbeutungsmöglichkeiten abschwächen, desto mehr schwächen sich die äußeren Ausbeutungsmöglichkeiten ab, und je mehr sich die äußeren Ausbeutungsmöglichkeiten verringern, desto empfindlicher wird man auch für die Lasten, die der Abwehr der äußeren Ausbeutung dienen. So muß zwischen äußerer und innerer Ausbeutung schließlich das schwerste Mißverhältnis entstehen. Die Kosten der Abwehr der äußeren Ausbeutung werden im Verlauf so hoch, daß man, um sie aufzubringen, ein Maß der inneren Ausbeutung ertragen muß, das weit höher ist, als es bei äußerer Ausbeutung noch werden könnte.

Wie relativ gering heute die Gefahr der äußeren Ausbeutung für Kulturvölker schon ist, das ersieht man am deutlichsten aus der Macht, zu welcher das *Nichtinterventionsprinzip* im Völkerverhältnis aufgestiegen ist. Man respektiert heute die Souveränität jedes einzelnen Volkes in seinen eigenen Angelegenheiten, in so hohem Maße sogar, daß selbst, wenn irgendwo die schlimmsten Kulturgräuel bestehen oder die offenkundigsten Scheußlichkeiten und Missetaten von den Behörden geduldet, ja selbst angeordnet werden – Beispiele dafür sind leider in so großer Anzahl vorhanden, daß man sie nicht erst namentlich anzuführen braucht –, die Nachbarvölker sich nicht für berechtigt erachten, einzugreifen. Das Prinzip der Nichtintervention wird also gegenseitig sogar überspannt, und was wesentlich ist, es kommt den Nationen, die nicht stark gerüstet sind, in ebensolchem Maße zugute als jenen, die über die stärkste Waffengewalt verfügen. Zum Schutz der nationalen Souveränität im Innern des Landes sind also gegenwärtig die hohen Rüstungsauslagen von Kulturvölkern sicherlich nicht mehr erforderlich.

Und was für die Souveränität der Völker gilt, das gilt, wenn auch in beschränkterem Maße, auch für die einzelnen Individuen bei den Kulturnationen. Indem der Untertan zum Staatsbürger aufgestiegen ist, ist er nicht mehr im gleichen Grade und in gleicher Weise Ausbeutungsobjekt wie ehemals. Auch die Methoden der Ausbeutung sind von Grund auf andere geworden. Man braucht heute nicht mehr Länder auf kriegerischem Wege zu erobern, um aus ihrer Bevölkerung Nutzen zu ziehen. Industrie und Handel haben in dieser Beziehung die Funktion des Krieges übernommen. Und die Rechtsinstitutionen sind es, die der Ausbeutung die Grenze ziehen. Diese Rechtsinstitutionen sind aber in Kulturländern so stark in den gesamten sozialen Einrichtungen verankert, so innig mit der Bevölkerung verwachsen, daß sie auch durch kriegerische Erfolge nicht erheblich beeinträchtigt werden können. Es ist so die Veränderung der Stellung des Menschen im Staate, die Garantie seiner Rechte durch die Gesetzgebung, welche die Kriege auch für die herrschenden Klassen nicht mehr in gleichem Maße rentabel erscheinen lassen wie in der Vergangenheit. Es ist ja ganz klar: So lange man den Besiegten die drückendsten Lasten auferlegen konnte, so lange man bei diesen keine Staatsbürgerrechte anzuerkennen hatte, spielten auch große Menschenverluste und sonstige bedeutende Kosten im Kriege keine ausschlaggebende Rolle gegenüber den in Aussicht stehenden Gewinnen. Wurde der Sieg errungen, so winkten wohl dem Volke die schwersten Entbehrungen, die bitterste Not, aber die herrschenden Klassen konnten sich trotzdem erheblich bereichern. Bei der Stellung, die das Volk heute im Staate hat, bringen auch die größten Eroberungen für die Herrschenden nicht mehr allzuviel ein, und die Menschenverluste fallen darum auch viel schwerer ins Gewicht. Je umfassender sich die Staatsbürgerrechte darum gestalten, desto weniger Anreiz zum Krieg ist vorhanden, und man darf deshalb auch getrost einen berühmten Ausspruch variierend behaupten: *Der Konstitutionalismus ist der Friede.* Und je sozialer der Konstitutionalismus sich gestaltet, je stärker der Einfluß des gesamten Volkes auf die

Staatseinrichtungen, auf die ganze Gesetzgebung wirkt, desto mehr wirkt der solchermaßen *sozialvertiefte Konstitutionalismus* als Friedensgarantie.

Die veränderte Stellung des Individuums in der Gesellschaft, des Bürgers im Staat, der erhöhte Rechtsschutz, der erweiterte Versicherungsschutz, den er sich zu erkämpfen vermochte, ist es auch, der die Erkenntnis des ökonomischen Wertes des Menschenlebens, der menschlichen Arbeitskraft, der Volksgesundheit zur Herrschaft bringt. Beginnen wir erst zu untersuchen, unter welchen Voraussetzungen die menschliche Arbeitskraft am ökonomischsten ausgenutzt wird, welche sozialen Verhältnisse gegeben sein müssen, damit die Produktionsmaschinerie den höchsten Nutzeffekt abwirft, wie die Beziehungen zwischen den Menschen geordnet zu sein haben, damit die menschlichen Arbeitskräfte nicht vor der Zeit aufgebraucht werden, damit die vor der Zeit aufgebrauchten Arbeitskräfte das gesellschaftliche Budget nicht zu sehr belasten, so können wir uns auch der Einsicht nicht entziehen, daß ein wesentlich verfeinertes Völkerverhältnis erforderlich ist, soll die nationale Arbeit nicht durch internationale Reibungen, durch internationalen Raubbau in ihrer Produktivität unterbunden werden.

III.

So sehen wir, sowohl der Krieg als ökonomisches Mittel wie auch der bewaffnete Friede als Versicherungsprämie rücken in eine ganz neue Beleuchtung, wenn man, statt bloß, wie bisher, ausschließlich aus dem Gesichtspunkt der Warenökonomie, nun auch vom Standpunkt der *Menschenökonomie* seine Stellung zu diesen Problemen nimmt. Ich komme damit zum eigentlichen Thema meiner heutigen Ausführungen. Um dieses entsprechend erörtern zu können, muß ich aber einige ganz allgemein gehaltene Darlegungen vorausschicken.

Was ist das: Menschenökonomie? Menschenökonomie ist das Bestreben, unsere Kulturerrungenschaften mit einem immer geringeren Verbrauch an Menschenmaterial, mit einer immer geringeren Vergeudung an Menschenleben zu erzielen, ist das Bestreben einer wirtschaftlicheren Ausnützung, einer ökonomischeren Abnützung

der menschlichen Arbeitskräfte wie des Menschenlebens überhaupt. Die Technik hat uns gelehrt, die Naturkräfte besser für unseren Haushalt auszunützen, alle Dinge möglichst ökonomisch zu verwerten, Mechanismen auszusinnen, durch die den Menschen Arbeit
abgenommen wird, durch die der Ertrag der menschlichen Arbeit
vervielfacht werden kann. Die Menschenökonomie drängt auf *Technik des Organischen* hin, sie studiert den *Aufbau, Umsatz und Zerfall
der Arbeitskräfte,* lehrt uns sparen mit dem *organischen Kapital,* bringt
uns Wirtschaftlichkeit am wertvollsten Naturschatz bei, über den
ein Land verfügt: Wirtschaftlichkeit an der menschlichen Arbeitskraft. Bisher haben wir hinsichtlich der menschlichen Arbeitskraft
die *Produktivitätsgrenze gewaltsam zu überspannen* gesucht; wir haben
nicht berechnet, mit welchen indirekten Kosten die vorzeitige Abnutzung des Menschenmaterials unser Wirtschaftsbudget belastet,
wir trieben Raubbau am Mutterboden der Produktivität, an den
wertschaffenden Kräften und waren nicht bemüht, neben der Erzeu-
gung von äußerem Mehrwert zugleich auf das Zustandekommen
inneren, organischen Mehrwertes hinzuarbeiten. Es ist eine bekannte
Tatsache, daß Funktion jedes Organ stärkt, vollkommene Untätig-
keit hingegen die Organe ungünstig beeinflußt. Aber auch die Funktion darf einen bestimmten Intensitätsgrad nicht überschreiten,
wenn die Organe nicht vorzeitig aufgebraucht werden sollen. In jedem mit der *Sorgfalt eines ordentlichen Kaufmannes* geleiteten Betrieb
wird jährlich eine bestimmte Summe für die Abnützung der Ge-
bäude und Maschinen als Debetposten in die Bilanz eingestellt.
Aber auch der Organismus, auch die menschlichen Arbeitskräfte
nutzen sich in der Produktion ab, und diese *organische Amortisationsquote* wurde bisher sowohl in den Bilanzen der Privatunternehmer
wie in der Bilanz der nationalen Wirtschaft nicht genügend berücksichtigt.

Aus dieser Nichtberücksichtigung erwuchs eine falsche Ein-
schätzung, eine Überschätzung der Produktivität unserer heutigen
Produktionsweise. Dieser ist es zuzuschreiben, wenn ein Heer von
Übeln unsere Kulturerrungenschaften begleitet, zu deren Beseitigung wir nicht über genügende Mittel verfügen. In dieser Beziehung wollen wir Schäden aus dem Wohlfahrtsfonds bestreiten, die
einzig und allein ausreichend aus dem Betriebsfonds gedeckt werden können, eben weil sie Betriebskosten darstellen. Sehen wir uns

doch das Wirtschaftsgetriebe der Gegenwart an. Wenn in einem Privatbetrieb ein Arbeiter in wenigen Jahren schon vollkommen abgenützt ist, so ist der Unternehmer nicht genötigt, für die vorzeitige Amortisation von dessen Organismus aufzukommen. Er kann einfach eine frische Arbeitskraft einstellen und braucht sich nicht darum zu kümmern, was weiter mit der aufgebrauchten Arbeitskraft geschieht. Diese fällt vielmehr bloß der Gesellschaft zur Last und nur äußerst indirekt, je nachdem, in welcher Weise und unter welcher Verteilung der Kosten die Gesellschaft für die aufgebrauchten Arbeitskräfte sorgt, bekommt der Unternehmer seinen Raubbau an den von ihm verwendeten Arbeitskräften mit zu fühlen. Unter primitiven sozialen Verhältnissen, wo auch die Gesellschaft sich nur äußerst wenig oder gar nicht um die vorzeitig aufgebrauchten Arbeitskräfte kümmert, erwächst der Gesellschaft aus dem zu raschen Tempo des Menschenverbrauches nur eine relativ geringe wirtschaftliche Last. Die aufgebrauchten Arbeitskräfte gehen hier vergleichsweise rasch zugrunde. Leben und Sterben der Menschen bleibt unter diesen Umständen mehr oder weniger reine Privatangelegenheit der Individuen. Ganz anders liegen die Dinge, wenn die Gesellschaft anfängt, sich der vorzeitig aufgebrauchten oder geschädigten Arbeitskräfte in höherem Maße anzunehmen, wenn durch eine tiefergreifende Versicherungsgesetzgebung und umfassende soziale Fürsorgetätigkeit das Tempo der Abnutzung der Arbeitskräfte die Gesellschaft auch *finanziell* in Mitleidenschaft zu ziehen beginnt. Dann zeigt sich bald, daß vorzeitige Amortisation von Arbeitskräften und Menschenleben nicht nur unproduktiv, sondern auch unrentabel ist, daß die schwersten Mißstände daraus erwachsen, wenn man die *organische Amortisationsquote* nicht voll in die Bilanz einstellt und dadurch schließlich genötigt ist, sämtliche Übel statt in ihren Ursachen, in ihren Folgen bekämpfen zu müssen. Man kann sich aber der Erkenntnis nicht länger entziehen, daß Übel in ihren Folgen, statt in ihren Ursachen bekämpfen zu wollen, bei größtem Arbeitsaufwand den geringsten Nutzeffekt abwirft, *daß dieses Bestreben uns von einem ökonomischen Widerspruch in den andern treibt.* Die ungeheure Umwandlung der gesamten Grundlagen unserer Wirtschaft, die sich damit vollzog, daß der Vergewaltigungsstaat sich allmählich in einen Verwaltungsstaat umgestaltete, und heute Tag für Tag mehr in eine Versicherungsgemeinschaft überzugehen beginnt, kann man gar nicht überschätzen. *Alle Werte wechseln damit gleichsam ihre Vorzeichen!*

Es ist ja auch ganz klar: so lange die Einen nur auf Kosten der Andern zu leben bestrebt sind, ist es ziemlich gleichgültig, mit welchen Nachteilen für die Ausgebeuteten die Vorteile der Ausbeutenden verbunden sind. Was auf der Schattenseite der Wirtschaft vorgeht, verdunkelt da nicht den Glanz, der auf der Sonnenseite gegeben ist. Haben sich aber die sozialen Verhältnisse solcherweise verändert, daß das, was die Ausbeutungsobjekte erleiden, in immer stärkerem Maße auch auf die Ausbeutungsobjekte zurückwirken muß, dann hört ein Wirtschaftssystem auf, produktiv zu bleiben, wenn den Gewinnen der Einen Verluste der Andern gegenüberstehen, die diese um das Vielfache übersteigen. Der Fortschritt unserer theoretischen Erkenntnis wie die Verfeinerung unserer gesamten Technik bringt es uns immer klarer zu Bewußtsein, daß *Ausbeutung und optimale Ausnutzung diametrale Gegensätze* sind. Selbst hinsichtlich der Bodenbearbeitung können wir heute nicht mehr daran zweifeln, daß Raubbau das unökonomischste Produktionssystem darstellt, und jeder Grundbesitzer überlegt es sich sehr reiflich, einer größeren Pachtsumme den Vorzug vor einer geringeren zu geben, wenn er befürchten muß, bei der ersteren den Boden schließlich in völlig erschöpftem Zustande zurückzuerhalten. In bezug auf die Bodenbearbeitung stellen wir also die Amortisationsquote schon mit peinlicher Genauigkeit in unsere Bilanz ein, schätzen soliden Dauerertrag höher als unsoliden Schnellertrag, der die Produktivitätsgrenze gewaltsam zu überspannen sucht, und so ein Leben vom Kapital, statt von dessen natürlichen Zinsertrag bedeutet.

Auch in bezug auf den Menschen werden wir durch den Gang der Entwicklung selber nun immer mehr zu dieser exakteren Betrachtungsweise hingedrängt. Wie die extensive Bodenkultur, die auf Raubbau basierte, zugunsten intensiver Bodenkultur aufgegeben wurde, wo unter intensiver Bodenkultur aber nicht etwa das Bemühen, nur im Augenblick möglichst viel aus dem Boden herauszupressen, zu verstehen ist, sondern sorgfältige Beachtung des Eigenwillens des Materials und peinlichstes Bemühen, die Produktivitätsgrenze auch nicht einen Moment lang zu überspannen, so werden wir auch in bezug auf den Menschen allmählich immer mehr dahingeführt, *die extensive Menschenkultur in intensive umzuwandeln,*

wo unter intensiver Menschenkultur aber eine solche Ausnutzungs-
methode der Arbeitskräfte begriffen wird, die jeder vorzeitigen Abnutzung entgegenwirkt, die mit dem Maximum des äußeren Ertrages das Maximum des organischen Mehrwerts verbindet. Diese
Tendenz steht freilich noch in ihren Anfängen und wird durch die
bestehenden Verhältnisse in der mannigfachsten Weise durchbro-
chen. Wir befinden uns heute im weitesten Umfange noch in dem
Stadium der extensiven Menschenkultur, in dem Stadium des Raub-
baus am Mutterboden der wertschaffenden Kräfte. Alle Reserven
unseres Habens greifen wir an und geben uns namentlich nicht darüber Rechenschaft, was die *organischen Reserven* für ein Volk bedeuten. Aber die unablässige Entfaltung der Technik, die mit einem immer besseren Transformationskoeffizienten der Arbeit abschließen
will, die kontinuierliche Verfeinerung der wissenschaftlichen Einsicht, die fortschreitende Differenzierung der gesamten Methoden
unseres Forschens und Wirkens, muß uns schließlich dahin führen,
neben der Warenökonomie auch die unermeßliche Bedeutung der
Menschenökonomie zu erkennen, die in erster Linie aber die *Lehre
von den organischen Reserven* darstellt. Wir haben zu fragen, in welchem Maße ist das flache Land die organische Reserve der Groß-
städte, in welchem Umfange ist die breite Masse die organische Reserve der führenden Schichten, in welchem Sinne ist die Frau die
organische Reserve der Gesamtbevölkerung?

Unter diesem Gesichtspunkt ist die *Warenökonomie deshalb gleichsam nur die Vorstufe der Menschenökonomie.* Je anspruchsvoller die Arbeitskräfte werden, je mehr ihre Macht durch die Konzentration ihrer Energien sie befähigt, ihre Ansprüche durchzusetzen, desto
mehr werden die Unternehmer gezwungen, richtiger erzogen, die
Ökonomie der Produktion zu verbessern, und in diesem Bestreben
können sie sich der Aufgabe nicht entziehen, auch der Konstitution
und Eigenart der organischen Glieder der Produktionsmaschinerie
größere Aufmerksamkeit zuzuwenden, um auch hier das *Minus der
Ausbeutung* durch ein *Plus der Ausnutzung* auszugleichen.

Dazu kommt der *unaufhaltsame Fortschritt der Versicherungsgesetzgebung.* Das Leben und die Gesundheit der Versicherten hat einen
ganz anderen Wert, spielt eine ganz andere Rolle, wie Leben und
Gesundheit von Unversicherten. Im ersteren Falle hat der Mensch
nur Würde, nur ethische Prädikate, aber keinen Preis, keinen ökono-

mischen Wert. Im letzteren Falle wird das alles ganz anders. Beim versicherten Menschen fangen selbst relativ *hohe Investitionen auf organische Zwecke* an, sich rentabel zu gestalten, die Technik wird durch ihn in neue Bahnen gelenkt. Während früher der Mensch nur genötigt war, sich der Maschine anzupassen, muß sich jetzt der Techniker in immer stärkerem Umfange bemühen, die Maschine auch dem Menschen, der menschlichen Arbeitskraft anzupassen. Dies zwingt ihn dazu, sich mehr mit den Menschen, mit der eigenartigen Struktur der Maschine menschliche Arbeitskraft zu beschäftigen. Er muß anfangen darüber nachzudenken, wie man den Ertrag der menschlichen Arbeitskraft nicht nur durch maschinelle Mechanismen, sondern *aus ihr selbst heraus* zu steigern vermag. Das Zusammenarbeiten von Mensch und Maschine wird jetzt zum wichtigsten Problem. Es genügt nicht mehr, daß die Maschine dem Menschen Arbeit abnimmt, es wird ebenso dringendes Bedürfnis, dafür zu sorgen, daß der Mensch sich nicht an der Bedienung der Maschine verblutet. Mit einem Wort: *der Mensch wird jetzt in den Mittelpunkt der Aufmerksamkeit, in den Mittelpunkt des technischen Interesses gerückt*, seine Arbeitskraft hört auf, nur Anhängsel der Technik zu sein, die Technik nimmt jetzt den Anlauf, sich mit dem Wesen dieser selbst zu beschäftigen, die Geburtsstunde der *Biotechnik*, der *organischen Technik*, ja der *Psychotechnik*, hat geschlagen. *Die Technik setzt sich von der Beherrschung der äußeren Kräfte in die der inneren fort.*

Für die dermaßen fortgeschrittene und verfeinerte Technik beginnt auch die Psychologie des Arbeiters von höchster Wichtigkeit zu werden. Aus der exakten Erkenntnis dieser wird deshalb eine neue mächtige Quelle der Mehrwertsteigerung entspringen. *Wie die Anfänge der Technik in der vertieften Erkenntnis der Naturkräfte wurzeln, so wurzeln die Anfänge der Menschenökonomie in der vertieften Einsicht in die organische und psychische Struktur, in die Funktions- und Reproduktionsbedingungen der Arbeitskräfte.* Die Menschenökonomie schlingt das Band zwischen Technik und Sozialhygiene, zeigt die *wirtschaftliche Bedeutung der Sozialhygiene,* läßt die *Sozialpolitik als unentbehrliche Voraussetzung der technischen Betriebsverbesserung und der Ertragssteigerung der Produktion* erkennen.

Nun werden Sie gewiß fragen, wie hängen alle diese Dinge mit dem Pazifismus zusammen? Bevor ich darauf eine Antwort geben kann, muß ich aber noch auf ein weiteres Kapitel der Menschenökonomie hinweisen. Wir haben bisher nur vom Umsatz und Zerfall der Arbeitskräfte gesprochen, aber nicht von ihrem *Aufbau*. Die bisherige Nationalökonomie legt das Hauptgewicht auf die Produktion und sieht die Konsumtion darum nicht in richtigem Licht, beachtet nicht genügend, daß die Konsumtion, genau genommen, selbst einen integrierenden Teil der Produktion darstellt. In der Konsumtion geht die Wiederherstellung der Arbeitskräfte vor sich, und selbst während der Ruhepausen wird nicht gefeiert: während dieser wird statt in den technischen in den organischen Werkstätten gearbeitet. *Die Konsumtion, die Muße, der Schlaf ist organische Produktion.* Wird an dieser geknausert, so leidet an dem Wiederherstellungsdefizit schließlich auch die gesamte technische Produktion. Und ebenso gehört alle Bildung, alle Berufsvorbereitung mit zur Produktionsarbeit. Sie bedeutet die Qualifikation der wertschaffenden Kräfte. Aber ebenso, wie neben der technischen Produktion die organische Restitution einen integrierenden Bestandteil der wirtschaftlichen Arbeit, der gesamten Produktionsmaschinerie darstellt, so ist der technischen Produktion auch die organische Reproduktion gegenüberzustellen.

Auch hier können wir nun in der Gegenwart den ungeheuersten Wandel beobachten. *Die Bevölkerungsökonomie* hat sich in der modernen Welt von Grund auf umgestaltet. In dieser sind wir, wie in der Güterproduktion der Kulturvölker, mitten drin im Übergang von der Herstellung von Quantitätsprodukten zu der von Qualitätsprodukten. Es ist eine Tatsache, daß in allen vorgeschrittenen Ländern die Herabsetzung der Sterblichkeitsziffern eine Minderung der Geburtenziffern begleitet. Diese Erscheinung ist von größter Wichtigkeit. Der Rückgang der Geburtenziffern, das ist die Tendenz, die uns mit Allgewalt zum Ausbau der Menschenökonomie nötigt. So lange hohe Nachwuchsziffern die Regel sind, so lange damit der Quell der Bevölkerungserneuerung noch reichlich sprudelt, kann man auch verschwenderisch mit dem Menschenmaterial umgehen. Beginnt jedoch dieser Quell in seiner Ergiebigkeit nachzulassen, dann muß man den Ausfall der Quantität durch Verbesserung der Qualität, durch Verlängerung der Dauer des Lebens und der Produktivitätsperiode decken, *dann hört der Mensch auf, ein im Überfluß vorhandenes Gut zu sein, mit dem man nicht sparsam umzugehen braucht.*

Eine ähnliche Tendenz können wir im gesamten Gang der organischen Entwicklung beobachten. Je tiefer eine Art steht, desto mehr sucht sie sich durch die Quantität des Nachwuchses zu erhalten. Mit der Größe und Differenzierung der Individuen nimmt aber überall die Nachwuchsziffer ab. Ein je höheres Niveau eine Art erreicht, desto mehr kommt es auf die Qualität der einzelnen Individuen an, desto höher steigt das einzelne Individuum in seinem *entwicklungsökonomischen* Wert, und zwar sowohl für die Erhaltung der Art wie für die Art der Erhaltung.

In der modernen Kulturgesellschaft ist es in erster Linie die Hineinzerrung der Frau in den Produktionsprozeß, die zur Folge hat, daß ihr immer mehr Kräfte für den Gattungsdienst entzogen werden. Wie in der Landwirtschaft das Arbeitsvieh nicht die gleichen generativen Leistungen aufweist wie das Zuchtvieh, so ist es auch bei der Spezies Mensch, die den gleichen Naturgesetzen unterliegt wie alles Organische. Dazu kommt noch, daß mit der Hebung des Kulturniveaus der breiten Massen, die aber ihrerseits wieder eine notwendige Voraussetzung der Steigerung der technischen Leistungsfähigkeit ist, das Nachwuchsverantwortlichkeitsgefühl in den Menschen sich unendlich vertieft. Der qualifizierte Mensch will nicht mehr Kinder in die Welt setzen, als er ausreichend ernähren und entsprechend erziehen kann, er empfindet es als Verbrechen, die ohnehin schon schmale Ration der bereits lebenden Kinder durch neue Ankömmlinge zu verringern. Kurzum, der bloß instinktgeregelte *Reproduktionsautomatismus*, der unbewußt natürliche Zusammenhalt des Weltgebäudes durch Hunger und Liebe, beginnt sich in unseren Tagen zu lockern, auch dieses Gebiet menschlicher Betätigung, das am längsten reinen Naturtrieben überlassen blieb, wird nun allmählich immer mehr der Rationalisierung unterworfen.

Es ist auch nicht allzu verwunderlich, daß gerade durch die veränderte Stellung der Frau in der modernen Gesellschaft die *Bevölkerungsökonomie* am radikalsten beeinflußt wird. War es bisher doch zu allen Zeiten die Frau, die in erster Linie für die Kosten unserer leichtfertigen Menschenvergeudung aufzukommen hatte. Je rascher und skrupelloser die Menschen aufgebraucht und verpraßt wurden, desto härter war ihr Gattungsdienst. Da man nun im Moment, wo die Nachwuchsziffern nachzulassen beginnen, ökonomischer mit dem Menschenmaterial umgehen muß, so kann man direkt sagen: *die Emanzipation der Frau stellt eine der größten ökonomischen Errungen-*

schaften in der gesellschaftlichen Entwicklung dar, sie ist es, die eine neue Phase in der Verbesserung des technischen Produktionsprozesses inauguriert, für die sie durch *wirtschaftlichere Gestaltung des organischen Reproduktionsprozesses* die notwendigen Voraussetzungen schafft. Die Emanzipation der Frau vom forcierten Gattungsdienst, ihr Bestreben, nicht voll von diesem aufgebraucht zu werden, muß uns schließlich die Menschenökonomie als wichtigsten Zweig der gesamten Wirtschaftstheorie wie der gesamten Wirtschaftspraxis erkennen lassen.

Bekanntlich ist es nach den neueren Forschungen eine unbestreitbare Tatsache, daß die Anfänge der Landwirtschaft auf Frauenarbeit zurückgeführt werden dürfen. Es ist demgegenüber interessant, daß der Ursprung der Menschenökonomie gleichfalls auf das Konto der Frau zu schreiben ist. Wenn sie es auch nicht selbst war, die dieses Gebiet wissenschaftlich entdeckt hat, so waren es doch die Emanzipationsbestrebungen, zu welchen die veränderten Produktionsverhältnisse sie nötigten, durch die Einsicht in die Bedeutung der Menschenökonomie praktisch erst möglich wurde, und die fortschreitende Entwicklung der Frau wird es darum auch sein, die der Menschenökonomie zu immer reicherer Entfaltung, zu immer höherem Ansehen verhilft. Aber der Frau werden dafür auch in erster Linie die Früchte der Menschenökonomie in den Schoß fallen. Jedes Menschenleben, das erspart wird, setzt sich in baren Gewinn für die Frau um, ist sie es doch, die das Leben aus ihrem eigenen Blut und Mark in demselben Ausmaß wieder aufbauen muß, in dem es zerstört wird. Je sparsamer wir mit dem Menschenmaterial umgehen, desto mehr mildert sich der Gattungsdienst der Frau, desto mehr Kräfte werden in ihr für andere Betätigung freigesetzt, desto mehr wird sie von jener *unfruchtbaren Fruchtbarkeit* erlöst, zu der alle bisherige Wirtschaft sie verdammte. Ihre *generative Danaidenarbeit* hat damit ihr Ende erreicht. *Die Frau ist so die direkte Nutznießerin der Menschenökonomie, und gelangt ihr dies erst voll zu Bewußtsein, so wird diese Einsicht für ihre Befreiung und ihren Aufstieg dieselbe Bedeutung haben, die der Marxschen Theorie für das Emporsteigen der Arbeiterklasse zukommt. Deckte Marx das ökonomische Bewegungsgesetz der modernen Gesellschaft auf, so lüftet die Menschenökonomie den Schleier, der bisher die organischen Bewegungsgesetze der Kulturgesellschaft unserem Blick entzog.*

Ich kann natürlich diese ungemein komplexen Erscheinungen und Probleme in meinem heutigen Vortrag nur flüchtig skizzieren. In meinem Buche „Höherentwicklung und Menschenökonomie" habe ich die ganzen Zusammenhänge, die hier gegeben sind, ausführlich dargelegt. Aber schon die kurzen Hinweise hier dürften erkennen lassen, was die Erweiterung der Frauenrechte, der zunehmende Einfluß der Frau auf die Gesetzgebung für die Friedensbewegung erwarten läßt. Da es die Frau ist, die die Lücken der Sterblichkeit immer wieder mit ihren Gebärleistungen auszufüllen hat, ist sie die berufenste Vorkämpferin gegen den Krieg, und es ist darum sicherlich nicht als ein bloßer Zufall zu betrachten, daß es in der Person von Bertha von Suttner gerade eine Frau gewesen ist, die zuerst die bedeutsame Parole ausgab: Die Waffen nieder!

IV.

Mit diesen aphoristischen Andeutungen muß ich mich an dieser Stelle begnügen. Jetzt muß mir vor allem daran liegen, die weiteren Konsequenzen meiner ganzen Argumentation für den Pazifismus zu ziehen. Nach allem bisher Dargelegten ist klar, daß unsere gesamten sozialpolitischen und kulturellen Bestrebungen keine bloßen Wohlfahrtsinstitutionen und Luxuseinrichtungen sind, daß sie vielmehr als *notwendige Voraussetzungen der Betriebsverbesserung, der Ertragssteigerung unseres Produktionsmechanismus* angesehen werden müssen. Und ebenso sind die umfassenden sozialhygienischen und versicherungsgesetzgeberischen Bestrebungen keineswegs rein aus Humanität heraus geboren, sondern sie sind eine unvermeidbare Konzession an die gestiegene Macht der Arbeiterklasse, die ihrerseits aus den ökonomischen Bedingungen selber hervorwächst. Wir haben keine Wahl, uns gegen sinkende Geburtenziffern anders zu wehren als durch erhöhte Sparsamkeit am Menschenmaterial. Wir sind also gezwungen, immer steigende Investitionen für organische Zwecke zu machen, wollen wir unsere Wirtschaft leistungsfähig erhalten, wollen wir an der Tüchtigkeit unserer Rasse nicht Schaden leiden, wollen wir im Reichtum unserer Wertschöpfung nicht zurückbleiben durch schwere Unterlassungssünden an den wertschaffenden Kräften. Der Ertrag unserer Wirtschaft muß sinken, wenn wir die wachsenden Mittel für Sozialhygiene und Sozialpolitik nicht mehr aufzubringen vermögen. Die Sozialpolitik und Sozialhygiene sind die Versicherungsprämie für den Schutz unserer nationalen Wirtschaft, eine Versicherungsprämie, die sich im Verlauf immer billiger stellt, je mehr wir lernen, Übeln vorzubeugen, statt bereits eingetretene Schäden heilen zu wollen, die unerträglich hoch wird, wenn wir Übel statt in ihren Ursachen, wie heute vergeblich in ihren Wirkungen zu bekämpfen bemüht sind.

Nun haben wir in der Rüstungslast, im bewaffneten Frieden eine zweite Versicherungsausgabe vor uns, der gleichfalls die Tendenz innewohnt, sich kontinuierlich zu steigern. Während aber die erste Versicherungsprämie produktiv ist, eine *Belastung* darstellt, die zugleich eine *Entlastung* ist, die unsere Wirtschaft auf ein immer höheres Niveau hebt, ist dies bei der Rüstungsversicherung nicht der Fall. *Die sozialpolitische Versicherung festigt uns zugleich organisch; sie ist nur scheinbar eine Ausgabe, in Wirklichkeit eine Einnahme.* In ihr kommt, sofern sie in höchstem Maße ökonomischen Ausbau erhält, die Entwicklung der Wirtschaft selber zum Ausdruck. All das trifft bei der Rüstungsversicherung nicht zu. Ja, bei der Rüstungsversicherung erleben wir sogar dies, daß sie nicht nur die sozialpolitische Versicherung, die im wahrsten Sinne eine *Lebensversicherung*, ja, mehr als das, eine *Leistungsversicherung* ist, in ihrer Entfaltung beengt, sondern die Rüstungsversicherung verfehlt auch immer mehr ihren eigenen Zweck, weil durch ihr Wachstum gerade das heraufbeschworen wird, wogegen sie uns schützen soll. Der letzte Konflikt zwischen Deutschland und England, der auch heute noch fortbesteht, ebenso wie unser gespanntes Verhältnis zu Italien, beweist dies offensichtlich. Es ist hier direkt die Rüstungseifersucht, welche den eigentlichen Quell der Zwistigkeiten bildet.

Aber nicht nur durch Anreiz zur Rivalität in der Kriegsstärke, wo die eine Nation die andere mit Krieg bedroht, wenn sie fortfährt, ihre Rüstungsversicherung zu erhöhen, verfehlt die Rüstungsversicherung ihren Zweck und muß ihn verfehlen, sondern auch aus einem anderen Grunde. Bei der Eigenart der Versicherung mittels Kriegsrüstung ist nie zu entscheiden, ob sie nur dem Schutz oder zugleich dem Angriff dient. Die erhöhte Versicherung der Einen zwingt auch die Anderen zu immer stärkerer Versicherung. In diesem Zusammenhang kommt mir eine amüsante Geschichte in Erinnerung, die ich einmal gelesen habe. Ein Kaufmann fährt in einer unsicheren Gegend mit einem fremden Kutscher des Nachts durch einen stockfinsteren Wald. Plötzlich fällt ihm ein, daß er vor kurzem von einem Mord gehört hat, der hier bei einer ähnlichen Gelegenheit verübt wurde. Schwere Angst beklemmt ihn. Um den Kutscher einzuschüchtern, erzählt er ihm, daß er über herkulische Kraft verfüge, stets einen geladenen Revolver bei sich führe, ein ausgezeichneter Schütze sei, daß sein Mut ihn vor nichts zurückschrecken lasse, und daß er oft ganz allein schon mit vielen Angreifern fertig geworden sei. Den Kutscher, einen ganz harmlosen Gesellen, der nicht die geringste böse Absicht hat, überkommt grenzenlose Furcht. Und da der Andere in wachsender Angst nicht aufhört, mit seiner Stärke zu prahlen, zieht der Kutscher schließlich in seiner Verzweiflung das Messer heraus und sticht, um sein Leben zu retten, den Fahrgast nieder. Ganz ähnliches erleben wir heute bei den Völkerbeziehungen.

Und noch eines ist zu beachten, was gleichfalls von den Pazifisten mit Recht immer wieder hervorgehoben wird. Nämlich, daß je größer die Zahl der Menschen wird, die im Rüstungsversicherungszweig ihren Beruf haben, desto stärker der Wille zum Krieg werden muß. Bloßes Kriegsspiel, bloße Kriegsvorbereitung wirkt auf die Dauer ermüdend, erschlaffend, ernüchternd. Spiel, Übung will sich im Ernst erproben. Für ein schlagbereites Heer wird es schließlich zur Gefahr hinsichtlich der Leistungsfähigkeit selber, wenn es Jahre, ja Jahrzehnte lang nicht zum Schlagen kommt. Wir wissen es ja vom Einzelorganismus her, daß je größer und differenzierter ein Organ im Verlauf wird, desto mehr auch sein Einfluß auf den Gesamtorganismus anwächst. Mächtige Organe verlangen nach Funktion, wenn sie sich nicht rückbilden sollen. Und wie dies im Organischen der Fall ist, so trifft es auch beim Sozialen zu.

Dazu kommt noch das naturgemäß ungeheure Interesse des immer mehr anwachsenden Rüstungskapitals an der Verschärfung der Völkergegensätze. Es muß aus Geschäftsinteresse jede Gelegenheit wahrnehmen, die Kriegsfurcht zu entflammen und allen Bemühungen Hindernisse in den Weg stellen, die auf andere Weise, als durch Steigerung der Rüstung, die nationale Sicherheit verbessern wollen. Die Verhältnisse liegen hier ganz ähnlich wie beim Alkoholkapital, das auch durch immanente wirtschaftliche Tendenzen genötigt wird, mit allen, auch den schlechtesten Mitteln danach zu streben, die Abstinenzbewegung zu diskreditieren. So mindert sich also mit dem Steigen der Rüstungsprämie ihre Versicherungsleistung immer mehr, bis schließlich die Rüstungsprämie so große Summen verschlingt, daß es zweifelhaft wird, ob sie überhaupt noch ertragen werden kann.

„Die enormen Kosten der Rüstungslast rechtfertigt man freilich mit der Berechnung, wie furchtbare Verluste in der Gegenwart ein Krieg selbst für die siegreiche Nation zur Folge haben muß. Wir rühmen uns auch damit, wie selten die Kriege in den letzten Jahrzehnten geworden sind, und welche Opfer an Menschenleben und Güterwerten uns dadurch erspart blieben. Blieben sie uns aber wirklich erspart? Ist der bewaffnete Friede der Gegenwart tatsächlich weniger blutig als selbst die furchtbarsten Kriege der Vergangenheit? Man kann freilich meinen, der bewaffnete Friede mag noch so große Geldopfer erfordern, aber Menschenleben raffe er doch nicht hin; es bedeute darum Widersinn, ein Problem darin zu erblicken, ob die Friedenspalme oder das Kriegsschwert mehr mit Blut befleckt sei. Und doch, es ist nicht nur das Problem aufzuwerfen, sondern es muß direkt die Behauptung aufgestellt werden, daß die Friedenspalme mehr Leichen und Wunden deckt, als die Kriegsfurie sie dereinst entsetzte Augen schauen ließ. Wie der Wegelagerer, der arglosen Wanderer mit dem wilden Rufe: Geld oder Leben! anfällt, so stellt auch die Natur die Kultur kontinuierlich vor die gleiche Alternative. Mit derselben Summe von Arbeit können wir die verschiedensten Kulturmechanismen ausbauen, die verschiedensten Nutzeffekte erreichen. Immer aber muß Arbeit aufgewendet werden, sollen die Naturkräfte dermaßen in ihrer Richtung verändert werden, daß sie im Sinne unserer Entwicklungstendenzen wirken. Auch die menschliche Gesundheit, die Rassetüchtigkeit, die organische Aszendenz müssen künstlich sozial erarbeitet werden. Was wir an Arbeitsmitteln der organischen Kultur entziehen, um das senkt sich ihr Niveau. Jede Kanone, jedes Panzerschiff stellt das Äquivalent für eine bestimmte Summe geopferter Menschenleben und unbehobener sozialer Übel dar. Keine Wunde am Gesellschaftskörper, keine Volkskrankheit kann geheilt werden ohne hohe Arbeits- und Kapitalsinvestitionen. Für jede Kriegsausgabe müssen Existenzen preisgegeben werden, müssen Menschen sterben, denn es ist längst bereits Tatsache, *daß wir nicht mehr von der Natur, sondern von der Kul-*

tur leben. Wie die Menschen bei blutigen Kriegen auf den Schlachtfeldern fallen, von verheerenden Seuchen oder von den Beschwer-
den des Dienstes dahingerafft werden, so fallen sie in dem noch blu-
tigeren bewaffneten Frieden auf dem Arbeitsfelde oder werden von
großen Volkskrankheiten hinweggefegt, denen Armut, Überarbeit,
Unterernährung, ungünstige Produktionsbedingungen, Krisen und
anderes den günstigsten Nährboden gewähren. *Das Schlachtfeld des
bewaffneten Friedens fällt nur nicht so anschaulich in die Augen wie die
Schädelstätte des Krieges.* Wir klagen wohl über die Kostspieligkeit
der Rüstung und über alles, was mit ihr zusammenhängt, aber wir
suchen uns keine Vorstellung davon zu machen, wie diese Kosten in
concreto aussehen. Wir bringen uns nicht zu Bewußtsein, daß die
Menge der jährlich Verwundeten und Toten des Friedens in unseren
Tagen eine weit größere ist, als die Anzahl derer, die ehemals in den
blutigsten Kriegen fielen oder für immer zu Invaliden gemacht wurden"[2].

Nun wird man wohl einwenden, der Begriff der Rüstungsversicherung sei nicht in dem Sinne aufzufassen, daß sie etwa nur vor
Kriegen bewahren soll, sondern ihre eigentliche Aufgabe liege darin, dahin zu wirken, daß man im Kriege nicht unterliege. Begreift
man die Rüstungsversicherung jedoch in diesem Sinne, dann treten
sofort alle Argumente wieder in Kraft, die sich gegen den Krieg als
ökonomisches Mittel richten. Läßt sich nämlich beweisen, daß durch
einen siegreichen Krieg nichts Erhebliches zu gewinnen ist, dann ist
ohne weiteres klar, *daß innerhalb der modernen Verhältnisse ein verlore-
ner Krieg auch nicht dieselben wirtschaftlichen Schäden nach sich ziehen
kann wie in der Vergangenheit.* Und es ergibt sich weiters, daß, weil
die wirtschaftliche und sozialpolitische Rüstung sich als wesentlich
wichtiger erweist als die kriegerische, es den Teufel durch Beelze-
bub austreiben heißt, wenn man die kriegerische Rüstung auf Kosten der wirtschaftlichen Rüstung, auf Kosten der wirtschaftlichen
und sozialpolitischen *Versicherung* bevorzugt.

Gegenwärtig liegen die Dinge nun so: die kriegerische Rüstung
ist notwendig und unerträglich zugleich. Wir müssen sie steigern
und können ihre Steigerung nicht ertragen. Wir können sie nicht er-

---

[2] Aus R. GOLDSCHEID, „Höherentwicklung und Menschenökonomie", Leipzig
1911.

tragen, weil sie nur auf Kosten der wirtschaftlichen und sozialpolitischen Versicherung ausgedehnt werden kann, obwohl diese in stets wachsendem Ausmaße unentbehrlich für die technische Verbesserung des Produktionsprozesses, für die Steigerung der Produktivität der Arbeit wird. Aus diesem Dilemma müssen wir einen Ausweg finden. An der Lösung dieses Problems hängt endlich und schließlich *die Frage nach der Erhaltung unserer Kultur.* Nun ist es zweifellos, daß es in unseren Tagen nicht mehr die Lebensbedingungen selber sind, die die Völker zu menschenmörderischem Waffengang zwingen. Die Lebensbedingungen drängen vielmehr gebieterisch auf internationale Verständigung, auf internationale Organisation der Arbeit hin. Nur historisch überkommene Institutionen, die den wirklichen Verhältnissen nicht mehr entsprechen, und der psychologische Überbau, der von diesen zurückgeblieben ist, sind es, die uns vortäuschen, in der kriegerischen Austragung von Völkerkonflikten die Lösung dieser finden zu können. Was tatsächlich durch diese nur noch bewerkstelligt werden kann, das ist die Ausgleichung von bloßen Affektspannungen, die aber auf die wirtschaftliche Armatur keinen entscheidenden Einfluß mehr hat. Die Veränderung unserer Produktionsmethoden, die Umgestaltung unseres wirtschaftlichen Denkens und Handelns hat zur Folge, daß weder Landeroberung noch Menschenerwerb den nationalen Wirtschaftsertrag wesentlich tangieren. Einerseits kann heute Land ohne Bevölkerung, die auf diesem lebt, nicht mehr erworben werden, andererseits haben wir nicht die Möglichkeit, besiegte Völker in der gleichen Weise auszubeuten wie in der Vergangenheit. *Je größere Rechte wir besiegten Völkern gewähren müssen, je mehr wir genötigt sind, auch das Eigentum der Unterlegenen zu respektieren, desto geringere wirtschaftliche Vorteile erwachsen selbst aus einem siegreichen Krieg. Ein siegreicher Krieg hat dann keinen anderen Nutzen mehr, wie ein vorteilhaftes Bündnis.*

Und nun vergegenwärtige man sich noch, *wie ungeheuer die indirekten Kosten des Krieges durch unsere moderne Versicherungsgesetzgebung anschwellen.* In vergangenen Zeiten lastete alles Unglück, welches ein Krieg zurückließ, auf den einzelnen Individuen. Diese hatten sich mit ihrem Schicksal selber abzufinden, niemand nahm sich ihrer in höherem Maße an, ihr Leiden und Sterben war reine Privatangelegenheit. Heute bilden die Wunden, die ein Krieg schlägt, eine soziale Last. Der Staat, die verschiedenen Versicherungskorporationen müssen aufkommen für die durch den Krieg Geschädigten, man läßt sie nicht mehr tatlos zugrunde gehen. Auch dadurch wird die Wirtschaftsbilanz des Krieges ganz wesentlich verschlechtert. Erwägen wir nun überdies, wie weit vorgeschritten trotz aller noch bestehenden Kulturgreuel die Rationalisierung und Moralisierung der Gesellschaft schon ist, wie zahllose neue Ansätze zur Erweiterung und Vertiefung dieser am Werk sind, wie ungeheuer sich die wirtschaftliche und finanzielle Verflochtenheit aller Völker gesteigert und gefestigt hat, in solchem Maße sogar, *daß Kriege schon deshalb immer seltener werden, weil jeder nationale Konflikt einen Weltkrieg zu entflammen droht*, so müssen wir direkt konstatieren: *innerhalb des Bestehenden ist die Solidarität die Tatsache und der Partikularismus die Utopie*, weshalb wir auch nicht daran zweifeln können, daß dem Krieg der reale Boden bereits unter den Füßen weggezogen ist, daß alle Zurüstungen auf ihn nur noch auf atavistischen Instinkten beruhen, auf Anpassungsreaktionen an nicht mehr bestehende Verhältnisse.

Nur eines kann man darum noch sagen: Auch diese atavistischen Instinkte sind eine Tatsache, und auch dieser Tatsache müsse eben Rechnung getragen werden. Diese Einsicht zeigt uns aber zugleich den Weg zur Lösung des Problems. Wie ein moderner Naturforscher, wenn es etwa gilt, in einer Gegend die Malaria zu bekämpfen, zunächst daran geht, die Ursachen dieser Krankheit zu erforschen, um ihr dann auf Grund der Erkenntnis ihrer Kausalität den Garaus zu machen, so wird auch der *Friedenstechniker* vorgehen – um mich dieses vortrefflichen Ausdruckes Frieds zu bedienen, den wir alle als einen der scharfsinnigsten Begründer der pazifistischen Theorie schätzen. Als Robert Koch gefunden hatte, daß bestimmte Mückenarten die Verbreiter der Malaria sind, da suchte er festzustellen, woher sie ihren Giftstoff nehmen, und erkannte, daß es nicht nur die Malariaerkrankten selber sind, die diesen liefern, sondern in der Hauptsache jene, die, ohne daß sie es wissen und ohne daß sie erkranken, Giftträger sind. Deren Blut suchte er giftfrei zu machen, und auf diesem Wege gelang es ihm innerhalb kurzer Zeit, Malariagegenden in gesunde Wohnstätten umzuwandeln. Nun, ganz ähnlich liegen die Dinge hinsichtlich der Kriegsseuche. Es sind auch hier die unbewußten Giftträger, diejenigen, die von der Kriegspropaganda infiziert sind, ohne daß ihnen dies klar zu Bewußtsein gekommen wäre, welche der Seuche den günstigsten Nährboden gewähren, die zu ihrer Verbreitung am meisten beitragen.

Ich will dieses Gleichnis nicht zu Tode hetzen und darum ohne Bild jetzt sagen, was ich meine. Es sind die Indolenten, die glauben, daß der Krieg nach wie vor eine Naturnotwendigkeit ist, die, nicht zum Bewußtsein ihrer Lage gelangt, auch nicht erkennen, daß die Kriegsnotwendigkeit nur in ihrer Psyche, in ihren Instinkten und Affekten, nicht aber in ihren Interessen oder gar in den Lebensverhältnissen selber liegt, welche die Ursache dafür bilden, daß der Krieg nach wie vor eine wirkliche Gefahr darstellt. Die Revolutionierung der Dinge arbeitet bereits auf die internationale Verständigung, auf die internationale Organisation der Arbeit hin. Was nun noch erforderlich ist, damit diese Revolutionierung der Dinge sich erweitert und festigt, das ist die Revolutionierung der Köpfe. Sobald diese im raschen Tempo vorwärtsschreitet – und dieses Vorwärtsschreiten ist nicht aufzuhalten – werden wir eine weitaus zuverlässigere, dauerfähigere, und was wesentlich ist, ganz erheblich ökonomischere Friedensversicherung erhalten, als sie uns heute die kriegerische Rüstung gewährt. Es wird eine *organisch gewachsene, sozial fundierte, psychisch verankerte und rationell regulierte Versicherung* sein, die uns künftig die Erhaltung des Friedens und den Schutz der nationalen Arbeit garantiert. Und wir werden vom Krieg auch immer weniger erwarten, weil unser moderner, so enorm gestiegener Respekt vor dem Eigentum den Krieg jeglicher Produktivität beraubt. *Wir modernen Menschen, die alles Eigentum so ehrfürchtig respektieren, daß uns, damit nur ja nicht an der Heiligkeit des Privateigentums gerüttelt werden kann, sogar das Eigentum des Gegners heilig ist, wir modernen Menschen, denen die menschenökonomische Einsicht sogar schon die Bedeutung der Heiligkeit des allerprivatesten, nämlich des organischen Privateigentums allmählich beizubringen beginnt, wir haben im Krieg, der zur Farce wird, sobald er nicht den Raub, sobald er nicht die rücksichtslose Niedertretung fremder Rechte zur Grundlage hat, nichts mehr zu gewinnen.*

Und ziehen wir gar erst die Tatsache der *Bevölkerungsökonomie* ins Kalkül und erwägen, daß bei fallenden Geburtenziffern unsere ganze Existenz auf der Minderung der Sterblichkeit aufgebaut ist, so werden wir erst recht die ganze Größe der Gefahren ermessen, mit welchen menschenmörderische Kriege die Leistungsfähigkeit unserer Rasse bedrohen. Wenn darum der berühmte französische Feldherr Condé sich nach einer äußerst blutigen Schlacht einst mit dem Trost beruhigte: ‚A bah, in einer einzigen Frühlingsnacht ist das alles wieder hereingebracht!' so täuschen wir uns heute nicht mehr darüber, daß diesem Ausspruch eine sehr oberflächliche entwicklungsökonomische Orientierung zugrunde lag. Wir zweifeln nicht, daß hier die Wiederherstellungsspesen der organischen Verluste weitaus zu gering eingeschätzt waren. Und immer mehr werden wir uns zur Erkenntnis erheben, daß auch, ökonomisch betrachtet, selbst die enormen finanziellen Opfer der Kriege minimal erscheinen gegenüber den organischen Verlusten, die diese uns auferlegen!

Mit alledem ist bewiesen, daß der Rüstungsversicherung, soweit sie wegen der atavistischen Völkerinstinkte noch notwendig ist, organisatorische Friedensversicherung parallel laufen muß, die diese Stück für Stück abzutragen strebt und sie auch abtragen kann, in demselben Maße, als die Werke der internationalen Friedensorganisation und die Umgestaltung der menschlichen Psyche sich fortentwickeln, und daß hierdurch der Schutz der nationalen Arbeit nicht nur nicht abnehmen, sondern im Gegenteil wachsen und gefestigt werden wird, ja daß er im selben Verhältnis zuverlässiger wird, als er sich billiger gestaltet.

Wenn darum den Pazifisten von ihren Gegnern vorgehalten wird, ob sie in einer Zeit gesteigerter nationaler Rivalität auch die Verantwortung dafür übernehmen können, den Rüstungseifer abzuschwächen, so ist darauf zu erwidern, *nicht nur, ob die Rüstungsschwärmer die Verantwortung für die stetig zunehmenden Kulturdefizite tragen können, die durch die ins unermeßliche wachsende Rüstungslast entstehen*, sondern es ist auch auf den internationalen Charakter der Friedensbewegung hinzuweisen. Die Verbreitung und Vertiefung des Pazifismus in allen Ländern mit ihrer Umwandlung, mit ihrer Pazifikation der menschlichen Psyche, das ist die geistige Bewaffnung der modernen Völker, die weit mehr für den Schutz der nationalen Integrität zu leisten berufen ist, wie alle bisherige technische Bewaffnung. *Sie verlegt die Friedensgarantie in die Menschen selber, ist verinnerlichte Kriegswehr.* Es ist ein überwundener Standpunkt, wenn man glaubt, daß die Interessengegensätze und Interessenkonflikte von Kulturvölkern innerhalb der so völlig veränderten Verhältnisse der Gegenwart noch mit *Blut und Eisen* zur Lösung gebracht werden können. Die Devise unserer Zeit kann vielmehr nur lauten: *Gehirn und Organisation*! Was wir heute brauchen, ist ein *Volk in geistigen, in kulturellen Waffen*. Und darum kann kein Zweifel darüber bestehen, daß Kriege weitaus eher vermieden würden, wenn jedes Volk sich verpflichten würde, einen Dreadnought [Kriegsschiff-Typ] weniger zu bauen, um das Geld, das dadurch erspart wird, der internationalen Friedensbewegung zu widmen. Damit käme ein weitaus stärkerer internationaler Friedensschutz zustande. Ein derartiger Vorschlag klingt ja freilich heute über alle Maßen utopisch, aber wann hat je eine Vorahnung der Zukunft nicht utopisch geklungen? Auch alles, was ehemals gegen den kleinstaatlichen Partikularismus in Deutschland und Italien gesagt wurde, hat man als Utopie belächelt. Und doch erwiesen sich nur die Bestrebungen, diesen kleinstaatlichen Partikularismus aufrechtzuerhalten, als kurzsichtige *negative Utopie*!

V.

Organisatorischer Internationalismus – so klar dieser Begriff ist, mancher wird darin doch vielleicht nur ein leeres Schlagwort erblicken wollen. In unseren Tagen muß man das Selbstverständlichste näher erläutern, weil sonst immer die *Phrase von der Phrase* bei der Hand ist. Von den heiligsten Gütern der Nation darf man heute ruhig sprechen, ohne der Phrase verdächtigt zu werden, aber wehe dem, der von den heiligsten Gütern der Menschheit redet! Er wird mitleidig als utopischer Schwärmer belächelt, es sei denn, daß irgend ein Jubiläum gefeiert wird, wo dann alle Welt mit einem Male sich auch der höchsten Ideale erinnert und auch die Praxis des Alltags ganz vergessen hat. Nichts Beschämenderes gibt es in der Tat in unserer Zeit, als die Erscheinung des *intermittierenden Idealismus*. Man begeistert sich an Idealen dann am lautesten, wenn aus dem Idealismus keine Konsequenzen gezogen zu werden brauchen, wenn er sich nur in schönen Worten ausleben darf. Der bloße Wortidealismus wird niemals als Phrase bezeichnet, aber der Idealismus der Tat, der auch vor den schwierigsten Aufgaben nicht zurückschreckt, der die Dinge unverblümt bei ihrem wahren Namen nennt, der die Fakta sieht wie sie sind, der sich nicht dazu hergibt, das zu beschönigen, was ist, sondern in helles Licht rückt, was sein soll, und nachweist, daß das, was sein soll, auch sein kann – gerade diesen echten Idealismus, diesen *aktiven Idealismus der Tat*, ihn brandmarkt man immer wieder als Phrase. Gegen diese Phrase von der Phrase, die unser Bestes und Reinstes frivol herabsetzt, muß sich unser schärfster Kampf richten.

Es ist der Scheinidealismus, der die schlimmste Entartung aller Sittlichkeit hervorgerufen hat, der die Sittlichkeit geradezu in Mißkredit brachte. Mit so großen Worten wir auch die Machtstellung der Nation, das nationale Prestige, die Ehre der Nation preisen, so ist es doch eine Tatsache, daß wir diese Machtstellung der Nation nicht im Dienste der höchsten Kulturaufgaben anstreben, daß wir nicht auf *kulturelles Prestige hinarbeiten, daß unser kulturelles Ehrgefühl noch sehr schwach entwickelt ist.* Es beleidigt unsere nationale Ehre nicht, daß Unzählige unserer Mitbürger in menschenunwürdigen Verhältnissen leben, unser nationales Prestige findet sich nicht verletzt, wenn unsere Nationsgenossen im Ausland Arbeits- und Existenzbedingungen hinnehmen müssen, die ihre Lebenskraft innerhalb kürzester Zeit aufbrauchen, die Machtstellung der europäischen Nationen scheint niemandem dadurch als eine höchst unvollkommene, daß Jahr für Jahr ungezählte Auswanderer nach Amerika abströmen, um dort in der *großen Menschenmühle* zerrieben zu werden. *Der Raubbau, den Amerika an unserer Menschenkraft treibt, wen rührt dieser, wer fühlt sich durch ihn ökonomisch beunruhigt?* Lieb Vaterland, magst ruhig sein; es handelt sich ja nur um arme Teufel, die dort zugrundegehen. Arme Teufel haben keine Nationalität, ihr Schicksal kränkt die nationale Ehre nicht. Fort mit Schaden! heißt ihnen gegenüber die höchste Verwaltungsweisheit.

Man ist national bis in die Fingerspitzen und hat keine Ahnung vom tieferen Sinne der National*ökonomie.* Man weiß nicht und will nicht wissen, daß nationale Ökonomie in erster Linie Ökonomie mit dem nationalen Menschenmaterial sein muß, daß *Ökonomie an der Nation* das erste Gebot der nationalen Ökonomie darstellt. Und Ökonomie an der Nation kann nicht als etwas aufgefaßt werden, das etwa nur für eine bestimmte Nation gälte. Jede Nation muß vielmehr ökonomisch mit ihrem Menschenmaterial umgeben, wenn die Mißökonomie der einen Nationen die Ökonomie der anderen nicht herabdrücken soll. Dies zeigt sich am deutlichsten bei den Voraussetzungen, an denen unsere moderne Seuchenbekämpfung gebunden ist. Hier haben wir das Phänomen der internationalen und interindividuellen Solidarität am deutlichsten vor uns. Wir können heute nicht mehr daran zweifeln, daß wir die großen Volkskrankheiten nur auf dem Wege einheitlicher internationaler Organisation bekämpfen können, daß wir in dieser Beziehung das Höchste aber nicht zu leisten imstande sind, wenn der kulturelle Tiefstand der einen Nationen bei der ungeheuren Intensität des internationalen Verkehrs den kulturellen Hochstand der anderen immer wieder gefährdet.

So erweitert sich ganz von selbst durch den Fortschritt unseres modernen Erkennens die Menschenökonomie zur *Völkerökonomie*, wie im Innern der Länder die Schicksale der Ausgebeuteten immer stärker auf die Ausbeuter zurückwirken, wie die Verbreitung und Vertiefung der Versicherungsgesetzgebung und sozialen Fürsorgetätigkeit diesen Prozeß der organischen Rückwirkung auch ökonomisch und finanziell immer stärker zum Ausdruck bringt, so ist es auch im Verhältnis der Völker zueinander. Völkerausbeutung wirkt der Völkerausnützung ebenso intensiv entgegen, wie der Fortschritt in der Technik der Ausnutzung der menschlichen Energien deren Ausbeutung immer mehr zurückzudrängen tendiert. Es sind heute die unkultivierten Völker, die der Steigerung der Produktivität unserer Kultur die kostspieligsten Hindernisse entgegensetzen. Nicht nur die einzelnen Parias unter den Individuen, sondern auch die Völkerparias kosten uns weit mehr, als sie uns tragen. *Die Bilanz der äußeren Ausbeutung ist ökonomisch nicht weniger passiv, als die Bilanz der inneren.*

Es ist ein trauriges Zeichen der Zeit, daß es sowohl utopisch klingt, wie als eine Selbstverständlichkeit belächelt wird, wenn man erklärt: alle Nationen müssen gemeinsam an der Hebung der Kultur jedes einzelnen Volkes arbeiten. Wohin soll es bei der innigen Verflochtenheit aller Völker, die der moderne Verkehr Tag für Tag mehr vertieft, führen, wenn jedem Volk nur die eigenen Lebensnotwendigkeiten am Herzen liegen, ohne daß man energisch bemüht ist, auch die Lebensnotwendigkeiten der anderen Völker zu unterstützen, ja selbst nur zu begreifen? Überall ist man nur darauf aus, die eigene Macht zu erweitern; mit welchen nationalen Nachteilen für die Anderen aber die nationalen Vorteile der Einen verbunden sind, darüber denkt man nicht nach. Man überläßt es einfach jeder Nation selbst, sich im Kampfe zu behaupten. Mögen in einem Nachbarstaat auch die schlimmsten Kulturgräuel gegeben sein, darin erblickt man keine Kriegsursache, es sei denn, daß diese Kulturgräuel einen billigen Vorwand für einen zum Zweck der Gebietserweiterung unternommenen Krieg abgeben. Für einen Krieg, der keine Wirtschaftsinteressen befriedigt, hat man keinen Sinn. Kultur erscheint als leeres Wort, sobald nicht scheinbar nationale wirtschaftliche Vorteile in Aussicht stehen, die durch die angebliche Kulturforderung erlangt werden können. *Ein Krieg, eine Kriegsdrohung im Interesse der Menschlichkeit, um dem höchsten sittlichen Drange zu genügen – welch sentimentale Verstiegenheit.* Wir lehnen freilich allen Materialismus als öd, flach und unsittlich ab, aber von der praktischen Politik muß der gepriesene Idealismus seine Hand lassen. Wo wirtschaftliche Interessen ins Spiel kommen, da sind idealistische Momente verwiesen, da ist Idealismus Utopismus, ja Schlimmeres als das, da heißt es rechnen, engherzig egoistisch rechnen und nicht wissenschaftlich denken oder gar menschlich fühlen. Wehe dem, der seinen individuellen Egoismus auch zurückzustellen gewillt ist, wo er dem nationalen Egoismus dient, der auch den nationalen Egoismus in der gleichen Weise beurteilt wie den individuellen. Er vergreift sich an der nationalen Ehre. Die nationale Ehre ist verletzt, wenn man dem nationalen Egoismus nur die leiseste Einschränkung zumutet. *Right or wrong my country – die Objektivität hat zu schweigen, wenn es sich um nationale Selbstsucht handelt.* Blut hört auf, ein besonderer Saft zu sein, sobald es gilt, diplomatische Ungeschicklichkeiten durch einen Krieg wettzumachen. Dann müssen Ströme von Blut ohne zaudernde Selbstbesinnung vergossen werden, um ein einziges übereiltes Wort von der Tafel der Geschichte wegzuwischen. Vergeblich der Hinweis darauf, daß die nationale Ehre auf der Höhe der kulturellen Leistungen eines Volkes beruht, daß die Ehre einer Kulturnation durch das unbedachte Wort eines Einzelnen, und stehe er so hoch er wolle, nicht getroffen werden kann!

Wir verharren in der veralteten Anschauung, daß die Beziehungen von Kulturvölkern ausreichend gepflegt werden können durch bloßen diplomatischen Verkehr, der nur deshalb bei Kriegsgefahr so leicht versagt, weil er auch in normalen Verhältnissen vollständig unzureichend ist. Was soll in einer Zeit, wie der unseren – wo die wechselseitigen Interessen der Völker aneinander sich nach so mannigfachen Richtungen vervielfältigt haben – die armseligen Diplomatenhäuflein in den einzelnen Ländern für die Organisation der internationalen Verständigung und Gemeinschaftsarbeit leisten können. Sie sind für ihre neue Aufgabe in keiner Weise ausgerüstet. Sie beschäftigen sich in der Hauptsache mit rein äußerlichen Angelegenheiten, ihre Tätigkeit hat keinen Einfluß auf das praktische Leben des Alltags der Völker, sie wirken nicht kontinuierlich am Ausbau des Völkerverhältnisses, sie schaffen nicht an der Regulation des internationalen Wirtschaftsorganismus, sie werden nicht durch regelmäßige Zusammenarbeit im Interesse der internationalen Kulturbedürfnisse, im Interesse der wirtschaftlichen Kooperation der einzelnen Völker, im Interesse der Anpassung und des Ineinandergreifens der schöpferischen Betätigung der einzelnen Nationen auf ein höheres Niveau gehoben, entfaltet, differenziert.

Der auswärtige diplomatische Dienst der Gegenwart ist nicht so gestaltet, daß damit tatsächlich Organe gegeben wären, die all das im Leben der Völker international ordnen helfen, was nur bei internationaler Regelung ohne ungeheuerste Vergeudung von Naturenergien, Arbeitskräften und Menschenleben entsprechend geordnet werden kann. Man denke nur an die ganze Arbeiterschutz- und Versicherungsgesetzgebung, an die zahllosen sozialpolitischen und sozialhygienischen Einrichtungen, die sich in den einzelnen Ländern als unabweisbare Voraussetzungen für die Steigerung der Produktivität der Arbeit ergeben haben, deren Entwicklung aber nur mit den schwersten Opfern und in der unökonomischsten Weise sich vollziehen kann, solange die einzelnen Staaten nicht einheitlicher, nicht in weit größerem Einvernehmen miteinander darin vorgehen, wie in unseren Tagen. *Für derartiges existieren aber noch gar keine internationalen staatlichen Einrichtungen, keinerlei auswärtige Ämter, die einheitlichen internationalen Arbeiterschutz, einheitliche internationale Sozialpolitik und Sozialhygiene zu pflegen und fördern suchen.* Am allerwenigsten sind unsere bestehenden diplomatischen Agenturen mit so gearteter internationaler Regelung des modernen Verkehrs befaßt. Und die unzähligen technischen Einrichtungen, die im modernen Völkerverkehr auf internationaler Basis beruhen – wie dürftig die zwischenstaatlichen Institutionen, die sich in den Dienst dieser für alle so notwendigen Aufgaben stellen.

Wie rückständig ist besonders unser ganzer Konsulardienst! Ein wie geringer Bruchteil des Staatseinkommens wird dem Schutz und der Produktivität der nationalen Arbeit in dieser Beziehung gewidmet, besonders im Vergleich zu den Rüstungsausgaben. Und wie vollkommen im Argen liegt der Schutz der Nationsgenossen im Ausland, liegt der *internationale Menschenschutz*. Schreit das Auswandererelend nicht laut zum Himmel, ohne daß dieser gellende Notschrei des vergeudeten lebendigen Nationalkapitals auch nur im geringsten Maße an unser nationales Empfinden rührt! Drohte schon jemals in unserer modernen Zeit ein Krieg, weil Nationsgenossen im Ausland allzu gewissenlos ausgebeutet wurden, fühlte sich durch deren Schicksal jemals die nationale Ehre getroffen? Hat man sich voll zu Bewußtsein gebracht, daß die Größe des amerikanischen Staates auf den Menschenabfluß aus Europa beruht, daß die Beträge, die die Auswanderer in die Heimat zurücksenden, minimal sind im Vergleich zu den ungeheuren Kapitalien, die mit ihren lebendigen Kräften von uns fortströmen? *Europas gleichgültig ertragener Aderlaß an Menschen, das ist das, was heute als amerikanische Gefahr zu uns zurückkehrt!* Wann wird man endlich erkennen, was der Mensch selbst ökonomisch wert ist, daß bei leichtfertiger Vergeudung des organischen Nationalkapitals der Wirtschaftsmechanismus unmöglich zu den höchsten Ertragsleistungen gelangen kann, ja daß durch die Umgestaltung des gesamten modernen Lebens, der gesamten modernen Produktionsverhältnisse der Mensch selber zu immer höheren ökonomischem Wert aufsteigt.

Das intensivste Bestreben der modernen Staaten ist es, gerüstet dazustehen für den Kampf mit den Nachbarnationen. Aber die äußere technische Rüstung genügt nicht. Mag die Bewaffnung eines Volkes, mag die Befestigung eines Landes noch so ausgezeichnet sein, wenn der einzelne Mensch nicht über eine organische und geistige Rüstung verfügt, die ihm niemand rauben kann, die er überall mit sich trägt, weil sie mit ihm verwachsen ist, so versagt auch der ungeheuerste mechanische Apparat zum Schutz der nationalen Arbeit, zum Schutz der nationalen Kultur. Einen Riesenpanzer nach dem anderen bauen wir unter unendlichen materiellen Opfern, den wir mit dem Namen: ‚Fürchte nichts!' taufen, um unsere nationale Machtstellung zu verstärken, indes eine Unmenge unserer Nationsgenossen organisch-geistig ungerüstet ins Ausland wandern, und dort fern von der Heimat alles zu fürchten haben, weil sie unfähig zur Selbsthilfe, wehrlos der Härte des Daseinskampfes in der Fremde ausgesetzt sind, ohne daß die mächtige Nation, der sie angehören, mehr für sie täte, als die anderen Nationen für ihre Angehörigen leisten, die nicht die gleichen Ausgaben für Rüstungszwecke aufbringen.

Der simple Mensch geht eben überall leer aus. *Wann werden die Menschen den Wert des Menschen erkennen?* Spricht nicht alle Entwicklung eine genügend deutliche Sprache! Steht irgend ein Staat groß da im internationalen Wettkampf, dessen Bevölkerung nicht auf einer relativ hohen Stufe der Tüchtigkeit sich befindet? Genügt etwa der äußere Reichtum allein ohne Reichtum an Menschen? Und ist selbst der Reichtum an Menschen allein entscheidend? Reicht doch selbst die größte Kopfzahl der Bevölkerung nicht aus, wenn in diesen Köpfen nicht modernes Leben lebt, wenn diese Köpfe nicht von Leibern getragen werden, die stark sind in erster Linie als Werkzeug dieser Köpfe. Selbst Kleinstaaten wirken achtunggebietend, wenn sie nicht von Kleinmenschen bevölkert sind. Und so wenig im Krieg die Qualität der Menschen es auch vermag, die höhere Quantität völlig auszugleichen, so spielt doch auch hier die Menschenqualität eine große, ja im normalen Völkerverkehr die ausschlaggebende Rolle. Je mehr die einzelnen Staaten Menschenökonomie treiben werden, Menschenökonomie, die zugleich auf die Einheit, Stärke, Tüchtigkeit und sittliche Kraft der Persönlichkeit hinarbeitet, desto gesicherter wird durch so gestaltete innere *Rüstung* die Kultur und das Leben der Völker werden, auch wenn nicht der gleiche Aufwand für die äußere Rüstung gemacht wird wie heute. *Wenn der Mensch erst sich selbst entdeckt, dann hat er das größte Reich der Welt erobert.*

Die Entwicklung der Menschen führt Schritt für Schritt immer tiefer in den organisatorischen Internationalismus, der die Arbeit der Welt einheitlich zu regeln sucht, der in der optimalen Ausnutzung der menschlichen Arbeitskraft Erträgnisse einheimst, die alles weit hinter sich lassen, was selbst die rücksichtsloseste Ausbeutung eintrug. Und je inniger der Völkerverkehr sich verschlingt, desto intensiver drängen die Triebkräfte der Geschichte auf den organisatorischen Internationalismus hin, auf jenen *Kulturpatriotismus*, der alles aggressive Nationalgefühl zu engherzigem Partikularismus stempelt. Menschenökonomie und Ausbau des Internationalismus zum Schutz der nationalen Kultur, wie der nationalen Eigenart bedingen sich wechselseitig, bringen einander zu immer reicherer Entfaltung. Menschenökonomie und organischer Internationalismus sind es, die die Erhaltung der Individualität, und zwar sowohl die des Einzelnen, wie die der Völker garantieren, während es gerade der partikularistische Nationalismus unserer Tage ist, der sich als unfähig erweist, die große allgemeine Nivellierung der einzelmenschlichen wie der Völker-Individuen aufzuhalten. *Der organisatorische Internationalismus ist die Voraussetzung der vollen Eigenentfaltung der nationalen Individualität, wie der Sozialismus erst den vollen Schutz des Individuums bringen kann.* Das höchstmögliche Maß erreicht dieser Schutz, sobald der Sozialismus sich auf Menschenökonomie aufbaut, die uns darüber belehrt, *wie groß der Wert des einzelnen Individuums für die Entwicklung ist,* daß alle unsere Kultur sich danach bemißt, was sie für das Individuum und seinen Schutz leistet. Erhalten sich doch auch die niedrigsten Lebewesen Jahrmillionen hindurch als *Arten,* so daß eben die Größe unserer Art nur danach bemessen werden kann, wie enorm in ihr die Sicherheit des Individuums und die Art seiner Erhaltung gestiegen ist. *In dieser Beziehung stehen wir erst am Anfang unserer künftigen Größe!*

VI.

Diese ganze Argumentation scheint so klar und einleuchtend, daß man sich unwillkürlich gedrängt fühlt zu fragen: wo liegt eigentlich der Haken? Denn wir können ja beobachten, daß sie alles eher als allgemein akzeptiert ist. Nun, der Haken ist leicht zu finden. Er liegt in dem *Verhältnis zwischen äußerer und innerer Ausbeutung,* von dem ich bereits mehrfach sprach. Es ist das Völkerverhältnis der Gegenwart, welches bis zu einem gewissen Grade das bestehende Maß der inneren Ausbeutung rechtfertigt. Starke innere Ausbeutung ist die Voraussetzung erfolgreicher äußerer Ausbeutung. Alle Nutznießer der inneren Ausbeutung sind darum an der Aufrechterhaltung des bestehenden Völkerverhältnisses interessiert. *Der Kapitalismus ist die spezifische Wirtschaftsform der gegebenen Völkerbeziehungen.* Wie man bei jedem Vorschlag zur Verbesserung der Lebensbedingungen der

Arbeiterschaft hören kann, die Konkurrenzfähigkeit auf dem Weltmarkt verbiete dessen Verwirklichung, so wird auch jede Verbesserung der Völkerbeziehungen von den herrschenden Klassen bekämpft, weil sie instinktiv fühlen, daß durch deren Verbesserung ihre Stellung im Staat erschüttert wird. Die Klassenscheidung ist ein Produkt des Völkerkampfes. Sie wird heute wie ehedem durch diesen *nicht nur gerechtfertigt, sondern immer von neuem geschaffen und gefestigt.* Es ist darum eine ganz natürliche Erscheinung, daß das Vordringen des sozialen Gedankens, die sich immer mehr vertiefende Solidarität der Menschen und Völker an der *nationalen Parole* ihren letzten starken Gegendamm findet.

Aber es ist aus diesem Grunde auch ein Irrtum, wenn man wähnt, die Sozialisierung der Institutionen und die steigende Macht der Arbeiterklasse in den einzelnen Ländern genüge, um allmählich ein verändertes Völkerverhältnis zu erzeugen. Es ist vielmehr eine Tatsache, daß von einem bestimmten Punkt ab das Völkerverhältnis jeglichen weiteren Fortschritt der sozialistischen Bewegung unterbindet. Hier rächt sich die Lücke, die im Marxschen System hinsichtlich des internationalen Problems besteht. Er hat nur die eine Seite dieses Problems gesehen. Er hat nur berücksichtigt, welches Interesse die Kapitalistenklasse an dem Fortbestehen der Völkergegensätze hat, *aber es ist ihm nicht voll zu Bewußtsein gelangt, welches die Ursachen sind, die der Kapitalistenklasse ihre starke Stellung im modernen Staat erhalten, er hat nicht hervorgehoben, daß es der Völkerkampf ist, der ebenso wie er die Klassenscheidung schuf, auch den Klassenkampf zu perpetuieren strebt.* Es ist darum nicht ausreichend, wenn die sozialistische Theorie glaubt, es genüge der Aufstieg der Arbeiterklasse, damit allmählich die Völkergegensätze schwinden. Es muß vielmehr weit intensiver als bisher positiv durch tiefgreifende internationale Organisations- und Verständigungsarbeit kontinuierlich auf ein anderes Verhältnis der Völker hingewirkt werden, damit die Arbeiterklasse zur dominierenden Stellung im Staat emporsteigt. Wie alle Friedensbewegung utopisch bleibt, solange sie nicht einsieht, daß sie nur aus dem Untergrunde des Sozialismus ausreichende Kraft ziehen kann, weil nur die Verminderung der inneren Ausbeutung alle äußere Ausbeutung illusorisch macht, so bleibt auch aller Sozialismus utopisch resp. gelangt schließlich an einen verlorenen Punkt, wenn er nicht im organisatorischen Internationalismus das

Fundament seiner Stärke erkennt. Er darf sich nicht begnügen, international bloß in dem Sinne zu sein, daß seine Anhänger in allen Ländern sich die gleichen Ziele stecken, sondern er muß international in solchem Sinne sein, daß er schon innerhalb des Bestehenden unablässig auf ein verändertes Völkerverhältnis, auf internationale Regelung der sozialen Produktion und Konsumtion hinarbeitet. *Der organisatorische Internationalismus ist das Rückgrat der gesamten sozialistischen Bewegung.* So sehr auch der Sozialismus in den einzelnen Ländern den nationalen Notwendigkeiten Rechnung tragen muß, solange das Völkerverhältnis kein anderes ist als in der Gegenwart, so darf er sich darüber keiner Täuschung hingeben, daß jede Konzession an den *aggressiven* Nationalismus seine Theorie und seine Praxis in eine Sackgasse treibt, ihn in seiner ganzen Agitation sehr bald auf ein totes Geleise führt. Die Umgestaltung des Völkerverhältnisses, das ist die zentrale historische Mission des Sozialismus, und nur in dem Maße, als ihm deren Erfüllung gelingt, wird er mit der Abschwächung der äußeren Ausbeutung auch der inneren immer stärker gegenüberstehen. *Der Einfluß der äußeren Politik auf die innere ist jedenfalls auch von Sozialisten noch lange nicht genügend gewürdigt.* Und es ist gewiß selten ein wahrerer Satz ausgesprochen worden als der, daß die Geschichte eines Volkes die Geschichte seiner Nachbarvölker ist.

Die Pazifikation ist aber natürlich als *kontinuierlicher* Prozeß aufzufassen. Schiedsgerichte haben zur Voraussetzung kontinuierliche internationale Regulierung der Produktion und Konsumtion im Frieden. Erst wenn diese bis zu einem gewissen Grad fortgeschritten ist, reicht die Kraft von Schiedsgerichten hin, Konflikte zu beseitigen, und ebenso wird schrittweise kriegerische Abrüstung erst ermöglicht, wenn schrittweise Abrüstung im wirtschaftlichen Kampf ihr vorausgegangen ist. *Eine Welt, wo die Einen rücksichtslos auf Kosten der Anderen leben wollen, in der können Schiedsgerichte die Gegensätze nicht zum Ausgleich bringen, die ist noch nicht reif zur Abrüstung.* Nun hat sich aber innerhalb der modernen Verhältnisse das Leben der Einen auf Kosten der Anderen schon wesentlich gewandelt. Es ist nicht mehr so wie früher, daß das, was die Ausgebeuteten erleiden, nicht auf die Ausbeuter zurückwirkte. Die Macht und Konzentration der Arbeiterklasse wie die immer wachsende Ausbreitung der Versicherungsgesetzgebung hat dahin geführt, daß die Schicksale der Beherrschten die Herrschenden schon in allerstärkste Mitleidenschaft jeglicher Art ziehen. Und was sich zwischen Mensch und Mensch abspielt, kommt auch zum Ausdruck zwischen Volk und Volk. Diese Tendenz erweitert das Netz der sozialen Institutionen und erweitert im Verlauf das Netz der internationalen Organisationen immer mehr. Wie es nun die Ausbildung des Rechtes ist, die im Innern der Länder den Kampf zurückdrängt, so ist es bei der Ausbreitung der Organisationen, die über die Ländergrenzen hinausgreifen, daß diese schließlich einen Zustand schaffen, in welchem durch brutale Gewaltanwendung die gegebenen Probleme nicht mehr gelöst werden können. *Die Abrüstung wird darum schließlich erfolgen, weil die Rüstung sich als untaugliches Mittel im Völkerkampf erweist.*

Wir werden also zweierlei im Verlauf erkennen: erstens, daß die sozialpolitische Rüstung die zuverlässigste und vergleichsweise billigste Sicherung der wirtschaftlichen Leistungsfähigkeit darstellt, und zweitens, daß die Friedensrüstung durch Ausbau internationaler Organisationen den leistungsfähigsten und ökonomischsten Schutz der nationalen Arbeit bedeutet, daß nichts ein rasch wachsendes Volk stärker in seiner Existenzsicherheit bedroht, als wenn seine Rüstungslast es zu schwer bedrückt, um im internationalen wirtschaftlichen Wettbewerb mitkommen zu können. *Wie sollen die Kulturvölker ihre Stellung in der Welt behaupten, wenn der Panzer, der die Einzelnen von Kopf bis Fuß bedeckt, von entkräfteten Individuen getragen werden muß!*

Und hier sind wir nun an der Stelle, wo wir sehen können, *wie der Militarismus aus sich selbst heraus die Potenzen erzeugt, die zu seiner Überwindung führen müssen.* Es ist die Kriegsverwaltung in erster Linie, die an der körperlichen Tüchtigkeit der Rasse interessiert ist. Steigt die Rüstungslast in solchem Maße, daß darunter der Ausbau aller sozialpolitischen und sozialhygienischen Institutionen leiden muß, so mindert sich mit dem physischen Rückgang der Bevölkerung auch die Stärke der Wehrmacht. Es ist so der Militarismus selber, der sich auf die Dauer mit der Verbesserung der technischen Kriegsstärke nicht begnügen kann, sondern immer intensiver hinwirken muß auf die Erhaltung und Steigerung der *organischen Wehrkraft.* Und indem er diese Notwendigkeit erst erkennt, wird er es auch schließlich sein müssen, der zum Schutz der nationalen Kraft die schrittweise Rüstungseinschränkung befürwortet, *eben weil die Rüstungsversicherung nur auf Kosten der sozialpolitischen, der sozialhygienischen, der wirtschaftlichen Versicherung sich ausdehnen kann und umgekehrt.*

Was ihn daran hindert, dies heute schon zu tun, ist einzig und allein der Umstand, daß die Rüstung in gleichem Maße, wie sie gegen den äußeren Feind gekehrt ist, sich gegen den inneren Feind wendet, gegen das Volk, das sich bessere Lebensbedingungen erkämpfen will, gegen die organisierte Arbeiterklasse, die die Produktivität der Arbeit zu heben sucht, indem sie die Ausbeutung in optimale Ausnutzung umzugestalten strebt. *Die Erstarkung des nationalen Gedankens in unseren Tagen der internationalen Solidarität hat so ihre Wurzeln in dem, was der Nationalismus gegen den Sozialismus leistet.* Je stärker der Sozialismus wird, desto stärker muß darum zunächst der Nationalismus emporschießen – bis eben der Moment kommt, wo auch die *nationale* Ideologie versagt, weil es die Triebkräfte der Geschichte selber sind, die ihr den Wurzelboden abgraben, weil sie vom Strom des Lebens abgeschnitten ist, weil alle Erfahrung täglich und stündlich darüber belehrt, daß nur durch den Fortschritt des organisatorischen Internationalismus der Schutz der nationalen Kultur, der Schutz der nationalen Eigenart, der Schutz der nationalen Arbeit gewährleistet wird. Und alles wirkt auf die Verständigung der europäischen Nationen hin. Am allermächtigsten der Gegensatz zu Amerika, wie dies durch den Hinweis auf den Umfang der panamerikanischen Bewegung Alfred Fried so ungemein einleuchtend gezeigt hat.

Wir werden uns auf die Dauer darum der Einsicht nicht verschließen können, daß ebenso wie alle ethischen Probleme die Lösung der wirtschaftlich-technischen Aufgaben zur Voraussetzung haben, eine tiefergreifende Lösung der wirtschaftlich-technischen Aufgaben nur international erfolgen kann. Die faktische internationale Solidarität, die faktische interindividuelle Solidarität, die durch soziale Versicherungsinstitutionen, durch den Ausbau der Menschenökonomie immer tiefer Wurzel faßt, das ist der ungeheure historische Motor, der den Pazifismus unbesiegbar macht, der dessen Vormarsch mit solchen Kraftsummen treibt, daß nichts ihn aufhalten kann. *Der Hochdruck der Tatsachen und der Menschheit Hochgedanken sie wirken gemeinsam an dem großen Befreiungswerk, das in der sozialistischen wie in der pazifistischen Bewegung zur Erfüllung drängt*!

Krieg und Kultur

(‚Friedens-Warte', Dezember 1912)[1]

Rudolf Goldscheid

Die gegenwärtige Kriegsgefahr zeigt es auf das allerdeutlichste, daß am Kampf gegen den Krieg weit mehr hängt, als bloß Sicherung des Friedens. Es war der Völkerkampf, der die Klassengliederung, der die Unterdrückung der Einen durch die Andern, die Ausbeutung der Einen durch die Andern geschmiedet und geschaffen hat. Und so ist es bis auf unsere Tage das Völkerverhältnis geblieben, das die schroffe Klassenscheidung aufrecht erhält. „Unter Waffen schweigen die Gesetze", so sagt ein altes römisches Sprichwort. Dieses hat auch für unsere Tage seine Geltung noch nicht verloren. *Die Kriegsgefahr bedroht deshalb nicht etwa nur das Äußere der modernen Kultur, sie bedroht auch die ganze demokratische Rechtsgrundlage, die sich die Völker in jahrhundertelangem blutigen Ringen mühsam errangen.* Und da es diese moderne demokratische Rechtsgrundlage ist, welche die Macht der Herrschenden ganz wesentlich einschränkt, so ist die Kriegshetze deren natürliches Handwerk, Ausfluß ihres Selbsterhaltungstriebes, ist der bewaffnete Friede – jener gefährliche *Friede aller gegen alle*, der das Leben der Einen auf Kosten der Andern garantiert – für sie das wertvollste Surrogat des Krieges.

Aber in die alte Welt ist eine neue Welt hineingebaut worden. Die kulturelle Leistungsfähigkeit eines Volkes kulminiert in unseren Tagen nicht mehr wie ehemals in der Kriegstüchtigkeit, sondern in erster Linie in technischen, sozialen, wirtschaftlichen, rechtlichen, geistigen Errungenschaften, und nur als Mittel zur Sicherung dieser dient sie heute noch, sie ist somit längst an zweite Stelle gerückt. Wir leben nicht mehr in einer Periode, wo das Wort: *la guerre pour la guerre!* gilt, und nur schwächliche Ästheten, die jeder reaktionären Suggestion wehrlos erliegen, begeistern sich, ebenso wie für *l'art pour l'art*, für jene Devise. Was ist ihnen die moderne Rechtsgrund-

---

[1] Textquelle | Rudolf GOLDSCHEID: Grundfragen des Menschenschicksals. Gesammelte Aufsätze. Leipzig/Wien: E. P. Tal & Co. Verlag 1919, S. 190-200.

lage, die den Untertanenpöbel erst zum Volk machte, was ist ihnen das Kunstwerk der Kultur, wenn sie in blutigen Phantasien schwelgen können, die ihnen einen Rausch von Kraft vortäuschen. Sie sehen nicht, wie unsere Kultur schon ein so kompliziertes Gebilde geworden ist, daß für uns durch einen Krieg weit mehr zu verlieren ist, als je in vergangenen Zeiten. Der Krieg ragt wie ein Anachronismus in unser Zeitalter der sozialen Arbeit hinein. Und zwar nicht nur deshalb, weil er heute einen weitaus größeren Gegensatz zu unserem gewohnten Leben bildet, sondern vor allem darum, weil gerade der Fortschritt unserer technischen Kultur die Zerstörungsmöglichkeiten im Kriege ins Unermeßliche gesteigert hat. Alle Arbeit an der Kultur, alle Ökonomisierung im Haushalt der natürlichen Energien, unsere ganze unermüdliche Tätigkeit im Dienste der Wohlfahrt, im Interesse der Steigerung der Macht über die Natur, der Beherrschung des Lebensprozesses erscheint geradezu lächerlich, wenn wir uns vor Augen halten müssen, daß gleichsam über Nacht der ganze Wunderbau von Gehirn und Organisation durch einen Krieg aus nichtigsten Ursachen in sich zusammenbrechen kann. *Hier ist der Punkt, wo der ganze Riesenmechanismus unserer Kultur noch den schwersten Konstruktionsfehler aufweist.*

Wenn es wirklich, wie die gegenwärtigen Verächter der Friedensbewegung behaupten, bloße Sentimentalität wäre, die in dieser zum Ausdruck käme, dann müßte man alles, worauf der Stolz unserer Zeit beruht, als Sentimentalität bezeichnen, dann wäre jegliche Arbeit an der Sicherung des Errungenen und Geschaffenen nichts als Sentimentalität. Immer wieder ist man bemüht, die Kriegsnotwendigkeit mit der Sicherung unserer Absatzgebiete zu motivieren. *Eine merkwürdige Art, das Leben der Menschen sichern zu wollen, indem man sie in Hunderttausenden zur Schlachtbank führt!* Und, ganz abgesehen davon, ist der Wunsch nach Sicherung der Absatzgebiete etwa weniger Sentimentalität, als der Wunsch nach Sicherung der Rechtsgrundlage gegenüber dem Heraufkommen einer Militärdiktatur, nach Sicherung der Kultur vor Erschütterungen, die uns um Jahrhunderte zurückzuwerfen drohen? Und rechtfertigt man, nicht den ganzen Nationalitätenkampf damit, daß er dazu dienen soll, die höherstehende nationale Kultur vor einem Ansturm tieferstehender Völker zu bewahren? Wenn der Kampf um nationale Kultur nicht aus Sentimentalität entspringen soll, mit welchen Beweisen will man die Behauptung stützen, daß der Kampf um die Kultur überhaupt bloße Sentimentalität ist? Müssen wir nicht endlich dazu reifen, einzusehen, daß man mit der Verhöhnung der Sentimentalität sich an der *Mentalität* selber vergreift, daß Sentimentalität und Mentalität sich wechselseitig bedingen! Die Zeiten sind längst vorbei, wo „Friede auf Erden und den Menschen ein Wohlgefallen" nur ein frommer Wunsch war, an dessen Realisierung man nicht denken konnte. Heute liegen die Dinge so, daß der Friede schon zur Armatur unserer kulturellen Existenz geworden ist, die Völkerschicksale sind durch das enorme Wachstum des Verkehres so ineinander verflochten, daß die Leiden der Einen nicht mehr die Vorteile der Andern schaffen, sondern daß alles, was die Einen unterdrückt in seinen schädlichen Folgen auch auf alle Andern hinüberwirkt, daß jeder Einzelne nur gewinnen kann, wenn Alle gewinnen. Ja, wäre es so, daß die Friedensbestrebungen uns nur vor den Gräueln des Krieges bewahren wollen, daß sie nur aus der Angst vor dem großen Aderlaß entspringen, die ein Krieg bedeutet, dann hätte die Moltkesche Behauptung, daß der Krieg das Stahlbad der Völker sei, wenigstens noch einen letzten Schein von Berechtigung. Aber durch das bestehende Völkerverhältnis und die damit verbundenen Kriegsmöglichkeiten wird nicht nur unser reinstes menschliches Empfinden verletzt, sie unterbinden mit Notwendigkeit die kulturelle Entwicklung der gesamten sozialen Struktur, treiben alle jene sozialen Widersprüche hervor, die unsere ganze Arbeit mit unerträglichen Lasten beschwert.

In diesem Sinn kann man sagen: *der Pazifismus ist die Spitze, in die aller Demokratismus und Sozialismus notwendig ausläuft, ja er ist mehr als das, er ist die eigentliche Grundlage aller sozialen Reformarbeit.* Es ist der wissenschaftliche Internationalismus, der den wissenschaftlichen Sozialismus krönt, und je mehr der Völkerverkehr steigt, je mehr die Welt sich räumlich verengt, desto mehr ist es der Pazifismus, der erst den Kampf um Erweiterung der Volksmacht, der erst den Kampf um die Sicherung der Lebensnotwendigkeiten des Volkes von seinem utopischen Charakter befreit. Im Pazifismus kommt darum nicht etwa bloß eine politische Bewegung zum Ausdruck, er ist etwas weitaus Tieferes. Er ist der Mutterboden einer neuen Wissenschaft, der Mutterboden der *Wissenschaft von der internationalen Bedingtheit der Sozietät*, durch die die Soziologie ihre größte Erweiterung erfährt. Und nicht nur die Soziologie! Auch die Rechtswissenschaft erhält erst durch den *Ausbau des internationalen Rechts* ihre Vollendung. Gerade in diesen Tagen hat man es mit Evidenz erlebt, wie ganz unhaltbare Verhältnisse, wie ganz unlösbare Probleme durch das Fehlen einer internationalen Rechtsgrundlage erwachsen. Als man befürchten mußte, daß sich eine Nachbarmacht an einem österreichischen Konsul vergriffen hat, da erschien ein Krieg beinahe als unabwendbar. Man sagte sich, ein Volk, das etwas auf seine Ehre hält, kann sich doch nicht alles bieten lassen, und sah zugleich ein, daß es ebenso an Wahnsinn grenzen würde, wegen der Unbill, die einem einzigen Menschen angetan worden, Hunderttausende dem sicheren Tod zu überantworten. Hier stand man in der Tat vor dem schwersten Dilemma und der Widersinn erschien als der einzige Ausweg. Aber warum war man auf einmal mit der Vernunft zu Ende? Einzig und allein aus dem Grunde, weil die im Haag bestehende Einrichtung des internationalen Schiedsgerichts unseren Machthabern noch nicht in Fleisch und Blut übergegangen ist, weil jene Institution in normalen Zeiten noch immer als utopisch belächelt wird, statt daß man trachtet, ihr den entsprechenden Ausbau zu geben und sie mit der erforderlichen Autorität auszugestalten. Denken wir uns doch nur, es existierte für Streitigkeiten zweier Individuen keine Stelle, wo die Einzelnen ihr Recht suchen können, dann wären auch diese, im Falle, daß sie eine Unbill erleiden, einzig und allein auf die Gewalt angewiesen. Also genau der gleiche unhaltbare Zustand, den wir innerhalb der nationalen Gemeinschaft schon längst überwunden haben, besteht noch für die Völkerbeziehungen: *im internationalen Verkehr sind wir noch nicht über die soziale Blutrache hinaus.* Gewiß, nichtswürdig ist die Nation, die nicht ihr alles setzt an ihre Ehre ! Aber es ist ein ganz vorsintflutlicher Zustand, wenn jede Nation in die Notwendigkeit versetzt ist, ihre Ehre nur in einem Blutbad reinwaschen zu können, wenn es das Prestige verlangt, im internationalen Verkehr Mittel anwenden zu müssen, die innerhalb der nationalen Gemeinschaft längst nicht nur wegen ihrer Verwerflichkeit, sondern auch wegen ihrer Untauglichkeit aufs schärfste verurteilt und mit den schwersten Strafen belegt werden.

Nun behauptet man ja allerdings immer wieder, die Interessengegensätze der Völker seien vitaler Natur, über sie könne man deshalb durch internationale Rechtsentscheidungen, durch Schiedsgerichtsverträge unmöglich hinwegkommen. Das ist aber eine ganz veraltete Auffassung. Ebensowenig wie Massen sich ohne tiefste innere Nötigung zu gewaltsamen Aufständen erheben, ebenso wenig stürzt sich ein Kulturvolk in einen Angriffskrieg, wenn es nicht aus primitivstem Selbsterhaltungstrieb dazu genötigt wird. Nur ein Volk, das durch einen Nachbarstaat an der Entwicklung seiner Leistungsfähigkeit, an der Entfaltung der in ihm liegenden Kräfte gehemmt wird, erhebt sich gegen diesen als seinen Bedrücker. Wir brauchen darum nur unserem natürlichen modernen Empfinden nachzugehen, *und ebenso wie wir unser eigenes nationales Prestige hochhalten, auch das nationale Prestige der Andern zu respektieren,* ebenso wie wir unsere eigene Entwicklung mit allen Kräften zu fördern suchen, auch die Nachbarvölker in ihrer Entwicklung, wo wir nur irgend können, zu unterstützen, und wir werden mit diesen Verhalten, angesichts der gegebenen Verflechtung der Interessen sämtlicher Völker, nicht nur den anderen nützen, sondern auch uns selber. Wie es sich im eigenen Lande dem eigenen Volke gegenüber gezeigt hat, daß Ausbeutung und Ausnützung diametrale Gegensätze sind, daß Lebenwollen der einen auf Kosten der andern nicht mit dem Maximum von Ertrag abschließt, so müssen wir auch einsehen, daß dies im Verhältnis der Völker zu einander genau ebenso der Fall ist. Der beste Schutz vor Krieg ist Vertiefung und Erweiterung der Kultur. Vertiefung der Kultur nicht nur im eigenen Lande, sondern auch Erweiterung der Kultur über die Landesgrenzen hinaus. Alle Erfahrungen der jüngsten Zeit belehren uns darüber, daß es die Völker niedriger Kultur sind, von denen her uns die intensivste Kriegsgefahr bedroht, sowohl weil diese in den Kulturvölkern heute naturgemäß ihre ärgsten Bedrücker und Ausbeuter hassen müssen, wie auch, weil jedes Land, das in Unkultur verharrt, einen Anreiz für Eroberungsgelüste bei den Kulturvölkern auslöst.

Man sucht heute die Behauptung zu rechtfertigen, daß der Untergang der Türkei durch die modernen Reformen eingeleitet wurde. Aber genau das Gegenteil ist richtig. Die Türkei ist daran zugrunde gegangen, daß sie den Geist der modernen Zeit nicht begriff und ihre alte historische Macht dazu ausnützte, das eigene Volk ebenso zu unterdrücken, wie die von ihr abhängigen Nachbarvölker. *Sie behandelte ihre Untertanen schließlich nur noch als Kanonenfut* ter, und da stellte sich am Ende das notwendige Ereignis ein, daß diese zuletzt auch dazu nicht mehr gut genug waren. Die Türkei ging an ihrer Unkultur zugrunde, die in immer größeren Gegensatz zu der aufsteigenden Entwicklung der Nachbarvölker stand. Mit Recht durfte man darum sagen, daß der Balkankrieg weit mehr als siegreiche Revolution, wie als wirklicher Krieg zu betrachten ist.

Halten wir nun der Türkei als Gegenbild die Schweiz gegenüber. Die Schweiz steht auf der Höhe der modernen Kultur und, trotzdem sie von mächtigen Militärstaaten umgeben ist, denen sie im kriegerischen Wettbewerb durchaus nicht gewachsen wäre, drohen ihr keinerlei Gefahren. Nicht ihre Rüstungsstärke, ihre kulturelle Stärke bewahrt sie vor einem ähnlichen Schicksal, wie jenes, das die Türkei ereilte. Und ganz besonders ein Moment, das speziell für Österreich von Bedeutung ist, hat der Schweiz eine ähnliche Tragödie erspart. In der Schweiz leben drei Nationen friedlich nebeneinander und keine ist von der Sehnsucht der Vereinigung mit den Nationsgenossen in den Nachbarlanden erfüllt. Und warum? Weil keine Nation sich in der Schweiz von der anderen bedrückt fühlt, weil keine den Glauben hat, daß die eine sich auf Kosten der andern tiefgreifende Vorteile verschaffen will.

Ein ganz anderes Bild bietet Österreich. In Österreich kehren sich die einzelnen Nationalitäten im heftigsten Kampfe gegeneinander, ein Zustand, den Karl Renner treffend als den *„Kampf der Nationen um den Staat"* bezeichnet hat. Österreich steht so vor einem ganz speziellen Problem. Es ist beinahe die einzige Großmacht, die als Ganzes kein einheitliches Gefüge darbietet, sondern aus einem Konglomerat von Nationen gebildet wird. Österreich ist ein zusammengeheiratetes und zusammenerobertes Land, in dem die zentrifugalen Tendenzen die zentripetalen überwiegen. Das ist aber ein auf die Dauer ganz unhaltbarer Zustand, der uns täglich von neuem in Kriegsgefahren verstrickt. *Und wenn wir gar, um uns vor dem Ansturm der sozialen Forderungen des Volkes zu schützen, aus dem Nationalitätenkampf Nutzen zu ziehen suchen, indem wir immer wieder die eine Nation gegen die andere ausspielen, so werden wir schließlich im Wettkampf mit den national einheitlichen Großmächten nicht bestehen können.*

Darum ist das Schicksal der Türkei, für uns, je nachdem, welche Konsequenzen wir daraus ziehen, entweder ein *Memento mori* oder ein *Memento vivere*. Mit der Steigerung der Kriegsstärke allein läßt sich das Prestige auf die Dauer nicht aufrechterhalten. Das beweist nichts deutlicher als Deutschlands weltgebietende Stellung, wo nicht in dem Maße, wie bei uns, die kulturellen Forderungen den militärischen Forderungen gegenüber zurückgestellt werden und wo der Kulturgedanke in ganz anderem Maße, wie in Österreich, das Ganze des Volkes erfüllt.

Die Zukunft wird es deutlich zeigen: *Österreichs Stellung den Weltmächten, ja sein Fortbestand wird schließlich davon abhängen, ob es versteht, das Verhältnis der einzelnen Nationen, aus denen es zusammengesetzt ist, so umzugestalten, daß keine einzige sich unterdrückt fühlt.* Löst es diese große Aufgabe nicht, dann wird auch ein Wachsen der Rüstungslasten ins Unendliche den inneren Zersetzungsprozeß nicht aufhalten, ja Österreich wird endlich, weil es verkennt, daß Menschenkultur den einzigen Reichtumsquell darstellt, der sich kontinuierlich aus sich selbst erneuert, der allein jene wirtschaftliche Produktivität garantiert, aus der alle nationalen und sozialen Ausgaben bestritten werden müssen, auch nicht einmal seine kriegerische Tüchtigkeit auf der erforderten Höhe erhalten können. *Systematische kulturelle Niederdrückung des Volkes, systematische Volksverdummung und imperialistische Großmachtpolitik können auf die Dauer nicht zusammen bestehen. Die eine entzieht der andern die notwendigen Mittel.*

Und es ist auch etwas ganz anderes, ob ein national einheitliches Land, mit der nationalen Parole einen Damm gegen die soziale Parole zu schaffen bemüht ist, oder ob in einem Staat, der aus einem Konglomerat von Nationen besteht, das gleiche versucht wird. Nationalismus, ja selbst nationaler Chauvinismus in Deutschland, Frankreich, England, Rußland ist ein einigendes Moment, das sich, wenn auch mit immer größeren Schwierigkeiten, den einigenden Tendenzen des Sozialismus und Internationalismus gegenüber wenigstens eine Zeitlang erhalten kann. Aber in Österreich – in Österreich da hebt der Nationalismus die Friedenssicherung, die die Kriegsrüstung auf der einen Seite zu schaffen sucht, auf der anderen wieder auf. Darum wäre Österreich vor allem berufen, Europa in der Lösung des internationalen Problems mit einem großen Beispiel voranzugehen, und *zwar berufen zu dieser hohen Mission gerade im Interesse seiner Selbsterhaltung.* In Österreich zuerst müßte die Erkenntnis reifen, daß man den Frieden und nicht den Krieg vorbereiten muß, wenn man den Frieden will, im Innern des Landes, ebensowohl wie im Völkerverkehr überhaupt.

Überall zeigt es sich: wem man den Mund verbindet, der muß mit den Armen um sich schlagen, will er sich durchsetzen. Wer sein Recht nicht findet, auch wenn alle Argumente für ihn sprechen, der greift aus innerem Zwang zur Gewalt. Das ist bei Individuen nicht anders, wie bei Gruppen, Klassen und Völkern. Lebensnotwendigkeiten, die sich aber nur durch Gewaltanwendung durchsetzen können, entladen sich in Katastrophen, also in der unökonomischsten Weise, die sich denken läßt, und mit der ungeheuersten Verschwendung der kostbarsten Güter. In dieser *Phase der Katastrophenpolitik* befinden wir uns leider heute noch mitten drin. Überall wollen wir bereits ausgebrochene Schäden heilen, statt die Übel an ihrer Wurzel zu fassen. Das ist das, was wir bei der gegenwärtigen Kriegsgefahr in der eklatantesten Weise erleben. Die Bestrebungen der Pazifisten, die darauf hinzuwirken trachten, die Verhältnisse umzugestalten, aus denen die Kriegsgefahren erwachsen, die Organisationen zu schaffen suchen, welche die Lösung von Völkerkonflikten durch Waffengewalt entbehrlich machen, die zu systematischer kontinuierlicher Friedensarbeit schon in normalen Zeiten aufrufen, die verlacht man – aber wenn das Unglück da ist, wenn die Spannung eine so große geworden ist, daß aller Orten schon die Funken aufblitzen, dann kommt die internationale Diplomatie und will mit ein paar Spritzen, obendrein allerältesten Kalibers, den Ausbruch des Brandes verhüten. Wer es jetzt noch nicht sieht, daß ganz neue Friedenssicherungen in unserer modernen Zeit erforderlich sind, daß nicht ein paar armselige, dazu noch soziologisch ganz unorientierte Diplomaten ausreichen, die Riesenkräfte, die in den Völkerbeziehungen wirksam sind, zu regulieren – von dem muß man wirklich glauben, daß die ganze Entwicklung der letzten Jahrzehnte spurlos an ihm vorübergegangen ist.

Aber glücklicherweise hängt die gesellschaftliche Entwicklung im Verlaufe immer weniger von der Einsicht der Herrschenden ab. Auch sie werden von Triebkräften gelenkt, die weitaus mächtiger sind, als ihre individuellen Neigungen. Wie im Einzelorganismus der Intellekt nur der bewußte Zentralregulator ist, der sich auf unzähligen, durch die ganze Geschichte herausgearbeiteten organischen Selbstregulationen aufbaut, so verhält es sich auch im sozialen

Leben. Hier ist die internationale, verkehrstechnische, wirtschaftliche, geistige und kulturelle Verflochtenheit heute bereits so weit vorgeschritten, daß gleichsam schon eine *Solidarität wider Willen* zustande gekommen ist, was am deutlichsten daraus hervorgeht, daß in unseren Tagen jeder Konflikt zwischen den führenden Nationen vor allem darum nicht zu kriegerischer Austragung führt, weil dabei immer ein *Weltbrand* zu gewärtigen ist, an dem naturgemäß niemand ein Interesse hat. Wo sich deshalb das Bewußtsein von der Solidarität der Interessen noch als zu schwach erweist, den Wahnwitz eines Krieges wegen geringfügiger Ursachen zu verhüten, da ist es die *Solidarität* der *Interessengegensätze*, wenn ich so sagen darf, die im letzten Moment die Selbstregulation herbeiführt. Und gerade, daß in jüngster Zeit alle großen Spannungen zwischen den Großmächten Europas erst im *letzten Moment*, wenn der Ausbruch eines Krieges bereits unvermeidlich erschien, ihre friedliche Lösung erhalten, daß es hier statt zum Ausbruch des Krieges, schlimmstenfalls zur Mobilisierung kommt, ist ein höchst bemerkenswertes Symptom.

Es zeigt sich darin, daß die Frage über Krieg oder Frieden schließlich an einem Haar hängt, womit zum Ausdruck kommt, daß es letzten Endes Imponderabilien sind, die den entscheidenden Ausschlag geben. Imponderabilien, die in erster Linie ein Produkt unserer ganzen Zeitströmung bedeuten. Ein undefinierbares Etwas ist es, daß die Herrschenden unmittelbar vor der Entscheidung vor der Verantwortung zurückschrecken läßt, das Ganze der Kultur als Einsatz im Vabanquespiel des Krieges zu wagen, *daß es nur unverantwortliche Cliquen sind, die auch, wenn die Situation sich zum äußersten Ernst zugespitzt hat, noch für den Krieg eintreten.*

Und diese *Schärfung des Kulturgewissens* dankt die Menschheit gewiß in hohem Maße der Unermüdlichkeit der pazifistischen Bestrebungen, die um so imposanter wirken, als heute hinter den großen Kulturideen schon die einheitlich organisierten Kulturarmeen stehen, die aus der internationalen Arbeiterschaft gebildet werden. Die breiten Massen lehnen sich naturgemäß nicht nur gegen die Bedrückung der Mehrheit durch die bevorzugte Minderheit in den einzelnen Ländern auf, sie kämpfen mit immer stärker wachsenden Kraftassoziationen auch gegen die Bedrückung der einen Völker durch die anderen, sie verlangen, daß man ökonomisch mit dem

Menschenmaterial umgehe, daß neben der Güterökonomie, die Menschenökonomie nicht vernachlässigt werde, daß wir unsere kulturellen Errungenschaften nicht mit einem zu hohen Menschenverbrauch bezahlen. Im Kriege feiert aber die Menschen- und Gütervergeudung die tollsten Orgien. Gegen diese muß sich darum ein Geschlecht, *bei dem das ökonomische Denken in das Zentrum des Willens gerückt ist,* am stärksten erheben. *Ökonomie der Entwicklung* muß sein heißestes Streben sein, und aus entwicklungsökonomischer Gesinnung heraus muß es sich mit Allgewalt einsetzen für das große Ideal der *Völkerökonomie,* dessen Majestät durch nichts mehr im innersten verletzt wird, als durch kriegerische Austragung von nationalen Interessengegensätzen, besonders dort, wo es sich dabei weit mehr um dynastische Gegensätze als um wirkliche vitale Gegensätze der Völkerinteressen handelt.

Der Krieg ist heute noch ein *Anachronismus* und er wird in Zukunft zur Unmöglichkeit werden. Die selbsttätige Entwicklung des Lebens als sozialer Prozeß, das Emporwachsen von immer neuen nationalen und internationalen Regulations- und Korregulationsmechanismen, die die normale Funktion notwendig herausarbeitet, wird den Krieg allmählich, wie sie ihn heute schon an die Peripherie der Kultur gedrängt hat, ganz ausschalten. Nicht der Völkerfriede ist darum die Utopie, der Glaube an einen ewigen Bestand des Krieges bedeutet vielmehr eine ganz utopische Hoffnung. Die nationale Parole wird auf die Dauer dem Ansturm der sozialen nicht widerstehen können.

Gerade die jetzige Kriegsgefahr und ihr Verlauf muß deshalb den Pazifismus ermutigen, in seiner Arbeit nicht zu erlahmen; denn wenn es auch die Gegenwart noch nicht wahrhaben will, so dürfen doch die Pazifisten selber sich in der felsenfesten Überzeugung nicht beirren lassen, daß es ihrer Betätigung im Verein mit der sozialistischen Bewegung allein zu danken ist, wenn sich die sozialen und internationalen Selbstregulationen schon heute, wo sie erst in den Anfängen stehen, bereits als stark genug erwiesen, die Menschheit vor einem Weltkrieg zu bewahren.

Jetzt ist darum der Augenblick da, wo die ganz intensive pazifistische Arbeit einsetzen muß, um die bedeutsamen Lehren aus dem jüngsten Konflikt *urbi et orbi* mit leidenschaftlicher Klarheit zu verbreiten, um ebenso wie Marx im kommunistischen Manifest den

Arbeitermassen zugerufen hat: „Ihr habt eine *Welt* zu gewinnen und nichts zu verlieren, als eure Kette. Proletarier aller Länder, vereinigt euch!" an alle Völker den energischen Apell zu richten: *Ihr habt im Kriege eine Welt zu verlieren und nichts zu gewinnen, als neue Ketten und neue Lasten. Nationen aller Länder, vereinigt euch!* Vereinigt euch im Kampfe gegen den Krieg, vereinigt euch im unablässigen Ausbau solcher Friedensorganisationen, die den Ausbruch von Kriegen für alle Zeiten *kulturtechnisch* unmöglich machen!

Das Verhältnis der äussern Politik zur innern

Ein Beitrag zur Soziologie
des Weltkrieges und Weltfriedens[1]
(September 1914 / Dritte Auflage 1915)

Rudolf Goldscheid

Vorwort

Habent sua fata libelli! Die nachfolgende Abhandlung war als Vortrag für den Weltfriedenskongreß gedacht, der diesen Herbst in Wien hätte stattfinden sollen.

Im Frühjahr niedergeschrieben, lag sie Ende Juni [1914] *bereits dem Vorsitzenden der Österreichischen Friedensgesellschaft Dr. Alfred H. Fried druckfertig vor.* Es war vorgesehen, sie im August den Kongreßteilnehmern in drei Sprachen zugänglich zu machen. Zu diesem Zweck sandte ich sie in etwas verkürzter Fassung am 25. Juli an das Internationale Friedensbureau in Bern. Dort liegt sie heute noch; der plötzlich ausgebrochene Weltkrieg ließ sie nicht zum Abdruck gelangen.

Meine Arbeit kommt so mit einer Verzögerung zur öffentlichen Kenntnis, während der sie von den gewaltigen Ereignissen dieser Wochen stürmisch überholt wurde. Ich glaube aber, sie behält auch jetzt noch ihren Wert. Schon weil sie zum ersten Male den Kausalnexus zwischen äußerer und innerer Politik einer systematischen Bearbeitung zu unterziehen sucht, die dessen ungeheure soziologische Bedeutung offenbart, und außerdem, weil gerade im gegenwärtigen Zeitpunkt, wo nichts mehr als utopische Verblendung belächelt wird, wie der Pazifismus, es von Interesse sein muß zu sehen,

---

[1] Textquelle | Rudolf GOLDSCHEID: Das Verhältnis der äussern Politik zur innern. Ein Beitrag zur Soziologie des Weltkrieges und Weltfriedens. Dritte Auflage. Wien/Leipzig: Anzengruber-Verlag Brüder Suschitzky 1915. [72 Seiten] [Online-Ausgabe: Bayerische StaatsBibliothek]. – In der Vorlage *arabische* Kapitelziffern.

welcherart sich im Kopf eines *soziologisch* denkenden Pazifisten die großen Probleme des Völkerkampfes darstellen.

Ich veröffentliche meine Abhandlung hier genau in der Fassung, in der sie Dr. Fried Ende Juni vorlag. Er kann, da er sie damals sofort aufmerksam las, bestätigen, daß ich *weder einen Satz wegließ, noch einen hinzufügte*; nur rein stilistische Verbesserungen nahm ich bei der Drucklegung vor. Das Manuskript, das sich seit Ende Juli im Besitz des Berner Bureaus befindet, unterscheidet sich von der hier abgedruckten Fassung durch einige Kürzungen, zu denen ich mich, um den vorgeschriebenen Umfang nicht zu überschreiten, entschließen mußte, wie durch einen konzentrierter gestalteten Anfang, der diese Kürzungen weniger fühlbar machen sollte. Der vollkommenen Übereinstimmung wegen füge ich auch diese zweite Fassung des Anfangs mit Auslassung der wörtlichen Wiederholungen zum Schluß als Variante bei.

Die Versuchung lag für mich sehr nahe, meine Ausführungen durch Zusätze in Anmerkungen zu ergänzen, in denen auf die augenblickliche Weltlage Bezug genommen wurde. Gewiß würden manche meiner Darlegungen dadurch besser vor sonst jetzt äußerst naheliegenden Mißverständnissen geschützt sein und teilweise auch an Schlagkraft wesentlich gewonnen haben. Aber mein Aufsatz hätte dadurch den Charakter einer Gelegenheitsarbeit angenommen und es wäre dann auch leicht unangenehm empfunden worden, daß ich damit gewissermaßen in ein schwebendes Verfahren eingriff. Ich habe darum dieser Verführung widerstanden und ziehe es vor, später, wenn ich auf das hier vorerst nur skizzenhaft behandelte Thema ausführlich zurückkomme, zugleich das in dieser Beziehung augenblicklich Unzeitgemäße nachzuholen.

Obwohl ich im Großen und Ganzen an den im nachfolgenden ausgesprochenen Ansichten festhalte, so hätte ich doch, würde ich meine Arbeit jetzt erst niedergeschrieben haben, den einen oder anderen Satz anders formuliert, manche Schärfe gemildert, anderes wieder mit größerer Schärfe zum Ausdruck gebracht und namentlich eine Reihe von Punkten, die bisher nur angedeutet sind, tiefgreifend behandelt. Wie die Dinge gegenwärtig liegen, war es jedoch zweifellos das Beste, *wenn der Aufsatz seine ursprüngliche Fassung ganz rein beibehielt* und es dem kritischen Leser überlassen blieb, zu beurteilen, wo ich seiner Meinung nach geirrt habe, wo die ungeheuren Umwälzungen, die in diesen Tagen in der Welt ebensowohl wie in allem menschlichen Fühlen, Wollen und Denken mit Allgewalt sich vollziehen, mir etwa Unrecht geben.

Da ich meinen Vortrag vor einem aus allen Nationen zusammengesetzten Publikum zu halten gehabt hätte, mußte ich, sollten nicht nationale Empfindlichkeiten verletzt werden, sorgsam bemüht sein, meine Ausführungen in dieser Hinsicht möglichst allgemein zu halten, statt genau differenzierend darzulegen, *eine wie völlig verschiedene Rolle der Funktionalzusammenhang zwischen äußerer und innerer Politik jedem einzelnen Staate im Kampf um die Vormacht oder Selbsterhaltung augenblicklich aufzwingt.* Diese Beschränkung war für den Zweck, dem dieser Vortrag dienen wollte, ursprünglich unbedingt geboten, wenn sie auch jetzt vielfach als zu weitgehende Rücksichtnahme erscheinen kann.

Ebenso wie meiner vor mehr als zwei Jahren erschienenen Schrift „Friedensbewegung und Menschenökonomie" schwebte auch diesem Vortrag neben strengster, gleichsam richterlicher *Objektivität* als höchstes Ziel vor, für internationale *zwischenvolkliche*, statt nur *zwischenstaatliche* Verständigung zu wirken. Ist doch der Staat seiner ganzen bisherigen Struktur nach ein Gebilde, das, aus Abwehrfunktionen im Kampf herausgestaltet, naturgemäß noch nicht alle erforderlichen Eigenschaften besitzt, um sich – besonders *auch über die Landesgrenzen hinaus* – als gemeinschaftsbildender Faktor größten Stiles bewähren zu können. Nirgends schon vollends der Volkheit lebendiges Kleid, vermag kein Staat unbedingte Sicherheit dafür zu bieten, daß die Gesinnung derer, die heute seine Lenker sind, nicht bei denen, die morgen die konzentrierte Machtfülle dieses Abstraktums verkörpern, in ihr diametrales Gegenteil umschlagen wird. Weil so dem Staate, angesichts seiner ganzen bloß formalen Vollkommenheit, noch das stetige, die gleiche Grundrichtung garantierende Substrat eines von den sozialen Lebensnotwendigkeiten selber bestimmten einheitlichen Kollektivwillens fehlt, gilt es, auf diese tiefer wurzelnden Kräfte zurückzugreifen, soll die bestehende Unsicherheit unserer kulturellen Existenz allmählich überwunden werden. Auch in den vorgeschrittensten Demokratien ist bisher die äußere Politik der Mitbestimmung des Volkes in weitem Umfang entzogen gewesen, haben die demokratischen Institutionen auf sie noch nicht übergegriffen, sie noch nicht im Innersten mit ihrem

Geist zu durchtränken vermocht. *Dieses Grundgebrechen aller bisherigen Demokratien war die tiefste Ursache ihres Versagens, selbst dort, wo die innere Politik schon ein so hohes Maß von Reife erreicht hatte, daß sie eine gleichwertige äußere Politik zu verbürgen schien.* Wir werden also noch eine weite Strecke Weges zurückzulegen haben, bis dem Konstitutionalismus der innern Politik die Ergänzung in einem überlegen durchgebildeten *Konstitutionalismus* der äußern Politik zuteil wird, die die Verfassung auf ganz neue Grundlagen stellt. Durch Aufruf zu unermüdlichen, wechselseitiger Förderung dienenden, direkten und in voller Offenheit und Ehrlichkeit geführten Verhandlungen von Volk zu Volk den organisatorischen Zusammenschluß der Kulturnationen in einer *Interdemokratie* vorbereiten zu helfen – das war darum der innerste Sinn meiner Arbeit.

Bei der momentanen Zeitstimmung wird sie ihre Absicht in dieser Richtung wohl kaum erfüllen können. So möge sie nun als eine Art *Beitrag zur Soziologie des Weltkrieges und Weltfriedens* hingenommen werden und unter diesem neuen Gesichtswinkel Beachtung finden.

Freilich gebe ich mich keiner Täuschung darüber hin, daß meine Ausführungen bei dieser völlig veränderten Blickeinstellung noch in weit höherem Maße als vorher mit aphoristischem Charakter behaftet erscheinen müssen. In dem knappen Rahmen eines Vortrages war es mir aber ganz unmöglich, auch nur in gedrängtester Form zugleich das *Induktionsmaterial* für meine Thesen auszubreiten. Hierfür muß ich auf eine spätere Publikation verweisen, in der ich es mir angelegen sein lassen werde, konkret im Detail darzustellen, inwieweit das Verhältnis zwischen äußerer und innerer Politik in jedem einzelnen Lande meine Behauptungen historisch und soziologisch rechtfertigt, wie stark der jeweilige, scheinbar ganz von einander unabhängige Inhalt der äußern Politik einerseits und der innern anderseits sich dennoch wechselseitig beeinflußt, wie schwere Kämpfe, wie große Opfer und Verluste notwendig daraus erwachsen müssen, wenn nicht getrachtet wird, äußere und innere Politik sorgsam aufeinander abzustimmen.

Auf diese Weise wird sich meine Arbeit auch zu einer *Soziologie der Staatenbündnisse* erweitern, zu einer wissenschaftlichen Untersuchung des Mechanismus der Bündnispolitik, die Aufklärung darüber bringt, in welcher Zusammensetzung geographische, ethnologische, psychologische, wirtschaftliche, soziale und geistige Faktoren die internationalen Bündnistendenzen und ihre Verschiebungen determinieren.

Bereits in der Vorrede des ersten Bandes meines Werkes „Höherentwicklung und Menschenökonomie" kündigte ich an, daß im zweiten Band hauptsächlich das Problem des Völkerkampfes zur Behandlung kommen soll. Nun hat die Weltgeschichte selber die Vorarbeit dazu übernommen. Meine Untersuchung wird so über ganz neue Daten verfügen, wenn sie, um die Entwicklung vom Völkerkampf zum Völkerfrieden zu beschreiben, den Versuch wagt, *auch die äußere Politik mit einzubeziehen in den Bereich prinzipieller theoretischer Behandlung,* was bisher beinahe völlig versäumt wurde. Dieses überaus schwierige Unternehmen wird naturgemäß nur glücken können, wenn eingehend klargelegt wird, was alles bei dem weiten Begriff „äußere Politik" sorgsam auseinanderzuhalten ist, wie scharf namentlich die Grenzen zwischen äußerer Politik und Weltwirtschaftspolitik abzustecken sind, eine wie detaillierte historische und soziologische Erörterung der ganze große Fragenkomplex des Zusammenhanges zwischen äußerer Politik, Rüstungspolitik, Kolonial-, Steuer- und Finanzpolitik unabweisbar erfordert.

Ich bin mir der Lückenhaftigkeit der kurzen Programmschrift, die ich zunächst zu bieten vermag, somit wohl bewußt. Aber wenn sie einstweilen auch nur zum Nachdenken über ein bisher vernachlässigtes Forschungsgebiet anregen würde, wenn sie dort, wo ihre Problemlösungen noch nicht ganz befriedigen, ihrer Problemstellung wegen Würdigung fände, wenn zugegeben werden müßte, daß sie in ihrem Hinweis auf die eigenartige Verknüpfung von äußerer und innerer Politik ein *neues heuristisches Prinzip, eine neue Methode* in die Hand gibt, mit deren Hilfe die welthistorischen Zusammenhänge aus größerer Tiefe her erfaßbar werden, so wäre damit schon viel geleistet.

Und vielleicht gelingt es ihr sogar bereits in der vorliegenden, bloß die Umrisse enthüllenden Gestalt auch darüber hinaus wenigstens eine Überzeugung im Leser zu erwecken, nämlich die: daß der Völkerfriede künftig nur von Dauer sein wird, wenn er in allen Ländern *im Volk selber, im unwandelbaren Kulturwillen zielklarer Massen seine unzerstörbare Verankerung findet, wenn ihm aus den weltbürgerlich geschützten Volksgrundrechten eine Art Gemeinbürgschaft der Kultur-*

kontinuität erwächst, welche unsere heiligsten Lebensschicksale endlich aus den schwachen Händen eines kleinen Häufleins von Diplomaten befreit, die naturgemäß völlig außerstande sind, die Riesenkräfte einer gigantisch nach Entfaltung ringenden Welt schöpferisch zu meistern.

Erst wenn so der Menschheit, aus eigenem erarbeitet, gleichsam *internationale Organe* zu wachsen beginnen, die verhüten, daß der Staat dem Weltverkehr ebenso hilflos gegenübersteht, wie der Einzelne ohne zielbewußte Förderung des Staates den sozialen Aufgaben – dann erst wird in absehbarer Zeit die Morgenröte einer neuen Geschichtsepoche anbrechen, wo wir reif genug geworden sind, auch das letzte Gesellschaftsproblem zur Bewältigung zu bringen, dessen Lösung noch nicht auf dem Wege ist: *die Ordnung der Völkerbeziehungen durch die Macht des Geistes, statt durch die Schärfe des Schwertes.*

Wien, September 1914.

Rudolf Goldscheid.

I.

In einer kürzlich veröffentlichten Abhandlung über Deutschland unter Wilhelm II. macht der frühere Reichskanzler *Fürst Bülow* eine sehr interessante Bemerkung. Er schreibt: „Unsere auswärtige Politik mußte in den ersten Dezennien des Flottenbaues unter abnormalen Verhältnissen arbeiten: die Rüstungen standen nicht im Dienste der Politik, sondern diese bis zu einem gewissen Grade im Dienste der Rüstungsfragen." Dieser Ausspruch charakterisiert nicht nur die Situation Deutschlands im letzten Dezennium. Unser ganzes Zeitalter trägt vielmehr international schon diese Signatur. Die Weltpolitik ist zu einer Bedeutung aufgerückt, die die innere Politik vielfach geradezu bloß noch als Anhängsel erscheinen läßt. Sie befindet sich in so vollkommener Abhängigkeit von der äußern Politik, daß ihr nur größere Aufmerksamkeit zugewendet wird, wo sie in deren Dienst steht, wo ihre Gestaltung die Voraussetzung äußerer Machtentfaltung bildet. Überall, wo dies nicht der Fall ist, hat man beinahe schon keine Zeit mehr, sich intensiv mit ihr zu beschäftigen oder es geschieht dies nur widerwillig, wie dies deutlich fast der gesamte Inhalt der Parlamentsverhandlungen in allen Großstaaten während der letzten Jahre zeigt. Den breitesten Raum in den Budgetberatungen nimmt die Erörterung des Heeres- und Marineetats ein; was dieser folgt, zieht nicht mehr in gleichem Maße die öffentliche Aufmerksamkeit auf sich, es sei denn, daß Fragen in Betracht kommen, die soziale Verhältnisse betreffen, welche die innere Voraussetzung für äußere Machtentfaltung darstellen. Kulturprobleme, ebenso wie die eigentlichen Verwaltungsaufgaben, von denen die Lebenshaltung, die Leistungssteigerung der Bevölkerung unmittelbar bestimmt werden, sind daneben überall mehr oder weniger in den Hintergrund gedrängt. Man erledigt sie in aller Eile, soweit die Not auf den Nägeln brennt, aber sie bilden keineswegs das Um und Auf dessen, was man Politik nennt.

Diese Tatsache ist der Ausdruck der enormen Abhängigkeit jedes Einzelstaates vom gesamten Ausland. Die Verflochtenheit der Völkerbeziehungen in jeglicher Hinsicht ist so ungemein gestiegen, daß in höherem Maße als je zuvor für unsere Zeit der Satz gilt: *Die Geschichte eines Volkes ist die Geschichte seiner Nachbarvölker*. Wobei heute unter Nachbarn aber auch die fernsten mit einzubeziehen sind! Damit ist schon eine fundamentale Erkenntnis gesichert: Die soziale Frage kann nur als internationales Problem zur vollkommenen Lösung gelangen.

Wie hoch man aber auch die Bedeutung der Weltpolitik einschätzen mag, letzten Endes soll sie der innern Wohlfahrt, der friedlichen Arbeit dienen, ist sie nicht Endzweck, sondern Mittel zur Hebung der nationalen Kultur. Das Kriterium für die Güte der Gesamtpolitik ergibt sich deshalb aus der *wechselseitigen Beeinflussung von äußerer und innerer Politik*. In so weitem Ausmaße diese wechselseitige Beeinflussung nun auch den Inhalt aller Geschichte bildet, so sehr der ganze Tageskampf sich praktisch überall um die lokal verschiedenen Realitäten dreht, die dem Funktionalzusammenhang zwischen äußerer und innerer Politik zugrunde liegen, so ist doch dieses Problem noch nicht zum Gegenstand einer rein theoretischen Spezialuntersuchung gemacht worden und noch viel weniger wurde es bisher soziologisch erforscht. Hier liegt ein ungeheures Gebiet wissenschaftlicher Arbeit vor, dessen Erschließung den reichsten praktischen Ertrag verspricht.

In meinem heutigen Vortrag kann ich dieses ungemein verwickelte Problem natürlich nur ganz skizzenhaft behandeln. Ich kann weder versuchen, auch nur mit Schlaglichtern, die Geschichte des Verhältnisses der äußern Politik zur innern in den verschiedenen Ländern und zu verschiedenen Zeiten zu beleuchten, noch kann ich mir, so wünschenswert dies auch wäre, die Aufgabe setzen, zur Darstellung zu bringen, wie verschieden die Beziehungen zwischen äußerer und innerer Politik in der Gegenwart bei genauer Betrachtung in den einzelnen Ländern sind. Ich muß mich vielmehr einstweilen darauf beschränken, das ganze, so außerordentlich verwickelte Problem in den allgemeinsten Zügen zu charakterisieren, die Grundtendenzen aufzuzeigen, die die hier gegebenen Verhältnisse determinieren.

Die ganze Struktur der Gesellschaft ist in ihrem Grundgefüge das historische Produkt des Gruppen-, Stammes- und Völkerkampfes. Auch in seiner gegenwärtigen Gestalt und Funktion trägt der Staat noch den Charakter seiner Entstehung: er ist ein Herrschaftsverhältnis, eine Machtorganisation. Die schroffen Klassenunterschiede sind der lebendige Ausdruck von Sieg und Niederlage in jenem Ringen um die bevorzugte Stellung, das aus dem ganz brutalen ursprünglichen *Leben der Einen auf Kosten der Andern* hervorgewachsen ist. Und auch all das, was man im Innern der einzelnen Länder als Ausbeutung zu bezeichnen pflegt, tritt ins Leben als Folge der *äußern Ausbeutung*, die in den Anfängen der Kultur durchweg als das selbstverständliche Verhältnis zwischen rivalisierenden Nachbargruppen angesehen wird. Und so sind auch die gegenwärtigen Völkerbeziehungen noch sehr wesentlich durch die *Herrschaft des Ausbeutungsprinzips* bestimmt, das wohl im Verlauf vielfach gemildert, aber keineswegs vollkommen beseitigt wurde.

Es ist in der Gegenwart zweifellos das Völkerverhältnis, durch das alle schweren Gebrechen unserer Kultur aufrechterhalten, ja verschärft werden. *Das internationale Problem muß man deshalb geradezu als das eigentliche Problem unserer Zeit bezeichnen.* Dessen Lösung ist die Aufgabe, die dem 20. Jahrhundert gestellt ist, soll es sich mit den Leistungen messen können, die das 19. Jahrhundert durch seine Errungenschaften auf dem Gebiete der Naturwissenschaft und Technik in so bewundernswertem Maße vollbracht hat.

Es ist das große Verdienst der Friedensbewegung, daß sie das internationale Problem in den Mittelpunkt der Aufmerksamkeit gerückt hat. Die Literatur, auf die sie in dieser Beziehung hinweisen kann, gereicht ihr aber vielleicht in noch höherem Maße zum Ruhm, als all das, *was sie praktisch für die Ausgestaltung der Schiedsgerichtsbarkeit und die Entwicklung des Völkerrechtes zuwege gebracht*, wie an Massenaufklärung geleistet hat. Gleichwertig an ihre Seite kann sich nur die sozialistische Literatur setzen. Deren Auffassung des Internationalismus wird aber von einer Grundanschauung bestimmt, die den wissenschaftlichen Sozialismus und die gewaltigen Organisationen, die hinter ihm stehen, doch verhindern, die wechselseitige Verankerung des nationalen und sozialen Problems in ihrer ganzen Tiefe zu begreifen. Hieraus erwächst höchstwahrscheinlich auch die Geringschätzung, die der Sozialismus dem Pazifismus in den vergangenen Jahrzehnten entgegengebracht hat.

Die sozialistische Theorie enthält in Wirklichkeit nur scheinbar ein ausreichend durchgearbeitetes Programm des Internationalismus. Sie ist international in dem Sinne, daß ihre Anhänger in allen Ländern auf die gleichen Ziele hinarbeiten. Zu diesen gehört auch der Völkerfriede. „Proletarier aller Länder, vereinigt Euch!" – dieses gewaltige Schlußwort des kommunistischen Manifestes, der genialsten Enunziation der Neuzeit, stellt gewiß eine Devise des Internationalismus dar. Aber selbst bei Marx fehlt eine gründliche Analyse des Völkerverhältnisses, fehlt eine tiefgreifende Auseinandersetzung der Beziehungen zwischen der sozialen und der nationalen Frage. Das wesentlichste, was er darüber gesagt hat, ist in dem einen Satz zusammengefaßt, daß mit dem Schwinden der Klassengegensätze im Innern der Länder auch die Staatengegensätze und damit die Interessengegensätze der Völker fortfallen. Von dieser Auffassung ist auch heute noch die ganze sozialistische Theorie und Praxis geleitet. Eine erschöpfende Weiterverarbeitung hat diese Theorie nicht erfahren.

So ungemein realistisch die sozialistische Theorie die Ursachen darlegt, die die soziale Struktur bedingen, soweit es sich dabei um rein wirtschaftliche Faktoren handelt, so ideologisch ist ihre Auffassung der Völkerbeziehungen und ihres Einflusses auf die soziale Struktur. Mit anderen Worten: sie berücksichtigt nicht genügend neben der aus der kapitalistischen Wirtschaft notwendig hervorwachsenden äußern Politik, in welchem Maße das Völkerverhältnis selber es ist, das den eigentlichen Motor, die stärkste Stütze der kapitalistischen Wirtschaft darstellt. In Wirklichkeit liegen die Dinge so, daß, wie es der Kampf nach außen war, der die Klassenverhältnisse geschmiedet hat, es auch fortwährend dieser Kampf um die äußere Stellung ist, der die Klassenverhältnisse konserviert. Anders ausgedrückt, um in der Marxschen Terminologie zu verharren: Die Klassengegensätze können sich gar nicht erheblich mildern, solange die Staaten- und Völkergegensätze in ihrer heutigen Schärfe fortbestehen. Diesbezüglich befinden wir uns also noch in einem circulus vitiosus. Denn dies ist in der Marxschen Lehre unzweifelhaft richtig, daß die Staatengegensätze zum größten Teil das Produkt der Klassengegensätze im Innern der einzelnen Länder sind. Aber anderseits darf daneben nicht übersehen werden, daß, solange sich nur Staaten gegenüberstehen, die von dem Interesse geleitet sind, das bestehende Klassenverhältnis aufrecht zu erhalten, es auch wirkliche starke Staateninteressengegensätze gibt, mit denen deshalb auch alle äußere Politik zu rechnen hat. *So ist also das Völkerverhältnis Ursache und Wirkung des Klassenverhältnisses zugleich* und muß deshalb auch in Theorie und Praxis nach diesen beiden Richtungen hin erfaßt werden, soll es nicht dauernd das schwerste Kulturhemmnis bilden.

II.

Analysieren wir den gegebenen Kausalzusammenhang näher: Die soziale Struktur ist dadurch charakterisiert, daß Klassenunterschiede bestehen, die den Besitzlosen nicht den gleichen Einfluß auf die Staatseinrichtungen gewähren, wie den Besitzenden. Die hieraus sich ergebenden Abhängigkeitsverhältnisse sind der verfestigte Niederschlag der Geschichte. Politik und wirtschaftliche Faktoren wirken in der gleichen Richtung. Alles, was an innerer Ausbeutung anzutreffen ist, stellt die Folge äußerer Ausbeutung dar. Jeder Staat sucht sich auf Kosten seiner Nachbarn bessere Existenzbedingungen zu schaffen und dieses Bestreben war der spiritus rector aller innern sozialen Entwicklung. Wollte man von seinen Nachbarn nicht ausgebeutet, ja versklavt werden, so mußte man selbst die härtesten Lebensverhältnisse geduldig in den Kauf nehmen, mußte bis an die äußersten Grenzen der Leistungsfähigkeit gehen, um nicht, vom Feinde bezwungen, ein noch viel schlimmeres Los zu gewärtigen. Dadurch waren die jeweils Herrschenden in der günstigen Lage, die tatsächlich notwendigen Voraussetzungen für die Machtentfaltung nach außen dazu zu mißbrauchen, ihre Machtposition im Innern über das erforderliche Maß zu steigern, konnten sie selbstsüchtiger Willkür reichlich frönen.

Die ganze Schärfe der Klassenunterschiede wäre soziologisch gar nicht zu begreifen, wenn es nicht zu allen Zeiten die Situation nach außen hin gewesen wäre, die der aristokratischen Gesellschaftsordnung Vorschub geleistet hätte. Es ist also nicht so, daß die Völkergegensätze nur etwas künstlich Geschürtes sind, das einzig und allein in den Klassengegensätzen seine Ursache hat, sondern es besteht hier ein äußerst verschlungenes Netz von Wechselbeziehungen, und historisch sind sicher die Völkergegensätze das Primäre und die Klassengegensätze das Sekundäre. Dieses Verhältnis hat sich nun auch heute noch nicht vollkommen in sein Gegenteil verkehrt. Die Stärke der herrschenden Klassen beruht vielmehr auch in unseren Tagen noch ganz auf dieser Grundlage. Es sind durchweg

Klassenstaaten, die einander gegenüberstehen; alle diese Klassenstaaten sind von der Tendenz beherrscht, vor der innern Politik in die äußere zu flüchten, lieber die schwersten Kriegsgefahren auf sich zu nehmen, als daß sie sich zu einer äußern Politik entschlössen, die sie zwänge, mit der traditionellen innern Politik zu brechen. Sie fühlen sich dazu um so weniger veranlaßt, als sie ohne Heuchelei darauf hinweisen können, daß jeder einzelne Staat bedroht ist, seinen selbständigen Bestand einzubüßen, wenn er sich der gegebenen internationalen Situation nicht entsprechend anpaßt. Bis zu einem gewissen Grade sind also innerhalb des Bestehenden, d. h. solange als nicht in nachhaltigster Weise auf das Zustandekommen eines neuen Völkerverhältnisses hingearbeitet wird, die herrschenden Klassen in allen Ländern tatsächlich berechtigt, eine Politik zu machen, die ihren Vorteilen radikal zugute kommt, die ihnen gestattet, den Schutz ihrer brutal-egoistischen Sonderinteressen als heiligste nationale Aufgabe hinzustellen. Von dieser Situation machen sie naturgemäß in reichstem Maße Gebrauch und wehren sich darum mit der größten Energie gegen jeden Versuch, eine Änderung des Völkerverhältnisses herbeizuführen, die mit anderen Mitteln als durch Steigerung der Rüstung die nationale Sicherheit zu garantieren trachtet. Der bewaffnete Friede ist eben zugleich der stärkste Damm gegen die Ausgleichung der Gegensätze im Innern, gegen die Beseitigung jener künstlichen Niveaudifferenz, die den Strom der Volksarbeit auf die Mühle der Bevorrechteten lenkt.

Das also ist die Sachlage: es sind überall vor allem die herrschenden Klassen, die an der Aufrechterhaltung des bestehenden Widerstreites der Völkerbeziehungen in höchstem Maße interessiert sind; aber weil diese Situation in allen Ländern gegeben ist, so treibt das bestehende Völkerverhältnis mit der äußern Politik, zu der es nötigt, auch eine ganz bestimmte innere Politik zwangsläufig aus sich hervor. *Mit jeder bestimmten äußern Politik ist immer eine ganz bestimmte innere Politik, mit jeder bestimmten innern stets eine ganz bestimmte äußere Politik notwendig verbunden.* Äußere und innere Politik müssen darum wechselseitig aneinander angepaßt werden, sollen wir nicht unsere besten Kräfte in nutzlosem Kampf vergeuden müssen. Nichts ist utopischer als der Glaube, wesentliche Veränderungen in der innern Politik erzielen zu können, ohne gleichzeitige entsprechende Änderungen an der auswärtigen und umgekehrt. So groß auch unsere Macht über das Geschehen ist, mit den naturnotwendigen Korrelationen müssen wir uns jederzeit abfinden. Diese Korrelationen wurden in psychologischer und biologischer Hinsicht bereits eingehend studiert. Die *soziologischen Korrelationen* hingegen sind noch nicht genügend erforscht. *Die wichtigste soziologische Korrelation aber stellt der Funktionalzusammenhang zwischen äußerer und innerer Politik dar.*

Die äußere Politik bedeutet für die innere Politik das, was das Milieu für die Entfaltung der Anlagen bedeutet. Wie aus vergiftetem Milieu keine gesunden Anlagen hervorwachsen können, so kann innerhalb feindseliger Völkerbeziehungen auch kein gesundes Gemeinschaftsleben innerhalb der einzelnen Völkergruppen sich einstellen. Auf rücksichtslosen Wettbewerb gestimmte Völkerbeziehungen haben eine andere soziale Struktur im Innern zur Voraussetzung, als Völkerbeziehungen, die statt auf gegenseitiger Entwicklungshemmung auf gegenseitiger Entwicklungsförderung aufgebaut sind.

Es ist ebenso aussichtslos, darauf zu hoffen, daß die Veränderung der sozialen Struktur im Innern von selbst die Völkerbeziehungen ändern werde, wie es aussichtslos ist, zu erwarten, daß Völker, die über die bestehende soziale Struktur noch nicht hinaus sind, mit Ernst auf ein verändertes Völkerverhältnis hinarbeiten werden. Erst wenn nicht nur die Klassen, sondern zugleich die Völker, die Nationen zum Bewußtsein ihrer Lage gelangen und so die volle Bedeutung des Kausalnexus, der Wechselbeziehungen zwischen äußerer und innerer Politik erkennen, wird die ganze Kampfposition in einer Weise verschoben werden, daß zwischen nationalen Argumenten und den Interessen jedes Einzelnen jene Verankerung zustande kommt, die das Bestehende aus den Angeln hebt.

Der Glaube an die natürliche Harmonie, die die sozialistische Theorie in bezug auf die Wirtschaftsverhältnisse so grimmig verhöhnt, derselbe Glaube erfüllt sie noch hinsichtlich des Völkerverhältnisses. Ganz zu Unrecht wirft man ihr ihren zu weitgehenden Internationalismus vor. In Wirklichkeit scheint sie nur deswegen zu wenig national, weil sie tatsächlich zu wenig international ist und umgekehrt. Ihr Internationalismus ist nämlich, wenn ich so sagen darf, nur eine Art von *internationalem Parallelismus*, keineswegs aber bereits *internationaler Solidarismus*. Sie besitzt keine geschlossene internationale Theorie, die offenbar macht, daß voll entfalteter Internationalismus die unentbehrliche Voraussetzung für den Schutz der nationalen Eigenart darstellt. Sie unterliegt dem Wahne, anzunehmen, daß, wenn in allen Ländern ihre Anhänger sich nur das gleiche Ziel setzen, damit schon eine gesellschaftliche Entwicklung gewährleistet wäre, die die Voraussetzungen zur Verwirklichung der menschlichen Kulturideale schaffen würde. Damit, daß in allen Ländern die Anhänger der Sozialdemokratie auf die gleiche innere Politik hinwirken, erzeugen sie noch nicht die Bedingungen für eine äußere Politik, die die von ihnen angestrebte innere Politik ermöglichen müßte. Der wissenschaftliche Sozialismus rechnet es sich als Ruhmestat an, daß er den utopischen Sozialismus überwunden hat, indem er die gesellschaftlichen Triebkräfte zum Bewußtsein brachte, die eine fundamentale soziale Umwälzung zur Folge haben werden. Seine ganze Argumentation hat aber darin ihre fundamentale Lücke, daß neben den sozialen Triebkräften der Entwicklung die *nationalen Triebkräfte der Entwicklung* nicht entsprechend berücksichtigt werden, daß nicht im Detail zum Ausdruck gelangt, in wie hohem Maße die nationalen Tendenzen und Notwendigkeiten den sozialen Tendenzen und Notwendigkeiten entgegenwirken.

Ganz besonders ignoriert die *Zusammenbruchstheorie* das Völkerverhältnis beinahe vollkommen. Die Entwicklung zum Sozialismus ist selbst innerhalb der Marxschen Interpretation nur notwendig unter der Voraussetzung, daß die zunehmende Verelendung in einem bestimmten Lande nicht internationale Verhältnisse heraufbeschwört, die dessen Verfall einleiten, bevor noch eine neue Gesellschaftsordnung zustandegekommen ist. Wenn, wie auch von sozialistischer Seite unbedingt zugegeben wird, das Tempo der sozialen Entwicklung verlangsamt werden kann, so ist nichts leichter möglich, als daß ein Volk durch seine Situation im Innern in so große Abhängigkeit von seinen Nachbarn gerät, daß es gar nicht die Macht besitzt, die entsprechenden Konsequenzen aus dem Zusammenbruch der kapitalistischen Gesellschaftsordnung zu ziehen. *Marx hat eben außeracht gelassen, wie die soziale Entwicklung aus innern Tendenzen durch die aus äußern durchkreuzt wird.* Die Entwicklung der einzelnen Völker geht in völlig verschiedenem Tempo vor sich. Siegen die kapitalistischen Länder über die sozialisierten, so wird damit die Entwicklung zum Sozialismus aufgehalten, ja sie wird geradezu unterbunden, wenn die Unkulturvölker über die Kulturvölker siegen.

Die Theorie des Sozialismus ist in bezug auf das Völkerverhältnis nicht zu Ende gedacht. Verelendung führt in erster Linie zum Verlust der äußern Machtposition. So notwendig darum auch die Entwicklung zum Sozialismus sein mag, so ist es doch möglich, daß ihr Tempo durch internationale Zusammenhänge so aufgehalten werden kann, daß ein Land zur Ohnmacht verurteilt ist, ehe es noch die innern Reformen durchzusetzen vermochte, auf die die Umwälzung der Wirtschaftsverhältnisse in einem bestimmt abgegrenzten nationalen Territorium hinwirkt. *Mit den immanenten Tendenzen der kapitalistischen Wirtschaft allein sind deshalb die historischen Triebkräfte noch nicht gegeben, die mit der Notwendigkeit eines Naturprozesses ein Völkerverhältnis aus sich hervortreiben, welches demokratische Staatseinrichtungen gleichsam organisch nach sich zieht.*

Wie es einen utopischen Sozialismus gibt, so gibt es also auch einen *utopischen Internationalismus* und über diesen ist die sozialistische Theorie noch nicht ganz hinaus. Und in noch höherem Maße ist die bürgerliche Wissenschaft darin befangen. Daher auch die Halbheit des uneingestandenen Pazifismus in unserer Zeit. Man hat nicht mehr den rechten Mut zum Kriege und noch nicht den vollen Mut zu rückhaltlos organisierter internationaler Zusammenarbeit. Nichts ist unerträglicher als der waffenstarrende Pazifismus, der in Passivismus ausartet und nicht die Kraft hat, sich offen zu nationaler Begehrlichkeit zu bekennen. Demgegenüber ist noch der unverschleierte Imperialismus, der radikale Expansionismus vorzuziehen. Para bellum si vis expansionem, das hat einen Sinn. Aber wenn man nur behaglich im Frieden leben will, dann ist es sinnlos, unaufhörlich unter den ungeheuersten Opfern den Krieg vorzubereiten.

Der Imperialismus ist ein aktives Ideal, wenn auch ein evolutionistisch unökonomisches. Der bewaffnete Friede hingegen, dieser Januskopf, der auf der einen Seite die Züge von Mars, auf der andern die der Bertha von Suttner trägt, ist eine jener Unmöglichkeiten, die nur, weil sie Wirklichkeit sind, ernst genommen werden müssen. Zum wissenschaftlichen Internationalismus werden wir nur vordringen aus der Erkenntnis der Beziehungen zwischen äußerer und innerer Politik, durch die uns die Einsicht erwachsen wird, in welcher Weise und in welchem Umfang der internationale

Antagonismus die innernationale Struktur bedingt und bestimmt. Wir müssen Klarheit darüber erlangen, wie es möglich ist, daß gerade in einer Zeit der enormsten Intensivierung der wirtschaftlichen und sozialen Verflochtenheit der Völker der Nationalismus stärker als je zuvor zur Entfaltung kommen konnte, warum gerade in unseren Tagen die nationale Parole mit so viel Erfolg gegen die soziale ausgespielt zu werden vermag. Überall können wir es beobachten: Am nationalen Ideal brechen sich die großen sozialen Wogen unserer Epoche. Wo immer das demokratische Prinzip im Vormarsch begriffen ist, findet es am nationalen ein Bollwerk, das es nicht zu überrennen vermag. Wie mächtig die nationalen Tendenzen in unseren Tagen sind, das zeigt sich ganz deutlich sogar schon an der Kirche, die, um das Bestehende, das sie hält, zu konservieren, mit ihren universalistischen Traditionen in der Praxis nach den mannigfachsten Richtungen hin gebrochen hat. Sie ist heute, wie alle reaktionären Mächte der Vergangenheit, zu einem Werkzeug des chauvinistischen Nationalismus, des extremen nationalen Machtgedankens geworden.

Der Ausspruch: Das Kaisertum ist der Friede! ist zu einem geflügelten Wort aufgestiegen. Ich will auf dessen Wahrheitsgehalt nicht näher eingehen. Sicherlich aber kann man mit Recht behaupten: *der Absolutismus, das aristokratische Privilegium bevorrechteter Klassen ist der Krieg, der siegreiche Pazifismus hingegen ist die vollendete Demokratie.* Es gibt nichts, was die Fortschritte der Demokratie in so hohem Maße aufhält, wie das bestehende Völkerverhältnis. In diesem hat die heutige Gesellschaftsordnung ihre mächtigste Wurzel, ja man kann direkt behaupten: *die bestehende Gesellschaftsordnung ist, mathematisch gesprochen, geradezu die Funktion des gegebenen Völkerverhältnisses.* Die herrschenden Klassen wären ganz außerstande, ihre bevorzugte Stellung aufrecht zu erhalten, wenn das Völkerverhältnis diese nicht kontinuierlich stärken und rechtfertigen würde.

Nun liegt die Situation aber so, daß die im Interesse der äußern Politik gebotene innere soziale Spannungen erzeugt, die notwendig im Verlauf die äußern Spannungen immer mehr verschärfen müssen. *Äußere und innere Spannungen steigern sich durch den immanenten Kausalnexus zwischen äußerer und innerer Politik wechselseitig ins Ungemessene, so daß schließlich die Verhältnisse sich zur Entscheidung zu-*

spitzen. Diese Entscheidung liegt zwischen Weltkrieg und Vertiefung der Demokratie.

Mit andern Worten: Entweder die internationale Verständigungsarbeit wird mit solcher Intensität in Angriff genommen, daß man sich nicht mehr mit der Friedenssicherung durch Rüstungssteigerung allein begnügt, sondern planbewußt das Völkerverhältnis durch unermüdliche, kontinuierliche Organisation der wechselseitigen Förderung auf eine neue Basis zu stellen sucht, die ihrerseits wieder mit einer weitgehenden Demokratisierung der Gesellschafts- und Staatseinrichtungen verbunden ist, oder man geht den bisherigen Weg weiter, dann ist auch das bestehende Maß von Demokratie nicht aufrecht zu erhalten. Aristokratisch organisierte Staatsgebilde können, namentlich unter den Verhältnissen der Gegenwart, auf die Dauer nicht in Frieden miteinander leben. *Aristokratische Gesellschaftsstruktur und friedliche Weltpolitik schließen sich wechselseitig aus. Wir befinden uns deshalb augenblicklich an einem Wendepunkt der Weltgeschichte.*

III.

Wenn wir jetzt daran gehen, den Mechanismus von Völkerverhältnis und sozialer Struktur in seinen Grundzügen zu charakterisieren, wird die Richtigkeit dieser Behauptung sich mit aller wünschenswerten Deutlichkeit offenbaren. Die Folgen der Friedenssicherung durch Rüstungssteigerung und Bündnispolitik allein werden viel zu oberflächlich aufgefaßt, wenn man dabei nur in Betracht zieht, mit wie ungeheuren unproduktiven Ausgaben sie alle Völker belasten. Es muß auch mitberücksichtigt werden, wie sie das Ganze der Gesellschaft dynamisch beeinflussen. Ebenso ist die Aufmerksamkeit darauf zu lenken, daß die bloße Verhinderung von Kriegen noch nicht gleichbedeutend ist mit einem Maximum von möglicher Kulturentfaltung. Internationale Kulturorganisation ist ein weitaus größeres Ziel, als die Friedenserhaltung um einen Preis, der dem Verzicht auf die höchsten Kulturgüter gleichkommt. Man muß von der Frage ausgehen: was braucht das Land zur reichsten Machtentfaltung, zur energischsten Steigerung der Volkstüchtigkeit, zur Befriedigung der vitalen Bedürfnisse der Bevölkerung und dann trachten, diese Entwicklungsnotwendigkeiten durchzusetzen. Wobei immer die zwei Möglichkeiten offen stehen, sie durch Vertrag und Organisation oder durch die Schärfe des Schwertes durchzusetzen.

Passivistischer Verzicht auf kraftvolle nationale Entwicklung aus reiner Friedensliebe, die nicht die ihr entsprechenden Konsequenzen hinsichtlich vertiefter internationaler Organisation zieht, ist ein ganz negatives Ideal, ist faule Vernunft, ist fauler Friede. Das gesunde Wachstum darf aus keinerlei wie immer gearteten Gründen unterbunden werden. Es muß gefördert werden, entweder durch zum Äußersten entschlossenen Imperialismus oder durch planbewußten radikalen Internationalismus. Halber Imperialismus, der die für diesen notwendigen Voraussetzungen nicht schafft, ist ebenso eine schwere Gefahr für alle soziale Entwicklung, wie halber Pazifismus, der bei frommen Wünschen stehen bleibt, ohne sich zu jener Fülle von Neuschöpfungen aufzuraffen, die ihm erst seine aufbauende Größe gewähren könnten. Für internationale Kulturorganisationen sind aber ganz andere Mittel erforderlich als für internationale Friedenssicherung durch Steigerung der Rüstungsausgaben, die das Zustandekommen des angestrebten Gleichgewichtes nur mit den weitestgehenden Opfern zu erzielen vermag.

In diesem Zusammenhang wäre auch besonders zu betonen, daß die ewige Sorge um die Wahrung des europäischen Gleichgewichtes, dessen Erhaltung kein anderes Mittel kennt, als unaufhörliche Weitersteigerung der wechselseitigen Rüstungen, ein ganz rückständiges Verhalten zum Ausdruck bringt. Mit immer größeren Opfern wird damit schließlich gar kein dauerhafter Nutzeffekt mehr erzielt. Was in dem einen Augenblick geleistet wird, zerrinnt im nächsten. Unsere Zeit besonders ist dadurch charakterisiert, daß die Gleichgewichtsstörungen die Tendenz haben, überhaupt nicht mehr zur Ruhe zu gelangen. Jedenfalls ist es kein Zustand, der gleichgültig hingenommen werden kann, wenn die auswärtige Politik sich immer mehr in den Dienst der Rüstungspolitik stellen muß, und sich damit das Verhältnis von Mittel und Zweck in sein Gegenteil verkehrt.

Es ist dies von um so größerer Bedenklichkeit, als damit die gesamte Wirtschaftspolitik in immer stärkere Abhängigkeit von der Rüstungspolitik gerät. Die Rüstungspolitik konserviert ein ganz bestimmtes Verhältnis von Stadt und Land, von Industrie und Landwirtschaft, begünstigt den Großgrundbesitz vor dem kleinen Bauern und wirkt damit den immanenten Tendenzen der Produktivkräfte entgegen, wie sie auch die Lebensmittelteuerung fördert. Sie muß den Einfluß jener Schichten zu stärken suchen, die am bestehenden Völkerverhältnis wirtschaftlich am meisten interessiert sind, und aus diesem Gesichtspunkte heraus darauf achten, daß die direkten Abgaben für die Rüstungslasten diese in geringerem Maße treffen, als alle übrigen Schichten der Bevölkerung. Zur Herstellung dieser Zustände müssen alle Demokratisierungsbestrebungen niedergehalten werden, muß alles unterbunden werden, was die breiten Massen zur Einsicht in die Bedeutung der Demokratisierung für ihr Los befähigt. Was immer die Lockerung der überkommenen Gesellschaftsverhältnisse zu bewirken geeignet ist, muß somit bekämpft werden, die Erweiterung der Bildung ebenso, wie die Emanzipation der Frauen, der Aufstieg der Arbeiterklassen in gleicher Weise, wie der Abfall von der Kirche oder die Verinnerlichung der Religion. In blindem Respekt vor der Autorität muß man vielmehr das heiligste nationale Gut überhaupt erblicken, jegliche Kritik als Ausfluß des radikal Bösen der Menschennatur brandmarken. Aus derselben Ursache verbietet sich energische Abwehr des Alkoholismus, dessen Nutznießer diejenigen Schichten sind, die das stärkste Interesse an der Erhaltung des Bestehenden haben, weil die schädlichen geistigen Folgeerscheinungen des Alkoholismus gleichfalls ihnen zugute kommen.

Da nun das Völkerverhältnis als Realität tatsächlich feindseliger Wettbewerb von Klassenstaaten ist, da das historisch Gewordene, wie es augenblicklich funktioniert, internationale Interessengegensätze in sich schließt, die, wenn sie nicht organisatorisch zum Ausgleich gebracht werden, gefährlichen Zündstoff enthalten, der auf explosive Selbstregulation hindrängt, so befinden sich die breiten Volksmassen der äußern Politik gegenüber in einer überaus unangenehmen, weil höchst zwiespältigen Lage. Sie müssen bis zu einem gewissen Grade, wenn auch widerwillig, dem internationalen Antagonismus Rechnung tragen, obwohl sie nicht daran zweifeln können, daß jeder Kompromiß nach dieser Richtung sie von der Erreichung ihres notwendigen Zieles entfernt. Sie müssen Waffen segnen, die zugleich gegen sie gerichtet sind. Sie müssen es, weil sie Schutz nach außen brauchen, wenn dieser Schutz nach außen hin sie auch im Innern wehrlos macht. Aber der innerhalb des Bestehenden nach außen unentbehrliche Schutz hat nicht nur die fatale Nebenwirkung, die Demokratisierung der sozialen Einrichtungen, je mächtiger sie zum Ausbau gelangt, in immer stärkerem Maße aufzuhalten, da er ebenso wie gegen den äußern auch gegen den innern Feind aufgerichtet ist, er ist auch jener Faktor, der es überhaupt gestattet, von den ungeheuren Massen, die auf ein neues Staatsideal, das die Wirtschaftsgesellschaft erst zur Kulturgemeinschaft im wahren Sinne des Wortes machen würde, als von einem innern Feinde zu sprechen. Die Realitäten, die dazu nötigen, sich gegen die Nachbarvölker als äußere Feinde zur Wehr zu setzen, sie sind es zugleich, die dem Schreckbild vom innern Feinde seine enorme Suggestivkraft verleihen.

Aber auch andere, soziologisch sehr bedeutsame Folgen zieht das System, die Friedenssicherung allein durch Rüstungssteigerung bewerkstelligen zu wollen, nach sich. Fassen wir zunächst die wirtschaftlichen Folgen ins Auge! Hierbei ist vor allem auf die Tatsache zu verweisen, daß die internationale Wirtschaftskonkurrenz unter ganz besonderen Bedingungen vor sich geht, wenn sie sich auf dem Hintergrunde kriegerischen Wettbewerbes abspielt. Die Konkurrenzfähigkeit auf dem Weltmarkte steht in voller Abhängigkeit von den jeweils erforderlichen Verteilungsmodalitäten des Ertrages, die sich nach der Stärke jener Klassen im Innern der verschiedenen Länder richten, deren Position für die Weltmachtstellung der einzelnen Staaten ausschlaggebend ist. Ist z. B. ein mächtiges Agrariertum die stärkste Stütze der Rüstungspolitik und wird das Völkerverhältnis in der Hauptsache durch Rüstungspolitik bestimmt, dann muß die innere Politik das Agrariertum so lange begünstigen, als sie die äußere Politik ohne vorherige Umgestaltung des Völkerverhältnisses nicht ändern kann.

Und noch auf eine weitere, wichtige Wirkung der Rüstungspolitik ist hinzuweisen. Die Rüstungspolitik begünstigt notwendig ganz bestimmte Industriezweige, sie hat eine Verteilung der Produktivkräfte zur Folge, die bestimmten Produktionsgebieten das Übergewicht über alle andern gibt. *Diese durch die Rüstungspolitik begünstigten Produktionszweige werden dadurch zu den ausschlaggebenden Faktoren in der Verteidigung der Industriellinteressen überhaupt.* Den Industriellenschichten, die die Führerrolle in der Industrie einnehmen, müssen sich nolens volens aber alle übrigen Industriellenschichten anbequemen und anpassen, wollen sie ihre Unternehmerinteressen wirksam gegen die gesteigerten Ansprüche der organisierten Arbeiterschaft verteidigen. Die führenden Industrien werden so gleichsam zum spiritus rector der gesamten Industriellenklasse, ihr Einfluß dirigiert die Wirtschaftspolitik als Ganzes.

Die kontinuierliche Steigerung der Rüstungslasten hat also zur Folge, daß die Verbrauchsproduktion, trotz ihrer vitalen Bedeutung, immer stärker an zweite Stelle geschoben wird, ein Moment, das um so schwerer ins Gewicht fällt, als die Landwirtschaft, die die unentbehrlichsten Verbrauchsgüter erzeugt, angesichts des Umstandes, daß sie entweder ohnehin nicht den ganzen Landesbedarf decken kann oder durch lohnenden Export nicht auf dessen Steigerung angewiesen ist, an niederen Lebensmittelpreisen kein unmittelbares Interesse hat. Sie ist darum die naturgemäße Verbündete der durch die Rüstungsausgaben begünstigten Industriezweige, wenigstens soweit der für den Weltmarkt produzierende Großgrundbesitz und nicht der für den Eigenbedarf arbeitende Bauer in Betracht kommt. Also nicht nur das ist bei der Höhe der Rüstungsausgaben in Betracht zu ziehen, daß durch sie die für andere Ausgaben dringend erforderlichen Mittel fehlen, wie welche Summen von Arbeitskraft und Kapital in ihren Dienst gestellt werden müssen, sondern bei nahe noch bedeutsamer ist der Umstand, welche Produktionsgebiete und welche Industriellenschichten durch sie die ausschlaggebende Position erhalten. Die Gegensätze der Interessen zwischen Unternehmern und Arbeitern sind nicht in allen Produktionszweigen gleich groß. Indem das bestehende Völkerverhältnis gerade jenen Produktionszweigen die Führerrolle zuschiebt, wo diese Interessengegensätze, weil sie nicht am Konsum der Massen und damit an der Hebung ihrer Kaufkraft interessiert sind, am größten erscheinen, erschwert auch in dieser Beziehung der Mangel an internationaler Verständigung das Fortschreiten der innernationalen.

IV.

Aber mit allen diesen Hinweisen ist die wechselseitige Bedingtheit von Völkerverhältnis und sozialer Struktur noch nicht in volles

Licht gesetzt. Ganz wesentlich kommt auch Folgendes in Betracht: Das steigende Wachstum der Rüstungslasten beeinträchtigt in kontinuierlich wachsender Stärke die geordnete Funktion unserer gesamten Finanzpolitik. In allem und jedem suchen wir die Herrschaft des Zufalls immer mehr auszuschalten, sind wir bemüht, durch unsere Voraussicht Einnahmen und Ausgaben im Gleichgewicht zu erhalten. Der bewaffnete Friede macht uns dies hinsichtlich unserer Finanzpolitik unmöglich. *Die innere Politik denkt, aber die auswärtige Politik lenkt.* Haben wir erst für unser Budget ein einigermaßen zuverlässig berechnetes Entwicklungsprogramm aufgestellt, so braucht nur das Gerücht aufzutauchen, daß irgendein näherer oder fernerer Nachbar eine Verstärkung seiner Rüstungen plant, und schon sind wir genötigt, alle in dieser Hinsicht mit der Sorgfalt eines ordentlichen Kaufmannes aufgestellten Berechnungen über den Haufen zu werfen und unsere Voranschläge so umzugestalten, daß wir damit weitaus über unseren Verhältnissen leben müssen. Überwältigenden Elementarkatastrophen haben wir vorzubeugen gelernt. Aber gleichsam über Nacht kommen Rüstungsforderungen über uns, die weit größer sind, als die schwersten Elementarkatastrophen sie uns auferlegen könnten. Unsere ganze Politik ist damit, besonders wenn wir alle sekundären Wirkungen, die sie nach sich zieht, in ihrer ganzen Ausdehnung bis in die feinsten Verästelungen hinein verfolgen, zu einer Art *Katastrophenpolitik* geworden, vor allem in finanzieller Hinsicht.

Nun wird man hierauf gewiß einwenden, alle diese unbestreitbaren Schäden und Gefahren werden reichlich wettgemacht durch die Friedenssicherung, welche die Rüstungssteigerung gewährt. Aber dieser Einwand ist weit weniger stichhaltig, als es bei oberflächlicher Betrachtung scheint. Man übersieht bei dieser landläufigen Auffassung, daß alle Mittel, bei einem gewissen Punkte angelangt, sich selber ad absurdum führen, indem sie das Gegenteil des angestrebten Zweckes bewirken. Und auch bei der Friedenssicherung durch Rüstungssteigerung müssen wir uns fragen, ob wir nicht durch sie gerade jenen Gefahren in die Arme getrieben werden, denen wir mit ihrer Hilfe zu entgehen trachten.

Wenn ein führender Staatsmann selbst zugeben muß, daß unsere äußere Politik genötigt ist, sich vollkommen in den Dienst der Rüstungspolitik zu stellen, ist es dann ganz ausgeschlossen, daß wir nicht eines Tages sogar gezwungen sein werden, einen Krieg zu wagen, nur um ungestört weiter rüsten zu können? Ja, deuten nicht alle Erfahrungen der jüngsten Zeit an, daß die Mobilisierung geradezu zu einem chronischen Zustand für die modernen Völker zu werden droht? Diese zunächst verwunderliche Erscheinung hat ihren guten Grund. In der waffenstarrenden Welt wird die Angst der Völker vor einander immer größer. Friedenssicherung und Kriegsvorbereitung sind bereits nicht mehr mit Sicherheit zu unterscheiden. Um stark genug zu erscheinen, sucht man sich wechselseitig Schrecken einzujagen. Man weiß schon nicht recht, rasselt der Säbel mehr aus zitternder Furcht oder aus überschäumendem Mut. Bedienen sich doch Schwäche und Kraft derselben Mittel! Eine neue Massenpsychose hat die Völker ergriffen: nationale Nervosität. Um sich von dieser zu befreien, will man lieber früher als später losschlagen.

Dazu kommt, daß die Riesensummen für die Rüstungen nur aufgebracht werden können, wenn die entsprechende Seelenverfassung in den Menschen vorhanden ist. Die Kriegsfurcht muß darum noch künstlich genährt werden, und zwar so, daß sie sich in Kriegsbegeisterung umwandelt. Alle Völker müssen also in kriegerischem Geiste erzogen werden, und da dies dem natürlichen Geist unseres Arbeitszeitalters widerspricht, so muß diese Erziehung schon bei der Jugend beginnen. An diese Tendenzen knüpft das Rüstungskapital mit seinen spezifischen Interessen naturgemäß an, besonders indem es sich die Presse dienstbar zu machen sucht, um die öffentliche Meinung so zu bearbeiten, daß sie all das gutheißt, was das Rüstungskapital braucht, soll es in seinem Zinsertägnis nicht geschmälert sein. Was der Rüstungsindustrie um so leichter gelingt, als an ihr alle jene Produktionszweige mitinteressiert sind, denen durch die Höhe der Rüstungsausgaben die Führerschaft in der Vertretung der Produzenteninteressen zufällt.

Aber das Wachstum der Heere zieht auch ganz gewaltige soziologische Folgen nach sich wegen der Veränderungen der sozialen Struktur, die mit diesem verbunden ist. Je größer die Heeresmassen im Verhältnis zur Gesamtbevölkerung werden, desto stärker wird notwendig auch ihr Einfluß auf die gesellschaftliche Entwicklung. Gerade die tüchtigsten Elemente in der Armee empfinden die bloße Vorbereitung auf den Krieg auf die Dauer als unerträglichen Druck.

Sie wollen, daß die Macht, die in der Armee verkörpert ist, entsprechend in die Waagschale fällt, es erscheint ihnen so als Schwäche, langatmige diplomatische Verhandlungen zu führen, wo das Schwert eine rasche und definitive Entscheidung herbeiführen könnte. Je größere Opfer die Bevölkerung für die Rüstungslasten aufwendet, desto mehr fühlt sich das Heer als Parasit an der Gesellschaft, wenn es nicht endlich seine ganze gewaltige Leistungsfähigkeit beweisen kann. In den obersten Funktionären dieses Riesenorganismus tritt die nationale Nervosität, von der ich vorhin sprach, naturgemäß am stärksten zutage, die um so mehr gereizt wird, wenn Mobilisierungen mit allen Aufregungen, die sie notwendig im Gefolge haben, sich häufen, ohne daß die geladene Energie schließlich zur Entfesselung gelangt. All dies erzeugt mit Zwangsläufigkeit den politisierenden Offizier, der, von seinen verdrängten Affekten gereizt, die Welt in Unruhe versetzt. Und endlich und schließlich muß der Armee auch zu Bewußtsein kommen, daß sie nicht nur nach außen die ausschlaggebende Macht ist, sondern daß auch nach innen die bestehende Ordnung in immer höherem Ausmaße auf ihr beruht. Wie nach außen hin die Friedenssicherung durch Rüstungssteigerung einen Schutz darstellt, der anfängt, die Gefahr zu erzeugen, die er verhüten soll, so ist auch im Innern eine ähnliche Tendenz wirksam. Auch hier droht die wachsende Armee allmählich vom dienstbaren Mittel zum übergeordneten Selbstzweck zu werden; die Macht, über die sie verfügt, gestattet ihr zu diktieren; sie hört damit auf, dienendes Glied im Verwaltungsorganismus zu sein, steigt vielmehr zum ausschlaggebenden Herrn der ganzen Staatsmaschinerie auf. Inwieweit sie gewillt ist, von dieser Macht Gebrauch zu machen, ist eine andere Frage, eine Frage, deren psychologische und soziologische Entscheidung von Momenten abhängt, die ich später noch zur Ausführung bringen werde. Sicher ist jedenfalls, daß, wenn heute allenthalben Staatsstreichstimmung in der Luft liegt, wenn es zu aufsehenerregenden Konflikten zwischen Zivil- und Militärgewalt kommt, bei denen die erstere den kürzeren zieht, dies alles eher als etwa zufällige Zeiterscheinungen sind.

Mit alledem möchte ich natürlich nicht mißverstanden sein. Nichts liegt mir ferner, als irgendwelche Kreise der Bevölkerung verletzen zu wollen. Meine Aufgabe kann es nur sein, die großen Triebkräfte aufzuzeigen, die unabhängig von den Wünschen der

Einzelnen als Produkt der sozialen Verhältnisse in Erscheinung treten und die Individuen mit Allmacht in ihrem Verhalten dirigieren.

V.

Wenn es mir nun bisher auch schon einigermaßen gelungen ist, die Kausalzusammenhänge klar zu legen, aus denen sich der heutige internationale Antagonismus ergibt, welcher das Rüstungsfieber zur Folge hat, das uns allmählich zu verzehren droht, so muß ich doch das Bild, das ich entworfen habe, auch in dieser vorläufigen Skizze, noch in einigen Punkten ergänzen.

Unser ganzes gegenwärtiges Wirtschaftssystem, der ganze innernationale und internationale Wirtschaftsverkehr ist auf unserem reichentfalteten Kreditsystem aufgebaut. Kredit hat Vertrauen zu seiner unentbehrlichen Voraussetzung, Vertrauen in den geordneten Ablauf des Geschehens, Vertrauen in die Zuverlässigkeit unserer kulturellen Existenz. Die kontinuierlich wachsende Kriegsgefahr bedeutet nun die stärkste Erschütterung dieses Vertrauens. Unsere ganze Wirtschaftslage ist deshalb durch die Zuspitzung des internationalen Antagonismus, und zwar sehr wesentlich auch durch unsere Methode der Friedenssicherung durch Steigerung der Rüstungslasten, bedroht.

Diese Konstellation ist nun zugleich der stärkste Motor der Friedensbewegung. Es ist die immanente Bedingtheit des bestehenden Völkerverhältnisses, der unausweichliche Konflikt, in den das herrschende System mit sich selber gerät, die das Heraufkommen eines neuen Systems erzwingen. Und darin liegt ja auch eigentlich der tiefste Sinn der sogenannten materialistischen Geschichtsauffassung. Sie gibt der Erkenntnis Ausdruck, daß alle Angriffe der jeweils wirksamen Oppositionen ihre überwältigende Kraft darin haben, daß sie das herrschende System nicht von außen her überwinden wollen, sondern daß sie nichts anderes sind, als *das ideell vorweggenommene Abbild der Systembedingungen selber*, daß sie auf Grund der Einsicht in die Armatur des Systems die Summe der gegebenen Möglichkeiten erschließen. Alle Forderungen der Zeit sind von den Verhältnissen selber diktiert. Was nicht rechtzeitig von außen oder innen her den historischen Tendenzen entsprechend verändert wird, das erzwingen schließlich die innern Tendenzen selber von unten her, wenn der Kreis der Möglichkeiten sich zu ganz bestimmten Alternativen verengt. Jedes *System nimmt schließlich die Richtung seiner innern Logik oder muß zugrundegehen.* Dieses Weltgesetz wird sich auch an den Kulturnationen und ihrem wechselseitigen Verhältnis zueinander vollziehen.

Wir haben darum jetzt das *Netz der Alternativen* darzustellen, durch das unsere Weiterentwicklung bestimmt wird. Welches sind in der Hauptsache diese Alternativen? Die unabweisbare Antwort auf diese Frage ist auf Grund unserer bisherigen Ausführungen nicht mehr schwierig. Entweder wir passen uns in unserer innern Politik gänzlich der bisherigen äußern Politik an, dann ist das Prinzip der Demokratie, selbst in seiner gemäßigtsten Form, aufgegeben, dann muß der sozialen Struktur, die das Wesen der modernen Arbeit naturgemäß aus sich hervortreibt, entgegengewirkt werden, dann kann das innere Gleichgewicht, das die Voraussetzung für gesunde Entwicklung ist, sich nicht einstellen, und wir treiben, weil wir die mächtigen Zeittendenzen nur mit immer brutaleren Mitteln aufhalten können, ungehemmter Militärdiktatur entgegen. Alle Geschichte hat aber gezeigt, daß schrankenlose Militärdiktatur die Anarchie einleitet, daß sie der Anfang vom Ende ist.

Das enorme Wachstum der Heere mit seinen sämtlichen Folgeerscheinungen kann in den europäischen Großstaaten allmählich sehr leicht Verhältnisse heraufführen, die der Armee und allen Schichten, deren egoistische Interessen mit ihrer Macht verknüpft sind, die gleiche Rolle zuschieben, wie sie in Amerika den allgewaltigen Trusts zukommt. Wie in Amerika die Trusts, so können sich in Europa die riesenhaft anwachsenden Heere gewissermaßen zu einem Staat im Staate herausbilden, ihre Einflußsphäre in einem Maße erweitern, daß der Staat ihnen gegenüber vielfach zur Ohnmacht verurteilt ist, und so können sie schließlich sogar eventuell zu einer Gefahr für die Dynastie selber werden. Wo die bestehende Gesellschaftsordnung beinahe einzig und allein auf den Spitzen der Bajonette ruht, dort verstärkt sich die Tendenz, die den Monarchen zu einem Werkzeug jener Organe macht, die in gleicher Weise ausschlaggebend sind für den Schutz nach innen, wie für den nach außen. Seine Friedensliebe wird schließlich als Schwäche empfunden, er wird in eine Richtung gedrängt, die seinen eigensten Interessen und heiligsten Wünschen widerspricht.

Und zwar besonders deshalb, weil in der Armee selber der ganze Mechanismus so geartet ist, daß die kriegerischen Tendenzen in ihr notwendig die Überhand gewinnen müssen. Es können nur diejenigen Elemente zur Führung aufsteigen, die von dem Geiste ihres Berufes am stärksten erfüllt sind. Immer werden es gerade die tüchtigsten, ernstesten Offiziere sein, die am wenigsten vor einem Kriege zurückscheuen. Eine Armee, die nicht darauf brennt, loszuschlagen, kann innerhalb des Bestehenden gar nicht das höchste Maß von Schlagkraft besitzen. Dazu kommt, daß bei der heutigen raschen Entwicklung der Technik, trotz der enormen Höhe der Rüstungsausgaben, die Rüstung nie ausreichend sein kann. Die Militärverwaltung, der die Sicherung des Landes obliegt, muß darum, gerade wenn sie das ihr anvertraute Ressort mit der entsprechenden Tüchtigkeit vertritt, mit dem Geleisteten stets unzufrieden sein und selbst Opfer, die schon an die Grenze des Möglichen pressen, als elenden Brocken empfinden, das unersättliche Wort: Genug ist nicht genug zu ihrer ewigen obersten Devise machen.

Man kann von der Militärverwaltung am wenigsten verlangen, daß sie den Kulturgesichtspunkt in den Vordergrund schiebt, sie muß ihrem innersten Wesen nach vielmehr stets voll und ganz vom Machtgedanken beherrscht sein. Und selbst, wenn sie sich nicht der Übertreibung aller Spezialisten schuldig machen wollte, wenn sie sich nicht zu Scheuklappeneinseitigkeit verführen ließe, so würde doch die besondere Eigenart, in der der Internationalismus sich in der Gegenwart durchsetzt, sie in diese Richtung drängen, weil die Bündnispolitik, die in unseren Tagen der Vorläufer der internationalen Kulturgemeinschaft ist, sie in diese Bahn zwingt. Durch die Bündnispolitik wird heute jede Nation genötigt, über ihre Kraft zu rüsten, weil sie nur so ein begehrenswerter Bundesgenosse ist, weil sie sich nur so vor gefährlichster Isolierung retten kann.

Aus all diesen Umständen wächst das *Schreckgespenst des Weltkrieges* hervor. Sicher ist freilich, daß am Ausbruch eines Weltkrieges die herrschenden Klassen ebensowenig ein Interesse haben, als die breiten Massen. Ein Weltkrieg würde mit einer Wertvernichtung verbunden sein, die eine wirtschaftliche Katastrophe ohnegleichen bedeuten müßte, ganz abgesehen von dem kulturellen Bankerott, den er zum Ausdruck brächte. Ganz anders als ein tatsächlicher Weltkrieg wirkt aber das bloße Spielen mit dem Weltkrieg, jenes Mobilisierungs-Demiviergentum, wenn ich so sagen darf, das den Krieg im Frieden sich bis zu den letzten Konsequenzen zunutze macht, aber es nicht zum Äußersten kommen lassen will. *Der soziale Mechanismus ist jedoch so beschaffen, daß dieses Spiel trotz aller aufgewendeten Vorsichtsmaßregeln einmal plötzlich in Ernst umschlagen muß, wenn der Zustand andauert, daß man in allen Ländern vor den brennenden Aufgaben der innern Politik in die äußere Politik flüchtet.*

Es werden dann entweder die Faktoren, die auf eine wahrhaft demokratische innere Politik hinwirken, so erstarken, daß dadurch die heutige auswärtige Politik eine Umgestaltung vom Grund auf erfahren muß, oder die von der auswärtigen Politik vergewaltigte innere wird schließlich zu solcher Einflußlosigkeit herabgedrückt werden, daß die ungeheuren äußern und innern Spannungen nur in einem Weltkrieg ihren explosiven Ausgleich finden können. Mit andern Worten: Entweder Demokratie und Völkerverständigung werden eine parallele, sich wechselseitig fördernde Entwicklung nehmen, oder der internationale Antagonismus, mit seiner Friedenssicherung durch Rüstungssteigerung allein, wird die Auflösung der Demokratie einleiten, den Absolutismus in veränderter Gestalt wieder zur Herrschaft bringen, und so durch äußerste Entfesselung der Machtinstinkte schließlich einen Weltkrieg entzünden, der der Hegemonie Europas das Ende vorbereitet.

VI.

Auch die demokratischeste [sic] innere Politik wird die Interessengegensätze der Völker freilich nicht gänzlich beseitigen können. Aber sie wird diese auf andere Weise zur Ausgleichung bringen, als es heute geschieht, wo die äußere Politik zugleich das wesentlichste Werkzeug zur Aufrechterhaltung der bestehenden Gesellschafts- und Wirtschaftsordnung ist. Auch der verwirklichte organisatorische Internationalismus in der vollendeten Demokratie, dem Steigerung der äußern und Vertiefung der innern Kultur als oberstes Ziel vorschwebt, wird vor überaus komplizierte nationale Probleme gestellt sein. Immer werden die Fragen, in welcher Weise die Teilung der Erde vor sich gehen soll, wie das tüchtigste Volk zum besten Entwicklungsspielraum gelangt, die Ursachen zu Konfliktmöglichkeiten abgeben, werden ebenso der Kampf um die Hegemonie, die natürlichen Ungleichheiten der verschiedenen Völker in ihrer Kulturfähigkeit, der gesunde nationale Egoismus, Situationsvorteile und -nachteile, natürliche Rivalitäten, kraftvolles Machtstreben, Interessengegensätze der verschiedenen Gruppen im Innern der einzelnen Länder, Unterschiede der nationalen Gewohnheiten, Eigenheiten, Einrichtungen, die Verschiedenheit der Konkurrenzfähigkeit unter verschiedenen Bedingungen – die Grenzen möglicher Rationalisierung überhaupt schließlich an irgendeinem Punkt abstecken. Es wird also das Nationale im Sozialen niemals völlig verschwinden. Aber es wird trotzdem die größte Errungenschaft sein, wenn wir dereinst nur die Probleme, die aus den natürlichen nationalen Interessengegensätzen notwendig hervorwachsen, zur Lösung zu bringen haben werden, wenn wir endlich an die unabänderlichen realen Probleme selber herangelangen, wenn uns nur noch jene Schwierigkeiten beschäftigen werden, die jedem Gemeinschaftsleben immanent sind, die auch beim besten Willen alle Kontrahenten vor die gewaltigsten organisatorischen Aufgaben stellen.

Zur Bewältigung dieser Aufgaben werden wir uns die Direktiven aus der Technik holen. Die Technik arbeitet überall so, daß sie das Neue ausbaut, während noch das Alte in Benützung bleibt. Erst wenn das Neue fertig ist, wird das Alte außer Betrieb gesetzt. Den gleichen Weg müssen wir auch bei Schaffung der kulturellen Einheit gehen. Wir müssen einen Plan für das kulturelle Riesenwerk des neuen Völkerverhältnisses entwerfen, die nötigen Mittel für dessen Durchführung einstellen und dann von allen Seiten die gebotene Arbeit in Angriff nehmen.

Beschreiten wir erst diese Bahn, dann wird sich uns zeigen, daß das mächtigste Kulturhemmnis von jenen Riesenmassen ausgeht, die noch nicht der vollen Kultur teilhaftig sind, und zwar dadurch, daß die Unkulturvölker sowohl direkt durch ihre eigene Unkultur die größte Gefahr für den Fortgang der friedlichen Arbeit der Kulturvölker darstellen, wie sie auch damit eine hohe Kriegsgefahr schaffen, daß der Kampf um ihre wirtschaftliche Ausbeutung die Uneinigkeit unter den Kulturvölkern steigert. Alles, was darauf hinwirkt, Verhältnisse zu schaffen, die die Völker befähigen, ihre Interessen in einer Weise durchzusetzen, daß der Aufstieg der einen nicht auf Kosten der Verkümmerung der andern erzielt wird, mildert den Gegensatz zwischen äußerer und innerer Politik, begünstigt eine innere Politik, die nicht aggressive äußere Politik zur unentbehrlichen Voraussetzung hat.

Die heutige auswärtige Politik ist nicht auf wechselseitiges Vertrauen begründet. Alle Schliche, Listen, Niedertrachten, die sonst im bürgerlichen Leben bereits verpönt sind, gelten im internationalen Verkehr noch als erlaubt. Das offenkundigste Beispiel hierfür ist der ganz im mittelalterlichen Geist betriebene Spionagedienst, den auch die Kulturvölker noch nicht aufgeben können, der aber im krassesten Widerspruch zur sittlichen Grundauffassung unserer Zeit steht. Das gleiche gilt für die Methoden, mit denen die gesamte Diplomatie noch zu arbeiten gezwungen ist. Ein Diplomat, der nicht nur das Interesse seines Landes, sondern auch das seiner Kontrahenten mitberücksichtigen wollte, erschiene als naiv. Würde er sich bei jedem Schritt fragen: ‚Verlange ich bei meiner Forderung nicht etwas, was die Vertreter der andern Länder in ihrem wohlverstandenen Interesse unmöglich konzedieren können?‘, er müßte innerhalb des Bestehenden als untauglich für sein Amt angesehen werden. Man tut darum den Diplomaten unrecht, wenn man sie wegen ihres kontinuierlichen Ränkespiels unbedingt verurteilt. Sie passen sich damit einfach den gegebenen Gepflogenheiten an, die zu ändern kein Einzelner die Macht besitzt. Erst wenn die Völker, ebenso wie die Klassen, zum Bewußtsein ihrer Lage gekommen sein werden, und durch entsprechende zwischenstaatliche Organisationen dafür gesorgt sein wird, daß der Machtkampf sich auf das beschränkt, was durch Verständigung und Vertrag unmöglich ausgeglichen werden kann, erst dann werden wir neben der Friedenssicherung durch Rüstung, eine Friedenssicherung besitzen, die gleichsam aus der internationalen Interessenverflechtung, aus den gemeinsamen Arbeitszielen der Völker organisch hervorwächst. Die oberste Frage ist somit: *Welches Völkerverhältnis ist die unerläßliche Vorbedingung gesunder innerer Politik, auf welche äußere Politik muß hingearbeitet werden, damit diese nicht die Möglichkeit, ja vielfach sogar die Notwendigkeit schafft, eine innere Politik aufrecht zu erhalten, die das Volk in seinen Grundrechten entwurzelt?*

Eine solche äußere Politik kann nur zustande kommen, wenn die Vorkämpfer der Demokratie das Minimum dessen zu bewilligen bereit sind, was innerhalb des Bestehenden die nationale Machtstellung unbedingt erfordert, und gleichzeitig darauf hinwirken, daß durch Neugestaltung der internationalen Beziehungen eine immer festere und weniger kostspielige Sicherung der nationalen Interessen zustande kommt. Neben den Militärattachés müßten z. B. in allen Ländern sozialpolitische Attachés angestellt werden. Die Fragen der internationalen Regelung der wirtschaftlichen Produktion müßten in fortgesetzten Verhandlungen *von Volk zu Volk, von Parlament zu Parlament* erörtert werden, neben den politischen Gesandtschaften Kulturgesandtschaften in allen Ländern die großen Probleme der Steigerung der Volkstüchtigkeit, Volksgesundheit und Volksleistung durch internationale Zusammenarbeit zu fördern streben. Es ist ein Wahn, wenn man glaubt, nur von den heute herrschenden Klassen das erhalten zu können, nur durch Begünstigung ihrer egoistischen Interessen das erreichen zu können, was für die nationale Sicherung unentbehrlich ist, daß also notwendig ein unbehebbarer Widerspruch zwischen Verbreiterung des nationalen Wohlstandes und nationaler Machtentfaltung bestehen müßte. Ganz im Gegenteil zeigen vielmehr alle Zeichen der Zeit immer deutlicher, daß die Art, wie heute die Machtpolitik arbeitet, der Verbreiterung des nationalen Wohlstandes bereits in einem Maße entgegenwirkt, daß dadurch sogar die Steigerung der Wehrkraft schon ganz wesentlich gefährdet ist.

VII.

Der Geburtenrückgang bei allen Kulturvölkern ist das deutlichste Symptom hierfür. Er wird es schließlich auch sein, der uns die Einsicht eröffnet, daß selbst die besten technischen Kriegsrüstungen versagen müssen, wenn sie nicht von Menschen getragen werden, die psychisch und physisch die Volkstüchtigkeit und Volksgesundheit dauernd garantieren. Nur eine durchaus gesunde, weder durch Überarbeit geschwächte, noch durch Unterernährung ihrer Widerstandskraft beraubte Bevölkerung wird zugleich den jeweiligen Kulturaufgaben und Machterfordernissen voll gerecht werden können. Muß sie sich aufbrauchen in der Herstellung unproduktiver Werte, wird sie in einen Konflikt zwischen Selbsterhaltung und Arterhaltung gedrängt, so wird sie, wenn sie geistig bereits ein hohes Niveau erreicht hat, sich für die erstere entscheiden, und mit keinerlei Gewaltmitteln wird es dem Staat gelingen, sie von dieser elementaren Tendenz abzubringen.

Deshalb ist auch *Menschenökonomie*, die in der Sparsamkeit mit dem Menschenmaterial die höchste soziale Aufgabe erblickt, die mit der peinlichsten Sorgfalt den Aufbau, Umsatz und Zerfall der Arbeitskräfte studiert und nichts unversucht läßt, um diesen wichtigsten nationalen Produktionszweig produktiver zu gestalten, die notwendigste Voraussetzung der Steigerung der Wehrkraft, ebenso wie der Steigerung des gesellschaftlichen Leistungsvermögens. Die Güterökonomie allein ist auf die Dauer ganz außerstande, die Sünden in der Menschenökonomie wettzumachen. *Menschenökonomische Besinnung erst wird darum allmählich die Beziehungen zwischen äußerer und innerer Politik so regulieren, daß Verhältnisse sich daraus ergeben, die uns nicht mehr zwingen, mit enormen Menschenopfern einen Frieden zu sichern, der nichts anderes ist, als der kontinuierliche Anreiz zu noch weit größeren Menschenopfern im Kriege.*

Es ist eine ganz andere Situation gegeben, wenn es das Tempo der Bevölkerungsvermehrung ist, welches uns zur Expansion zwingt, als wenn die Sicherung der nationalen Kultur Expansion notwendig macht. Wir haben bis in die letzte Zeit hinein gerüstet, weil wir glaubten, der rasch wachsenden Bevölkerung auf diese Weise am besten die Nahrung zu sichern, und werden in der nächsten Zeit immer mehr rüsten, damit wir, trotzdem unsere Bevölkerung nicht mehr rasch wächst, unsere Suprematie oder Autonomie bewahren können. Die Rüstung wird so immer mehr von einer *Quantitätssicherung* zu einer *Qualitätssicherung*. Die Rüstung als Qualitätssicherung steht aber vor weitaus größeren Schwierigkeiten, weil sie in einen Widerspruch zu sich selber gerät: sie droht die Qualität herabzusetzen, die sie zu schützen strebt.

Als wesentliches Moment kommt noch in Betracht, daß die Kulturvölker selber eine geringe Minorität in der Weltbevölkerung darstellen. *Wie im Innern der einzelnen Staaten das große Problem gelöst werden mußte, die Kultur der Minorität vor der Unkultur der Majorität zu schützen, so ist uns heute die gewaltige Aufgabe gestellt, die Minorität der Kulturvölker vor dem Ansturm der Unkulturvölker zu bewahren.* Diese Aufgabe ist nur zu bewältigen aus der Einsicht heraus, wie sich Kulturminoritäten überhaupt zu erhalten vermögen, wie sich die Qualität ihre Superiorität über die Quantität bewahrt. Die höhere Qualität ist außerstande, aus eigenem die gleiche Quantität aufzubringen, wie die relativ tieferstehende, sie muß mit andern Mitteln konkurrieren, als bloß mit der Zahl. Sie muß sich dadurch zu sichern suchen, daß sie auch die Quantität allmählich zu qualifizieren trachtet. Und dazu ist sie ganz besonders gezwungen, wenn die *Leistungssteigerung* nicht gleichen Schritt mit der Quantitätssteigerung zu halten vermag.

Nichts ist deshalb irriger, als wenn wir glauben, Kulturvölker könnten durch Steigerung der Geburtenziffer, *selbst wenn diese eine Verminderung der Qualität der Bevölkerung zur Folge hat*, den Wettbewerb mit Unkulturvölkern erfolgreich aufnehmen. Gegen deren enormen Quantitätsvorsprung können wir auch mit dem forciertesten Gattungsdienst nicht aufkommen. Die Stellung der Kulturvölker im internationalen Machtkampf ist vielmehr mindestens in eben solchem Maße auf die Höhe der Qualität der Bevölkerung gestellt. Vermag die Qualität die Sicherung der Suprematie nicht zu gewähren, so ist auf die Dauer die Vormachtstellung nicht aufrechtzuerhalten. Die Quantität spielt natürlich auch eine große Rolle, aber weit mehr als Ausdruck der vorhandenen Vitalität, als Beweis der Gesundheit und Wohlfahrt, als untrügliches Zeichen, daß nicht schon sogar der *generative Idealismus* dem schrankenlosen *Mißbrauch des menschlichen Idealismus überhaupt* zum Opfer gefallen ist. Die materielle Ausbeutung des Menschen wurde bisher fundiert durch Ausbeutung seines Idealismus. Aber auch dieser ist schließlich eine Grenze gesetzt, wenn der Egoismus der Herrschenden eine Stärke erreicht, die allem Idealismus täglich neue Enttäuschungen bereitet. Dann macht schließlich auch die breite Masse sich die königliche Devise: „Après moi le déluge!" zu eigen und jeder Einzelne steigert seinen Individualismus so weit, daß ihm das Wohl der Gattung nicht in höherem Maße am Herzen liegt, wie den bevorrechteten Klassen das Wohl der Gemeinschaft.

Auch die Bevölkerungsfrage steht so in durchgängiger Abhängigkeit von dem Fortschritt der Demokratie und verweist damit wieder auf die fundamentale Bedeutung des Völkerverhältnisses. Die Tendenzen zu dessen Umgestaltung drängen mithin aus allen brennenden Fragen unserer Zeit hervor. Die Zahl der an einem neuen Völkerverhältnis interessierten Schichten wird in sämtlichen Ländern immer größer. Verbreitet sich erst die Erkenntnis von der Unzulänglichkeit und Gefährlichkeit der heutigen Friedenssicherungsmethode und kann gezeigt werden, wie mit ganz erheblich billigeren Mitteln und unter wesentlich geringeren Gefahren weitaus solidere Garantien für die nationale Sicherung und Wohlfahrt geschaffen werden können, ja daß die Kräfte schon am Werke sind, diese auszubauen, dann muß allmählich ein ganz neuer Nationalismus, wie ein ganz neuer Internationalismus, ein *kultureller Nationalismus und ein organisatorischer Internationalismus* durch die Kulturkonvergenz der historischen Triebkräfte zur Entstehung gelangen, der die an der bestehenden internationalen Anarchie, wie am nationalen Chauvinismus Interessierten unweigerlich in die Minorität drängt, der sie zu Kompromissen nötigt, die ihren ausschlaggebenden Einfluß sukzessive herabmindern.

VIII.

Das Wesentliche an dieser Entwicklung, zu der in gleichem Maße der Aufstieg der Arbeiterklasse, die bürgerliche Gleichberechtigung der Frauen, der Vormarsch der Aufklärung, die die Jugend zu neuen Idealen aufruft, und viele andere Kulturbewegungen hindrängen, ist jedoch die Wendung, die in den dynastischen Interessen, die in den vitalen Interessen des Staates selber durch die Umwandlung der sozialen Struktur zustande kommt. Die Monarchie wuchs auf im Kampf mit dem Adel, mit dem Priesterstande und mußte sich, als diese von ihren Vorrechten nichts preisgeben wollten, auf die Seite des Bürgertums schlagen, mit dem Bürgertume Frieden schließen, um ihre Machtstellung zu behaupten. *Was sich schon einmal zwischen Monarchie und Bürgertum abgespielt hat, dasselbe taucht heute in veränderter Gestalt im Verhältnis Monarchie respektive Staat und Arbeiterklasse auf.* Unzählige Anzeichen deuten darauf hin, daß die bevorrechteten Klassen der Gegenwart sich der Staatseinrichtungen ausschließlich zu ihrem eigenen egoistischen Interesse bedienen wollen, daß sie sogar bereit sind, die schrankenlose Militärdiktatur und den Krieg mit in Kauf zu nehmen, wenn auf andern Wegen ihre Machtposition nicht zu halten ist. Damit ist der Zeitpunkt gekommen, wo wieder der Bestand der Monarchie eine Verbreiterung der sie stützenden Grundlagen zur Voraussetzung hat.

Wie *Bismarck* vor einem halben Jahrhundert sich veranlaßt sah, den deutschen Einheitsstaat durch die Erweiterung der Volksrechte, durch das allgemeine Wahlrecht und die Arbeiterschutzgesetzgebung zu befestigen, weil er nur so gegen die Mächte des Partikularismus aufkommen konnte, die sich gegen die Erweiterung des nationalen Gedankens zur Wehr setzten, so spielt auch heute der aggressive Nationalismus eine ähnliche Rolle, wie ehemals der Partikularismus. Die universalistischen Tendenzen sind wieder am Werke. Es muß ihnen Rechnung getragen werden, wenn nicht gerade durch Bekämpfung des Internationalismus, der gleichsam organisch aus den Zeitverhältnissen herauswächst, die Gefahr erstehen soll, daß rücksichtsloses Ringen um die Vormacht alle nationale Eigenart nivelliert.

Die Bewegungsfreiheit der Monarchie ist nirgends geringer, als im *Scheinkonstitutionalismus*. Je mehr sich *echter* Konstitutionalismus vertieft, der in jedem einzelnen vollberechtigten Staatsbürger seine unzerstörbare Sicherung hat, je geringer die Verantwortungslast ist, die auf den Monarchen drückt, desto gefestigter ist seine Stellung, desto stärker ist durch den Einfluß des ganzen Volkes auf die Gesetzgebung die nationale Kultur gesichert. Wo bevorrechtete Klassen den Ausschlag geben, da wird das jeweilige Staatsoberhaupt nur allzu leicht zum Spielball der Volksleidenschaften, während je größer die Macht der gesetzgebenden Körperschaft wird, auch seine Rechtssicherheit wächst, sein sittlicher Vernunftwille an Einfluß gewinnt. Erst dann kann das Staatsoberhaupt die den Landesinteressen, ebenso wie die den eigenen Interessen entsprechende äußere Politik *ungehindert durch eigensüchtige Tendenzen kleiner Gruppen* durchsetzen, wenn es in der Lage ist, sich in der innern Politik von den Gesichtspunkten leiten zu lassen, auf die die Erfordernisse der Volkswohlfahrt naturgemäß hindrängen.

Die Richtigkeit dieser Auffassung zeigt nichts deutlicher, als die Stellung des Monarchen sowohl in England, wie in Rußland. In England ein freies Volk mit einem Herrscher an der Spitze, der als der oberste Nutznießer der Freiheit seines Landes teilhaft wird, in Rußland ein geknechtetes Volk, wo der allmächtige Zar der ohnmächtige Gefangene des autokratischen Systems ist. Nicht nur die Sicherung seiner Person ist auf Schritt und Tritt gefährdet, auch die Freiheit seines Entschlusses ist völlig von den wechselnden Strömungen in jenen Kreisen abhängig, zu deren Vollstrecker er sich, ob er will oder nicht, machen muß. *Wie es kein Gesetz gibt, das über ihm steht, so genießt er auch den Schutz keines Gesetzes, unter das er sich stellen kann.* Wie Schiller seinen König Philipp in einem Augenblick höchster Verzweiflung über Palastintriguen, die in seinem Beichtvater ihr Zentrum hatten, zu Herzog Alba sagen läßt: „Toledo, Ihr seid ein Mann, schützt mich vor diesem Priester!", so müßte jeder tieferblickende modern empfindende Herrscher heute ausrufen: *Volk, du bist stark, gib mir eine demokratisch verfestigte Verfassung, damit ich in einer Rechtsgrundlage, die in jedem einzelnen Bürger verankert ist, einen Halt finde vor den Machenschaften der bevorrechteten Klassen, die mich zu einem ohnmächtigen Werkzeug ihres verantwortungslosen Egoismus herabwürdigen wollen!*

IX.

All das, was heute die Vertreter der führenden Produktionszweige den Dynastien zu geben vermögen, das kann ihnen auch das wohlverstandene Konsumenteninteresse gewähren. Die organisierte Konsumentenvereinigung muß notwendig alle berechtigten Forderungen der Produzenten zu ihren eigenen machen. Die Menschen leben von der Produktion, wenn sie auch für die Konsumtion leben. Hingegen kann sich das Produzenteninteresse, insbesondere im Zeitalter der kapitalistischen Wirtschaft, in weitem Ausmaße über das Konsumenteninteresse hinwegsetzen. Die von den Erfordernissen der Konsumenten geleitete auswärtige Politik kann ihrer ganzen Natur nach zur innern Politik nicht in jenen fundamentalen Gegensatz treten, der heute äußere und innere Politik in fortwährend sich zuspitzende Konflikte miteinander treibt.

Großzügige Konsumentenpolitik wirkt notwendig auf Ausgleichung der Klassenunterschiede hin und muß darum auch dem Mittelstandsinteresse in ganz anderer Weise gerecht zu werden suchen, als die heutige einseitige Produzentenpolitik, die in erster Linie auf die Kapitalgewaltigen, auf die Großindustriellen ebensowohl, wie auf die Großgrundbesitzer zugeschnitten ist, statt in ebenso hohem Maße das Schicksal aller jener zu berücksichtigen, die nichts ihr eigen nennen, als ihre Arbeitskraft. Dies sind aber nicht nur die Handarbeiter, sondern ebenso alle, die überhaupt auf Lohnempfang angewiesen sind, zu denen sich noch die große Zahl derjenigen gesellt, deren Einkommen von der jeweiligen Höhe des kaufkräftigen Konsums abhängig ist.

Der Schlachtruf von Marx und Engels: „Proletarier aller Länder, vereinigt Euch!" war die Einleitung zu jener tiefgreifenden Umgestaltung der Gesellschaftsverhältnisse, die bisher im Zuge war. Er wendet sich unausgesprochen in der Hauptsache an die Produzenteninteressen der breiten Massen. *Was nun im Heraufkommen ist, das ist die Vereinigung der Konsumenten aller Länder zu gemeinsamer einheitlicher Kulturarbeit.* Damit erst wird die durch die Konzentration der Arbeitermassen bewirkte Einschränkung der Ausbeutung des Menschen als *Produzenten* ergänzt durch die Einschränkung der Ausbeutung des Menschen als *Konsumenten*, womit gleichzeitig der Flucht von der innern Politik in die äußere ein unzerbrechbarer Riegel vorgeschoben wird.

Der Aufmarsch der organisierten Konsumenten wird die soziale Struktur noch ganz anders umwandeln, als die bisher allein wirksame Koalition der Arbeitermassen als Produzenten. *Die internationale Konsumentenorganisation muß im Verlaufe vollends veränderte Beziehungen zwischen Arbeiterklasse und Mittelstand schaffen.* Die Besinnung auf das Konsumenteninteresse läßt sie die weitestgehende Übereinstimmung ihrer brennenden Aufgaben erkennen, ja muß schließlich auch die große Anzahl aller derjenigen Kapitalisten in ihre Reihen drängen, die an der Hebung der Kaufkraft der breiten Massen unmittelbar interessiert sind. *Nur weil bisher bloß die Konzentrationstendenz, die aus dem maschinellen Großbetrieb für den Menschen als Produzenten erwächst, erkannt war, erzielte der Mensch in erster Linie Schutz in seinem Arbeitsverhältnis. Indem nun auch die Konzentrationstendenz des Menschen als Konsumenten erkannt wird, gelangt die Kraft zur Entfaltung, die auch sein Leben außerhalb der Produktionssphäre zu regulieren sucht und ihn damit erst in seiner gesamten menschlichen Existenz ergreift.*

Betritt erst der organisierte Konsument die Weltbühne des historischen Geschehens, dann schiebt sich naturgemäß die äußere Politik als *äußere Konsumentenpolitik* in den Vordergrund der Aufmerksamkeit, sie wird damit in erster Linie zum Mittel der innern Politik, statt daß heute die innere Politik bloß das untergeordnete Mittel der äußern Politik ist. Mit andern Worten: *Die äußere Politik hat sich dann vor der innern zu legitimieren, nicht wie gegenwärtig die innere vor der äußern. Diese Umgestaltung muß aber schließlich die Folge nach sich ziehen, daß die Sozialdemokratie nationaler und das Bürgertum internationaler wird.* Die Sozialdemokratie muß nationaler werden in dem Sinne, daß sie alles großzügig bewilligt, was für die nationale Autonomie unbedingt geboten ist, was unter allen Umständen Voraussetzung der innern Stärke der Nation bedeutet, was deren kulturelle Entwicklung, was den Bestand der internationalen Kultur vollkommen gewährleistet. Das Bürgertum muß internationaler werden in dem Sinne, daß es in der unermüdlichen friedlichen Arbeit an einem neuen Völkerverhältnis, daß es im Ausbau von Einrichtungen der wechselseitigen Förderung der internationalen Kulturorganisation ihre oberste Aufgabe erblickt, daß es trotz voller Entfaltung der nationalen Eigenart die nationalen Leidenschaften nicht zur Siedehitze aufpeitschen läßt, daß es alles zu beseitigen sucht, was die angestrebten Kulturzwecke in den angewandten Mitteln negiert. *Kulturpatriotismus*, das ist sicher die zuverlässigste und am wenigsten kostspielige Sicherung des Friedens und, was noch wichtiger ist, der kontinuierlichen Steigerung der Produktivität der menschlichen Arbeit.

X.

Betrachtet man die gegebenen internationalen Verhältnisse ganz nüchtern, so sind es zwei Momente in erster Linie, die auf Erhaltung des Friedens hinzuwirken geeignet sind: die Angst der Völker vor einander und ihr Vertrauen ineinander. Furchterweckung ist das Mittel, mit dem die heutigen Militär- und Klassenstaaten arbeiten; Schaffung immer festerer Vertrauensgarantien ist das Ziel, das den Anhängern des demokratischen Kulturstaates, den Vorkämpfern der Erfüllung des kulturellen Einheitstraumes vorschwebt. Ist die Erhaltung des Friedens vor allem auf Steigerung der Furcht gestellt, so kann nichts wichtiger sein, als die *Wahrung des Machtprestiges,* denn die Landessicherheit hängt dann tatsächlich in der Hauptsache davon ab, daß jedes einzelne Volk sich vor einem Angriff auf seinen Nachbar deshalb hütet, weil es eine eventuelle Niederlage besorgen muß. Wächst hingegen das Vertrauen und die Friedensliebe aller einzelnen Völker, weiß man, daß diese im ganzen Volkskörper gleichsam wie in Riesenfriedensheeren verankert ist, und kann man auch auf gründlich durchorganisierte Einrichtungen rechnen, die auftretende Konflikte in wechselseitigem Einverständnis zur Lösung bringen, darf man sicher sein, daß unentbehrliche nationale Kulturerfordernisse jederzeit auf internationale Förderung zählen können, dann spielt das *Kulturprestige* eine weit größere Rolle als das Machtprestige, und die Völker brauchen sich nicht mehr vor einander zu fürchten, um vor einander geschützt zu sein.

Schon heute kann man sagen, daß die unübersehbaren Friedensheere, welche die organisierte Arbeiterschaft in allen Ländern mobilisiert hat, zusammen mit allen jenen Schichten, die die Friedensbewegung für ihr Ziel zu gewinnen wußte, sicherlich bereits ebenso stark, wenn nicht stärker, für die Erhaltung des Friedens in Betracht kommen, als die großen Kriegsarmeen mit all ihrem kostspieligen technischen Apparat. Sie sind es in erster Linie, welche das Verantwortungsgefühl der jeweils ausschlaggebenden Persönlichkeiten in so hohem Maße verschärft haben, daß innere Mächte, die aus den tiefsten Tiefen menschlichen Empfindens hervorwachsen, sie zurückhalten, in kriegerischen Abenteuern das Ganze unserer Kultur aufs Spiel zu setzen.

Und diese Gruppierung muß im Verlaufe notwendig immer größere Fortschritte machen. Zahllose soziale Entwicklungstendenzen wirken in dieser Richtung, ganz besonders der Mechanismus der wirtschaftlichen Zusammenhänge, schon weil die Friedenssicherung durch Friedensheere sowohl weitaus zuverlässiger funktioniert und weitaus geringere Opfer erfordert, als die durch Kriegsheere, wie auch, weil sie zugleich die Kultur aufs nachhaltigste fördert, statt in kontinuierlichen Widerspruch mit ihr zu geraten.

Friedenssicherung durch Angsterweckung und Vertrauensstärkung zugleich kann auf die Dauer nicht zusammen bestehen. Eine der beiden Formen muß schließlich auf Kosten der andern das Übergewicht erlangen. Siegt die erstere, *dann ist auf die Dauer ein Weltkrieg unvermeidlich*, die wechselseitige Angst muß sich dann schließlich so sehr steigern, daß ein Krieg noch als das geringere Übel erscheint, wie unausgesetzte Steigerung des Angstparoxysmus. Führt doch Angst am Ende immer zu Verzweiflungsausbrüchen! Siegt hingegen die letztere Methode, dann wird der Ausbau der Rüstung der Friedensarmee, dann wird die kontinuierlich verfestigte Organisation des internationalen Vertrauens immer mehr als die wichtigste soziale Aufgabe erkannt und man wird sich mit immer größerer Intensität bemühen, alles aus dem Wege zu räumen, was diese zu beeinträchtigen droht. Damit tritt aber eine vollkommene Umgestaltung der sozialen Struktur zutage, die zugleich das Produkt der veränderten internationalen Beziehungen ist. Auf diese Entwicklung wirkt in der Gegenwart trotz aller Gegentendenzen bereits sehr viel hin.

Vor allem der Zusammenhang von Friedenssicherung und Minderung der Angstpsychose mit den Voraussetzungen des Schutzes des Kredit- und Finanzsystems vor fortwährenden Erschütterungen. Ebenso der Umstand, daß die Rüstungslasten allmählich in immer stärkerem Maße auch von den besitzenden Klassen getragen werden müssen. Desgleichen fallen auch die Konsumenteninteressen mit der Friedenssicherung durch Friedensheere zusammen. Die Einsicht muß immer stärker von unserem Bewußtsein Besitz ergreifen, daß wir von einer wahrhaft gesicherten Kultur so lange nicht sprechen können, als der Aufstand von einigen tausend Menschen in einem unkultivierten Lande wie Albanien genügt, um die ganze Welt in Unruhe zu versetzen, oder daß etwa, wie in der Balkankrise vor zwei Jahren, ein einziger kriegs- und abenteuerlustiger junger Mann in einem Lande wie Serbien bloß prahlerische Reden zu halten braucht, damit die ganze zivilisierte Menschheit vor die Gefahr eines Weltbrandes gestellt wird, zu dessen Abwehr Milliardenausgaben, die ungeheuersten Opfer von Menschenleben und menschlicher Gesundheit aufgebracht werden müssen, die die Wirtschaft auf Jahre hinaus zerrütten. Ein solcher Zustand ist auf die Dauer unerträglich, und beweist den immensen Abstand, der unsere soziale Kultur noch von unserer technischen Kultur trennt.

Schon können wir beobachten, daß in der Gegenwart alle Kriegsgefahren aus Streitfragen untergeordneter Natur oder aus Rüstungsrivalität hervorgehen. Alle großen internationalen Wirtschaftsprobleme hingegen werden heute bereits auf dem Wege des

Vertrages geordnet. Der größte Teil der äußern Politik dreht sich um Differenzen, die nur im Hinblick auf künftige Kriegsmöglichkeiten von Bedeutung sind, ja die vitalen Realitäten nur in geringstem Maße tangieren. Vielfach handelt es sich dabei bloß um die Wahrung eines ganz äußerlichen nationalen Ehrgefühles und fast nie ist es die kulturelle Autonomie, die im Mittelpunkt der äußern Konflikte steht. Die ganze äußere Politik ist innerviert vom wechselseitigen Mißtrauen, das innerhalb des Bestehenden nur allzu berechtigt ist. Diesem Mißtrauen sucht man Rechnung zu tragen durch Festigung der Machtposition, durch Steigerung der Rüstung, statt daß man zugleich mit allen zu Gebote stehenden Mitteln an die internationale Organisation wechselseitigen Vertrauens ginge. *Man will nicht einsehen, daß soziale Errungenschaften ebenso nur durch jahrelange konzentrierte planbewußte Bemühungen zustande kommen können*, wie technische. Man preist den Mut, den Heroismus als den gewaltigsten Motor der Höherentwicklung, aber man scheut feig davor zurück, international an die Lösung der Grundfragen des Lebens und der Kultur heranzutreten. Man fürchtet die Konflikte, die daraus möglicherweise erwachsen könnten, ohne sich zu Bewußtsein zu bringen, daß, wenn man jegliches Risiko scheut, nirgends Großes zustande gebracht werden kann. Man entzieht sich der organisierten wissenschaftlichen Erörterung der internationalen Grundprobleme, weil man voraussieht, daß sich fertige Lösungen nicht sofort einstellen würden, berücksichtigt jedoch nicht, daß allen gewaltigen menschlichen Leistungen langdauernde erfolglose Versuche vorausgehen müssen, und daß die schließliche Lösung nur hinausgeschoben wird, sobald man, selbst wenn man schon an internationalen Staatenkonferenzen teilnimmt, *sich in die Nebenfragen flüchtet,* statt den Hauptfragen mutig ins Angesicht zu schauen. *Ebensowenig wie die Erfüllung des nationalen Einheitstraumes uns als müheloses Geschenk des Himmels zuteil wurde, ebenso wenig wird dies der Fall sein bei der Erfüllung des kulturellen Einheitstraumes, ganz besonders solange uns nur immer das rein negative Ideal der Friedenserhaltung vorschwebt, statt der Erreichung des Optimums internationaler Zusammenarbeit.*

XI.

Der kulturellen Einheit stehen freilich noch die schwersten Hindernisse entgegen. Das kulturelle Niveau der einzelnen Völker ist ein so verschiedenes, daß eine Unsumme von neuen sozialen Einrichtungen geschaffen werden müßte, damit trotz dieser weitgehenden kulturellen Ungleichheiten einheitliche Interessengemeinschaft zustandekommen könnte. Aber je größer die Aufgaben, die wir zu lösen hätten, mit desto konzentrierterer Kraft müssen wir sie in Angriff nehmen!

Es war natürlich ein ganz utopisches Ideal, Völker, die noch nicht durch weitgehende wirtschaftliche Verflochtenheit verbunden waren, durch äußerliche Regelung zu einheitlicher Arbeit, zu einheitlichen Zielen zusammenschließen wollen. Ganz anders liegen die Verhältnisse heute. *Separatismus der funktionell Verbundenen ist ebenso unmöglich, wie Sozialismus der funktionell Unverbundenen.* Wie auf einer bestimmten Stufe der Entwicklung der Individualismus der Einzelnen bis zu einem gewissen Grade vor dem sozialen Prinzip kapitulieren mußte, so ist ein Gleiches heute auch der Fall hinsichtlich des nationalen Individualismus. Die weitgehende wechselseitige Abhängigkeit setzt der nationalen Autonomie ganz bestimmte Grenzen. Ebenso wie wir dem Sichausleben der Einzelnen gegenwärtig nicht mehr das Wort reden können, ebenso wenig ist innerhalb des Bestehenden schrankenloses Sichausleben der einzelnen Nationen möglich. Es kann nur noch von Jenen befürwortet werden, die ein Interesse an der Aufpeitschung der nationalen Leidenschaften haben. *Von ihnen wird die nationale Parole immer gegen die soziale ausgespielt werden und dort, wo sie nicht mehr die Majorität haben, werden sie als starke Minorität in diesem Verhalten die wirksamste Waffe ihrer Opposition besitzen. Können wir doch beobachten, daß hinter jeder friedliebenden Regierung eine Nebenregierung steht, die sich der Betonung der Kriegsgefahr als Machtmittel bedient, um zur Herrschaft zu gelangen.*

Die nationale Devise als Devise des Idealismus ist etwas ganz anderes, als die nationale Idee, die als Machtmittel zur Bekämpfung der sozialen Tendenzen mißbraucht wird. Wie die realistische Machtpolitik die Religion bereits in so weitgehendem Maße veräußerlicht hat, daß es heute schon die außerhalb der Kirche stehenden Schichten sind, welche ihren ethischen Ewigkeitsgehalt zu retten suchen, so ist heute auch das nationale Ideal in so hohem Grade veräußerlicht und seinem innersten Sinn entfremdet worden, daß es nur in seiner ganzen ursprünglichen Größe fortleben kann, wenn die als international Gebrandmarkten es wieder mit seinem ursprünglichen Leben erfüllen. Das nationale Ideal war ursprünglich eine revolutionäre Devise, war das Volksideal in nationaler Ausprägung und wurde von den konservativen Elementen aufs blutigste verfolgt. Erst als es zum Sieg aufstieg, bemächtigte man sich seiner, um es allmählich wieder in sein Gegenteil zu verkehren, es in ein Instrument der Entwicklungshemmung umzuwandeln. Die Reaktion schlüpft in jede revolutionäre Idee von gestern hinein, höhlt sie aus, erfüllt sie mit ihrem Geiste. Unter dieser *reaktionären* Mimikry hat aller Fortschritt stets am schwersten zu leiden gehabt. *Der schöpferisch begriffene Nationalgedanke, der Nationalgedanke als Kulturidealismus hingegen, das ist der innerste Sinn des Internationalismus.* Was dessen Herausarbeitung für die *Verfeinerung des nationalen Gedankens* bedeutet, das wird man erst in späteren Zeiten voll zu würdigen verstehen. Unsere Zeit leidet an nichts schwerer, als daran, daß sie dort überall unversöhnliche Gegensätze sehen will, wo erst in der Synthese, in der Vereinigung die ganze Fruchtbarkeit der gegensätzlichen Begriffe zum Ausdruck gelangt.

Gewiß, *innerhalb des Bestehenden, wo jeder einzelne Staat eingeklemmt ist zwischen Riesenmilitärstaaten, in denen der nationale Expansionismus bis zum Äußersten gesteigert ist,* darf man über den großen idealen Zielen, die sich jedes Volk setzen muß, nicht die harten Realitäten übersehen, die ihre äußere Politik ebenso wie ihre innere in eine ganz bestimmte Richtung drängen. Aber in welchem Maße man auch diesen Realitäten Rechnung trägt, immer muß man sich dabei an dem immanenten Funktionalzusammenhang zwischen äußerer und innerer Politik orientieren und darf ebenso nicht außer acht lassen, *daß auch Ideale selber Realitäten sind, Realitäten, die die mächtigsten Grundkräfte der Entwicklung verdichtet in sich tragen.* Sicherlich, jeder Geschäftsmann weiß es, die Konkurrenz zwingt ihn, entweder sein Geschäft zu vergrößern oder es zusammenschrumpfen zu lassen. Einen goldenen Mittelweg, ein behagliches Ruhen auf den Lorbeeren, gibt es in einer Welt, die in stürmischer Entwicklung begriffen ist, nicht. Stagnation ist Rückschritt. Gegen dieses Weltgrundgesetz hilft kein Widerstreben, *Wachstum ist aber nicht nur durch gegenseitige*

Verdrängung möglich, sondern auch durch wechselseitige Förderung. Aus dieser Einsicht heraus müssen wir schließlich zur Überwindung des maßlos übertriebenen Kampfprinzipes gelangen. An wechselseitiger Hemmung gehen am Ende alle Kontrahenten zugrunde, wechselseitige Förderung hingegen führt alle zur Blüte. *Pazifismus ohne Expansionismus ist ein Prinzip, das aller Entwicklungserkenntnis widerstreitet, das alle Glieder des gesamten Organismus bei den jeweils erreichten Punkten festzuhalten sucht. Aber es ist nicht nur gewalttätiger, es ist auch friedlicher Expansionismus möglich.* Der nationale Egoismus braucht ebensowenig zu abdizieren, wie der individuelle, wenn nur dafür gesorgt ist, daß durch entsprechende internationale Organisationen alle notwendigen nationalen Forderungen zur Erfüllung gelangen, was durchaus möglich ist, sobald erst das Miteinander- und Ineinanderarbeiten an die Stelle des Gegeneinanderarbeitens tritt. Aufbauender positiver Pazifismus kann ebenso aktiv sein, wie energischer Imperialismus. Nichts ist irriger, als zu glauben, daß Welteroberung nur im kapitalistischen Geiste durchführbar ist. Wenn wir die Welt zu gewinnen trachten, ohne dabei Schaden an unserer Seele zu nehmen, dann erst werden wir sie im vollen Sinne und unter gesicherter äußerer und innerer Kultur gewinnen.

Betrachtet man die äußere und innere Politik innerhalb des Bestehenden, wo sie ganz von kapitalistischen Tendenzen dirigiert wird, so erkennt man, daß, soweit es sich nicht darum handelt, überkommene Herrschaftsverhältnisse zu konservieren, das Volk in der Hauptsache ganz sich selber überlassen bleibt. Laissez faire, laissez aller, sofern nicht Herrschaftsverhältnisse tangiert werden, das ist die Devise der heutigen kapitalistischen Staatsverwaltung, die sich freilich idealistisch drapiert, um den menschlichen Idealismus entsprechend ausbeuten zu können, von der sich aber mit gutem Grund behaupten läßt: man darf es nicht beim rechten Namen nennen, was kapitalistische Interessen nicht entbehren können.

Orientieren wir uns erst an den Voraussetzungen, die für eine Weltherrschaft notwendig sind, welche nicht mehr allein den durch den Kapitalismus geschützten Minoritäten zugute kommen soll, dann wird es uns keineswegs als naiver Vorschlag erscheinen, wenn man etwa die Forderung aufstellt, daß von jedem Betrag, der für Rüstungszwecke bewilligt wird, ein nicht zu gering zu bemessender Teil für die Verbesserung der Friedensrüstungen zu bestimmen wäre, wenn das Verlangen zum Ausdruck gebracht wird, internationale Abmachungen zu treffen, durch die der Friedensbewegung alljährlich von den Regierungen selbst so große Summen zugeführt werden, daß sie in die Lage versetzt wird, mit allen zu Gebote stehenden geistigen und organisatorischen Mitteln auf ein Völkerverhältnis hinzuwirken, das eine äußere Politik ermöglicht, die nicht zu den elementaren Forderungen der innern Politik in Gegensatz treten muß.

Ist aber ein derartiger Vorschlag angesichts der bestehenden Machtverteilung nicht doch vielleicht zu utopisch, als daß er beanspruchen könnte, ernst genommen zu werden? Gewiß, für den Augenblick ist diese Frage sehr gerechtfertigt. Aber das heutige Verhältnis von äußerer und innerer Politik ist auf die Dauer unhaltbar. Die ungeheuren Machtverschiebungen, die sich sowohl im Innern der einzelnen Länder, als in den Beziehungen der Völker zueinander vollziehen, entfesseln Spannungen, die in irgendeiner Weise – *organisatorisch oder explosiv* – zur Lösung gelangen müssen.

XII.

Die Repräsentanten der Macht werden deshalb unausweichlich zu einer Entscheidung gedrängt. Sie müssen sich, gleichviel, ob es sich um Monarchien oder republikanische Staatsgebilde handelt, schließlich nach rechts oder nach links schlagen. Schlagen sie sich nach *rechts*, so müssen sie im Verlaufe notgedrungen den extremsten Forderungen hinsichtlich der Verkümmerung der Volksrechte nachgeben und auch vor den brutalsten Machtmitteln nicht zurückschrecken, um der anstürmenden Masse Herr zu werden. Gewalt nach innen zieht aber Gewaltanwendung nach außen zwangsweise nach sich, da aller Druck nach innen nur gerechtfertigt zu werden vermag, wenn er als Druck von außen hingestellt wird. Wird immer wieder darauf hingewiesen, daß alle Entbehrungen, die man den Massen zumutet, der äußern Feinde wegen auferlegt werden müssen, daß alle innere Ausbeutung die unabänderliche Folge der äußern Ausbeutung darstellt, dann sammelt sich naturgemäß eine Summe von Haß gegen die äußern Ausbeuter, der am Ende nicht anders als in einer Explosion seine Entladung finden kann.

Die Ableitung aller Vorwürfe, die sich gegen die eigene Regierung richten, auf den radikalen, nationalen Egoismus der Nachbarn zieht eben ganz bestimmte psychologische Folgen nach sich. Das fortgesetzte Ausspielen äußerer Feinde, um diejenigen, die auf internationale Verständigung, auf organisierte internationale Zusammenarbeit, auf vertiefte Demokratie hinwirken, als innere Feinde brandmarken zu können, erzeugt nationalen Egoismus von einer Stärke, daß schließlich auch das größte Maß von Bewaffnung, die weitestgehende Verflechtung der Völkerinteressen nicht vor Krieg bewahren kann, weil dann schließlich die immensen Opfer, die ein Krieg mit sich bringt, gegenüber der enormen Belastung, die das eine Volk dem andern im Frieden aufnötigt, als das geringere Übel erscheinen müssen.

Ganz andere Verhältnisse sind gegeben, wenn die Repräsentanten der Macht sich nach *links* schlagen, wenn sie sich auf die Riesenmassen zu stützen beginnen, die die Landessicherheit durch *internationale Organisation des wechselseitigen Vertrauens* zu garantieren streben. Dann ist Erweiterung der Volksrechte, parlamentarische Entscheidung über Krieg und Frieden, Erziehung der Jugend zu Friedensbegeisterung, Verbreiterung der Volksbildung, politische Gleichberechtigung beider Geschlechter, Begünstigung der Konsumenteninteressen, Herabminderung des Einflusses des Großgrundbesitzes wie jener Produzentengruppen, die am bestehenden Völkerverhältnis am meisten interessiert sind, namentlich des Rüstungskapitales, Stärkung der Zivilverwaltung gegenüber der Prärogative der Militärgewalt, internationale Kulturpolitik im größten Stile, Ausbau der Verfassung wie der gesamten Rechtsgrundlage im demokratischen Sinne, Internationalisierung der Produktion und Sozialpolitik, wechselseitige Förderung der Völkerinteressen statt gegenseitiger Entwicklungshemmung – das mächtigste Bollwerk des Friedens, der nun im Massenaufstieg, in der *Volkssouveränität* seine stärkste Sicherung findet.

Ganz andere Bevölkerungsschichten als vorher werden damit zum innern Feind, Bevölkerungsschichten, die viel weniger zahlreich sind und obendrein durch die veränderte soziale und internationale Struktur zu immer geringerem Einfluß herabsinken, das Staatsoberhaupt steigt zum Träger der Volkssouveränität empor, seine Stellung beruht nicht mehr auf einer mit künstlichen, entwicklungsfeindlichen Mitteln hergestellten Stimmenmehrheit, sondern auf einer natürlichen Majorität, die von den sozialen und internationalen Notwendigkeiten selber geschaffen wird. *Und auch vor der täglich zunehmenden Reife der Bürger brauchen sich die Träger der Macht dann nicht mehr zu fürchten, weil gerade diese ihr Ansehen Tag für Tag in höherem Maße stärkt.*

Auf diese Weise muß schließlich auch der *Streit zwischen Staat und Kirche* um die Macht zugunsten des Staates zur Entscheidung gelangen. Nur ein Staat, der den vollen Ausbau der Demokratie zu scheuen hat, ist genötigt, sich auf eine Kirche zu stützen, die seine volle Oberhoheit nicht respektieren kann. Ein Staat hingegen, der sich nicht mehr in den Dienst überlebter Gesellschaftsverhältnisse stellen will, der mit seiner äußern Politik nicht die Demokratie aufzuhalten, sondern sie durch jene zu fördern bemüht ist, hat einzig und allein an einer Kirche Interesse, die den ethischen Grundgehalt des Christentums voll auszuschöpfen sucht, deren universalistische Tendenzen sich wieder auf das intensivste in den Vordergrund schieben, statt der Verinnerlichung der Religion entgegenzuarbeiten, und die sich so in ihrer erneuten Gestalt zum Werkzeug jener Zeitströmungen macht, die in einheitlicher Kulturkonvergenz auf das gleiche Ziel gerichtet sind: Friede auf Erden und den Menschen ein Wohlgefallen !

Zwischen Religion und Vernunft braucht nur so lange ein unlösbarer Widerspruch zu bestehen, als Staats- und Volksinteressen auseinandergehen, als Macht und Kultur im Widerstreit sich befinden, als Friedenssicherung durch Angsterweckung statt durch Vertrauensvertiefung angestrebt wird. Pazifismus und Demokratie hingegen sind unzertrennlich miteinander verankert, sie sind die konservativsten Mächte der Gegenwart. Revolutionär, im schlechtesten Sinne des Wortes, sind allein jene Tendenzen, die die neue soziale Struktur, die auf Grund wachsender internationaler Verflechtung in Bildung begriffen ist, zu unterbinden trachten, die eine neue Welt, die auf ganz andern Voraussetzungen beruht, als alle Gesellschaftsverhältnisse der Vergangenheit, mit Mitteln meistern wollen, die sogar schon der Psyche des modernen Menschen immer stärker widersprechen.

Im Pazifismus erst kann sich der wahrhaft konstitutionelle Staat vollenden und in einem *Völkerkonstitutionalismus* gipfeln, der in gleichem Maße den Massen, wie den dynastischen Interessen zugute kommt. Der Satz: ‚Das Kaisertum ist der Friede!' hat Schiffbruch gelitten. Wenn etwas die Dauer des Kaisertums verlängern kann, so ist es der auf vollkommene, international verbreitete Demokratie gestützte Friede. So hängt am Pazifismus also weit mehr als die Verhinderung von Kriegsgreueln und allen kulturwidrigen Entsetzlichkeiten, die Kriege notwendig begleiten. *Die ganze Zukunft der Demokratie beruht vielmehr auf seinem Fortschritt.* Und deshalb muß jeder Einzelne den Vertreter, den er ins Parlament sendet, vor allem fragen: Welche äußere Politik befürwortest Du? Um auf Grund seiner Antwort volle Klarheit darüber zu besitzen, für welche innere Politik dieser sich bei konsequentem Denken einsetzen kann. Ohne feinst durchgearbeitetes Programm hinsichtlich des Verhältnisses von äußerer und innerer Politik ist kein Parteiprogramm mehr als eine Summe haltloser Versprechungen und frommer Wünsche. Nur wer für das internationale Problem praktisch mögliche Lösungen vorzuschlagen weiß, ist berufen, zur Lösung des sozialen Problems etwas beizutragen, vermag eine Versöhnung der nationalen und sozialen Frage vorzubereiten.

Und wie in der Politik in jeder Partei zwischen Minimal- und Maximalforderungen unterschieden werden muß, *so muß auch alle praktische und theoretische Arbeit in der äußern Politik darauf gerichtet sein, ein Übergangsprogramm zu entwerfen,* das einen Weg aufzeigt, wie innerhalb des bestehenden Völkerverhältnisses ein neues Völkerverhältnis zum Ausbau gelangen kann, wie in internationaler Hinsicht Gegenwartsforderungen und Zukunftsaufgaben in solcher Weise zugleich entsprochen zu werden vermag, daß innere und äußere Politik sich wechselseitig fördern, ohne die sozialen und internationalen Spannungen ins Maßlose zu steigern. *Die Lösung des internationalen Problems, die Umgestaltung des Völkerverhältnisses – das ist die große Mission unserer Zeit. Mit ihrer Bewältigung wird sich das Schicksal unserer gesamten Kultur entscheiden, an ihr hängt vor allem die dauernde Vormachtstellung Europas*!

———

Variante des Anfangs
[→Seite 85 - 95 Mitte.]

Die ganze Weltgeschichte ist eine Abhandlung über dieses Problem. Aber sie ist noch nicht mit Bewußtsein von diesem Gesichtspunkt aus studiert worden. Nichts wäre darum verdienstlicher, als den Wandel des Funktionalzusammenhanges zwischen äußerer und innerer Politik *historisch* zu verfolgen, streng wissenschaftlich herauszuarbeiten, wie sich die immanenten Korrelationen in dieser Beziehung im Verlauf verschieben, wie dieser Funktionalzusammenhang in jedem einzelnen Land beschaffen ist und wie aus allen diesen Sondersituationen jener *internationale Antagonismus* hervorgeht, der den eigentlichen spiritus rector der gesamten Entwicklung der sozialen Struktur abgibt. Die Geschichte des Verhältnisses zwischen äußerer und innerer Politik würde dann die Grundlage zur soziologischen Bearbeitung dieses Problems liefern, die zu ermitteln hätte, mit welcher innern Politik notwendig jeweils jede bestimmte äußere Politik verbunden ist, welche äußere Politik jeweils jede bestimmte innere Politik zwangsläufig nach sich zieht.

Die Tatsache dieser fundamentalen Wechselbeziehung ist bisher noch nicht genügend beachtet worden, was nichts deutlicher beweist, als daß in der gesamten Weltliteratur noch keine einzige Monographie existiert, die ausschließlich dieser Frage gewidmet wäre. Schon die bloße Aufwerfung dieses Problems ist darum von Bedeutung. Ganz besonders in der allgemeinen Form, in der es hier gestellt wird. Denn es ist selbstverständlich, daß es nie vollständig übersehen wurde. Immer wieder findet man es da und dort gestreift, und namentlich die sozialistische Theorie darf den Anspruch erheben, das Konkreteste ausgesprochen zu haben, was sich bisher darüber vorfindet. Trotzdem ist auch sie über Anfänge auf diesem Gebiete nicht hinausgekommen. Und ebenso wird sich zeigen lassen, daß das, was der Imperialismus zu seiner Begründung vorbringt, keineswegs auf ausreichender Orientierung an dem Funktionalzusammenhang zwischen äußerer und innerer Politik beruht. Ja selbst im

Pazifismus, dessen Ruhmestat es ganz abgesehen von seinen praktischen Leistungen für den Ausbau des Völkerrechts und die Ausgestaltung der Schiedsgerichtsbarkeit ausmacht, das Problem des Internationalismus in den Mittelpunkt der Aufmerksamkeit gerückt zu haben, stellt es die bedauerlichste Lücke dar, daß er die Wechselbeziehungen zwischen äußerer und innerer Politik nicht zum Gegenstand eingehendster Spezialuntersuchungen erhob.

Hier läge eine würdige Aufgabe für die Carnegie-Stiftung vor, eine Aufgabe, die sich in eine Fülle von Einzelarbeiten zu gliedern hätte, damit klar ersichtlich wird, welche äußere und welche innere Politik jeweils zusammen möglich ist, wie die Umgestaltung der Gesellschafts- und Wirtschaftsverhältnisse das Völkerverhältnis beeinflußt und wie anderseits das jeweilige Völkerverhältnis die Entwicklung der sozialen Struktur determiniert. Im Rahmen eines kurzen Vortrages kann ich natürlich den ungeheuren Komplex der verwickeltsten Probleme, die hier gegeben sind, nur mit einigen Schlaglichtern beleuchten, ja muß mich selbst Fundamentalfragen gegenüber bloß mit kurzen Andeutungen begnügen.

Schon die Untersuchung des Einflusses des Völkerverhältnisses auf die Entwicklung der sozialen Struktur würde eine eigene umfangreiche Abhandlung erfordern. Das Wichtigste, was hierüber gesagt worden ist, findet sich bei Marx und Engels im Kommunistischen Manifest, wo erklärt wird, daß mit dem Schwinden der Klassengegensätze im Innern der Länder auch die Staatengegensätze und damit die Völkergegensätze zum Fortfall gelangen. Der Völkerkampf wird damit als Produkt des Klassenkampfes bezeichnet, alle internationale Rivalität als notwendige Folgeerscheinung der kapitalistischen Wirtschaft bezeichnet. Soviel diese Auffassung auch für sich hat und in so mannigfachen Beziehungen sie sicherlich den realen Tatsachen entspricht, so ist sie doch nicht die ganze Wahrheit, weil sie nur eine Seite einer im innersten miteinander verankerten Wechselwirkung in Betracht zieht.

Der Staat kam zustande als Herrschaftsverhältnis, als Machtorganisation; die Klassenscheidung ist das Joch, das die Sieger den Besiegten im Gruppen-, Stammes- und Völkerkampf auferlegten. Und ein Herrschaftsverhältnis, eine Machtorganisation ist der Staat bis auf unsere Tage geblieben. Dieselben Faktoren, die die Klassenunterschiede geschaffen haben, konservieren sie auch heute noch, mehr noch, sind die stärkste Ursache ihrer kontinuierlichen Verschärfung. Es ist darum falsch, anzunehmen, daß mit dem Schwinden der Klassengegensätze zugleich die Staaten- und Völkergegensätze fortfallen; können sich doch die Klassengegensätze gar nicht erheblich mildern, solange das bestehende Völkerverhältnis aufrechterhalten bleibt. Ja, man muß weiter gehen und sagen, der Kapitalismus ist geradezu die spezifische Wirtschaftsform der bestehenden Völkerbeziehungen. Diese sind es, welche bewirken, daß der Kapitalismus im Imperialismus seine natürliche Fortsetzung, seine machtvollste Ausgestaltung gefunden hat.

Wenn es darum auch zutrifft, daß die Staaten- und Völkergegensätze so lange nicht gemildert werden können, als die Klassengegensätze nicht beseitigt sind, so ist es zweifellos ebenso richtig, daß die Klassengegensätze nicht beseitigt zu werden vermögen, solange das heutige Völkerverhältnis fortdauert. Und in gleicher Weise besteht eine innige Wechselbeziehung zwischen Kapitalismus und Völkerkampf. Der schrankenlose Wettbewerb der Nationen entfaltet den Kapitalismus zum Imperialismus, gestattet dem Kapitalismus, der international vom Aufstieg der Arbeiterklasse immer härter bedroht ist, aus dem Imperialismus neue Kräfte zu ziehen, die ihm zu einer stärkeren Position verhelfen, als er sie je vorher besessen.

Aber auch diese Position ist nicht stark genug, um den Kapitalismus vor dem Schicksal zu bewahren, sein eigener Totengräber zu werden, wenn erst der Funktionalzusammenhang zwischen innerer und äußerer Politik voll erkannt ist, wenn erst entdeckt ist, welche Rolle nicht nur die kapitalistische Wirtschaft für die Entwicklung des Völkerverhältnisses, sondern auch welche ausschlaggebende Rolle die Ausgestaltung des Völkerverhältnisses für die kapitalistische Wirtschaft spielt. Gelingt es, den Kapitalismus an seiner Flucht in den Imperialismus zu verhindern, so ist er von den Urquellen abgeschnitten, die ihm immer wieder verjüngendes Leben zuführen.

Die sozialistische Theorie ist zweifellos diejenige, die die sozialen Verhältnisse am realistischsten und praktischsten erfaßt, die am wenigsten mit Illusionen und Fiktionen arbeitet. Aber wie bei allen bürgerlichen Doktrinen unmittelbar nach der brutalsten, nüchternsten Darstellung des Gegebenen, die jede ethische Forderung als Sentimentalität verlacht, zum Schluß urplötzlich ein wie aus der Pistole geschossener Idealismus zutage tritt, so ist auch bei allen sozialistischen Theorien zu beobachten, wie mit einem Male ganz unvermittelt der Sprung in einen wie aus der Pistole geschossenen Utopismus gemacht wird. Dieser Sprung besteht darin, daß allen Verbesserungsvorschlägen der Einwand entgegengehalten wird, innerhalb der kapitalistischen Gesellschafts- und Wirtschaftsordnung könne unmöglich Entscheidendes geleistet werden, erst mit der Vergesellschaftung aller Produktionsmittel seien die unentbehrlichen Voraussetzungen gegeben, die der Menschheit ein menschenwürdiges Dasein verschaffen.

Aus diesem Chiliasmus allein ist auch das Verhalten der Sozialdemokratie in allen Ländern zur Friedensbewegung zu begreifen. Sie klebt an dem Dogma: Zuerst muß das Kapitalverhältnis beseitigt sein, dann erst vermag das Völkerverhältnis geändert zu werden. Die Irrigkeit dieser Annahme geht schon aus der Tatsache hervor, daß der zum Imperialismus entwickelte Kapitalismus etwas fundamental anderes ist, als der in der Hauptsache auf innernationaler Ausbeutung beruhende ursprüngliche Kapitalismus. *In Wirklichkeit sprengen eben die mächtig anwachsenden Produktivkräfte die Schranken der nationalen Wirtschaft früher, als die Fesseln der kapitalistischen.* Und diesem Umstand hat die sozialistische Theorie noch nicht genügend Rechnung getragen. Bei der Darlegung der wirtschaftlichen Tendenzen, die mit Naturnotwendigkeit zum Sozialismus führen, berücksichtigt sie die *nationalen Gegentendenzen* nicht genügend, die diesen Prozeß verlangsamen, ja vielfach unterbinden.

Es ist kein Zweifel, das internationale Problem hat die Sozialdemokratie noch viel zu wenig beschäftigt. *Aus der Orientierung an der innern Politik geboren, ist ihr wissenschaftliches System in seinen Fundamentalsätzen bis in die jüngste Zeit hinein eine vom Geiste der innern Politik beseelte Doktrin geblieben.* Die internationale Spitze, in die sie ausläuft, täuscht freilich über diesen Charakter hinweg. Wie es nämlich einen utopischen Sozialismus gibt, in dessen Überwindung der wissenschaftliche Sozialismus seine Großtat erblickt, so gibt es auch einen *utopischen Internationalismus.* Und über diesen ist auch der wissenschaftliche Sozialismus noch nicht ganz hinausgekommen. Der Internationalismus, in dem er gipfelt, ist eine Art von internationalem *Parallelismus.* Die Sozialdemokratie gibt sich dem Glauben hin, daß, wenn ihre Anhänger in allen Ländern nur das gleiche Ziel anstreben, sich damit schon ein neues Völkerverhältnis vorbereitet. *Aber so einfach ist die Organisation der Welt nicht.* Ebensowenig wie die partielle Interessengleichheit von Kapital und Arbeit jene Harmonie Aller gebiert, an die der Liberalismus verblendeterweise glaubte, ebensowenig geht aus der partiellen Interessengleichheit der Proletarier aller Länder die internationale Harmonie automatisch hervor. Die Sozialdemokratie meint freilich, alle bürgerliche Arbeit an der internationalen Verständigung belächeln zu dürfen, weil innerhalb der kapitalistischen Wirtschaft jegliche Mühe in dieser Richtung vergebens sei; erst der siegreiche Sozialismus mit seiner Vergesellschaftung sämtlicher Produktionsmittel werde der Menschheit den Völkerfrieden bringen. Er übersieht dabei nur das Eine, daß in einer national zerklüfteten Welt der Sozialismus gar nicht siegreich sein kann. Schon weil der Sozialismus, solange er nicht in allen Ländern siegreich ist, in dem Land, wo er zuerst zur Herrschaft gelangt, das Kapitalverhältnis unmöglich zu beseitigen vermag. Ja, indem der Sozialismus alle reformatorischen Bestrebungen innerhalb der kapitalistischen Wirtschaft als utopisch verhöhnt und die Umgestaltung der Gesellschaftsordnung erst nach Überwindung des Kapitalismus für möglich erklärt, verschafft er dem Kapitalismus sogar eine Art von Fetischposition, durch die er stärker erscheint, als er wirklich ist.

Auch hier gilt es wieder, zwischen dem Kapitalismus in seiner ursprünglichen Form und zwischen dem Kapitalismus als Imperialismus zu unterscheiden. Nur der Kapitalismus in seiner ursprünglichen Form ist in erster Linie ein Verhältnis zwischen Unternehmer und Arbeiter; der Kapitalismus als Imperialismus bringt eine weit größere Phalanx von Gegnern auf die Beine, wenn alle diejenigen, die durch ihn in ihrem Lebensnerv getroffen werden, erst zum Bewußtsein ihrer Lage gelangen. Der Antikapitalismus hat allerdings das ganze Bürgertum als eine reaktionäre Masse gegen sich, der Antiimperialismus hingegen bringt Verhältnisse herauf, die schließlich dazu führen, daß die kleine Schicht der Nutznießer des Imperialismus einer einzigen revolutionären Masse gegenübersteht. Die Entwicklung zu dieser Konstellation wird die Geschichte der nächsten Jahrzehnte erfüllen. Auf Grund welcher Kausalzusammenhänge, das soll nun freilich zunächst bloß ganz skizzenhaft zur Darstellung gelangen.

Allerorten können wir das gleiche beobachten: die Flucht vor der innern Politik in die äußere. Überall wird mit größtem Erfolg die nationale Parole gegen die soziale ausgespielt. Dabei kann man nicht einmal behaupten, daß die Staatengegensätze, die nationalen Antagonismen nur etwas von den herrschenden Klassen künstlich Geschürtes sind. Indem in allen Ländern die Flucht vor der innern Politik in die äußere auf der Tagesordnung steht, und in Ländern höherer Kultur diese Tendenz sogar am machtvollsten zum Ausdruck gelangt, indem sich also nur Klassenstaaten gegenüberstehen, ist bis zu einem gewissen Grade das feindliche Völkerverhältnis der Naturzustand, der jedem einzelnen Land enorme Rüstungsausgaben zur Sicherung des Bestandes wirklich *aufzwingt*.

Das ist die Situation, die die herrschenden Klassen sich in ausgiebigstem Maße zunutze machen. Sie wissen, ihre Position beruht direkt auf dem gegebenen Völkerverhältnis. Im extremen Nationalismus liegt die Wurzel ihrer Kraft. Der Hinweis auf die Gefahr vor dem äußern Feind gestattet ihnen, Machtmittel von einer Stärke in ihren Händen zu konzentrieren, wie es sonst innerhalb der modernen Demokratie nicht mehr möglich wäre, gewährt ihnen eine Ausgestaltung der sozialen Struktur, die in vollkommenem Widerspruch zu den modernen Produktionsbedingungen steht. Ja mehr noch: würde nicht immer das Argument des äußern Feindes in den Vordergrund gerückt werden können, so wäre es ganz ausgeschlossen, den größten Teil der Bevölkerung des eigenen Landes, der mit Allgewalt auf verbesserte Existenzbedingungen hindrängt, als *innern* Feind zu stigmatisieren.

Man sieht die gegebenen Verhältnisse sehr oberflächlich an, wenn man immer nur hervorhebt, wie die kontinuierlich steigende Höhe der Rüstungsausgaben den dringendsten Kulturaufgaben die nötigen Mittel entzieht. Freilich ist auch dieses Moment von höchster Wichtigkeit, namentlich in unserer Zeit, wo die Fortschritte der Wissenschaft und Technik uns immer deutlicher erkennen lassen, daß das Gros der sozialen Übel keineswegs unabwendbar ist. Aber mit der Bemühung um die Beseitigung des Krieges wird es uns ebenso ergehen, wie mit der Bekämpfung der Krankheiten. Die Bestrebungen der Medizin trieben die moderne Biologie aus sich hervor, die nun unser ganzes Leben, all unser Fühlen, Denken, Wollen und Können auf neue Grundlagen stellte. Stets machen wir dieselbe

Erfahrung, von der die biblische Legende erzählt. Wie Saul ausging, einen Esel zu suchen und eine Krone fand, so erwächst uns aus dem Abscheu vor dem Krieg, der uns antreibt, nach Mitteln zu suchen, die ihn unmöglich machen, die Entdeckung eines neuen Wissenschaftsgebietes: der *Internationalistik*. Wir erkennen mit immer größerer Offensichtlichkeit, *daß ebenso wie alle ethischen Probleme zugleich wirtschaftlich gelöst werden müssen, alle sozialen Probleme nur international zur Lösung gelangen können.*

Das letzte Jahrhundert enthielt die Geschichte der Entwicklung zum Nationalstaat. Alle Angriffe, die heute gegen die Sozialisten und Internationalisten geschleudert werden, richteten sich ehemals gegen die Nationalisten. Und ganz die gleiche Rolle, die früher der Partikularismus spielte, sie hat augenblicklich der Nationalismus übernommen. Wenn heute im Zeitalter der weitestgehenden internationalen Verflechtung in wirtschaftlicher und jeder andern Beziehung der Nationalismus stärker dasteht als je zuvor, so hat dies darin seinen Grund, daß die Gegenwart die Epoche des vollendeten Nationalismus ist, während die Vergangenheit bloß die des werdenden Nationalismus war. Heute ist der werdende *Internationalismus* genau so das unaufhaltsam zur Macht aufsteigende Prinzip, wie es ehemals der Nationalismus gewesen ist. Wieder schallt aus den Untergründen des historischen Prozesses heute der Ruf an unser Ohr: Dein Vaterland muß größer sein! Und wieder sind es die traditionellen Mächte der Vergangenheit, die sich mit allen Mitteln gegen diese soziologische Entwicklungsnotwendigkeit zur Wehr setzen.

Aber der nationalistische Widerstand gegen den werdenden Internationalismus wird ebenso vergeblich sein, wie der partikularistische gegen den werdenden Nationalismus. Und zwar wird es der unvermeidliche Konflikt zwischen den Konsequenzen des feindseligen Völkerverhältnisses und den immanenten Tendenzen der sozialen Strukturgestaltung sein, an dem der zum Imperialismus gesteigerte Nationalismus unserer Tage Schiffbruch leidet. Das ist das Moment, das ich vorhin im Auge hatte, als ich zum Ausdruck brachte, daß die Folgen der Friedenssicherung durch Rüstungssteigerung allein viel zu oberflächlich aufgefaßt werden, wenn man dabei nur in Betracht zieht, mit wie ungeheuren unproduktiven Ausgaben sie alle Völker belasten …

Deutschlands größte Gefahr

Ein Mahnruf I Mai 1915[1]

Von Rudolf Goldscheid

Vorwort
von Dr. A[uguste]. Forel

Mit bestem Gewissen glaube ich die nachstehende Broschüre Rudolf Goldscheid's ausdrücklich zur aufmerksamen Lektüre empfehlen zu dürfen. Der verdienstvolle und mutige Bund „Neues Vaterland" hatte sie verlegt, aber ihr Export ins Ausland wurde leider in Deutschland verboten! Es erschien daher zweckmäßig, die zweite Auflage in der Schweiz erscheinen zu lassen. Goldscheid ist nicht der erst beste gelegentliche Schreiber beim jetzigen Kriege. Seine Bücher „Höherentwicklung und Menschenökonomie, Grundlegung der Sozial-Biologie", Leipzig 1911; „Entwicklungstheorie, Entwicklungsökonomie, Menschenökonomie", Leipzig 1908; „Zur Ethik des Gesamtwillens", Wien, Braumüller, 1912 u. a. m. haben ihn als Sozialökonom bereits vorher berühmt gemacht.

Seine Ansicht in vorliegender Broschüre ist in zwei Worten, daß eine weitere Entfremdung Deutschlands von England seine Annäherung an Rußlands Despotismus entsprechend fördert und daß ein Bündnis zwischen Rußland und Deutschland ein Verderben für Deutschland selbst und für ganz Europa bedeuten würde. Nur eine liberale Entwicklung Deutschlands und seine Annäherung an England könnten uns allmählich eine erträgliche Lage in fortschrittlichen Bahnen gestatten. Dazu muß aber Deutschland seinen traditionellen Herrenstandpunkt in der Politik aufgeben und auf wesentliche demokratische Bahnen schreiten.

Die Ansicht Goldscheids können wir rückhaltlos begrüßen. Ich frage mich nur, ob, falls man nicht auf ihn hören will, nicht schließ-

---

[1] Textquelle I Rudolf GOLDSCHEID: Deutschlands größte Gefahr. Ein Mahnruf [1915]. Zweite Auflage. Mit einem Vorwort von Prof. Dr. A[uguste]. Orel. Zürich: Art. Institut Orell Füssli 1916. [63 Seiten] [Online-Ausgabe: archive.org].

lich Rußland sich selbst freiheitlicher entwickeln wird als Deutschland. Das sind natürlich nur Fragezeichen und Zukunftsmusik. Gewisse Anzeichen dafür sind jedenfalls vorhanden, obwohl nicht gerade im *jetzigen* Moment. Sicher ist aber, daß das Verderblichste von allem die bisherige Bildung entgegengesetzter Staatenbündnisse ist. Diese bereiten den völligen Ruin Europas zu Gunsten Amerikas und Japans vor. Aus diesem Grunde habe ich in zwei kleinen Broschüren *„Die Vereinigten Staaten der Erde"* und *„Assez détruit, rebâtissons"*, beide Lausanne, Peytrequin, 4, rue de la Louve, dem Standpunkt einer internationalen resp. supranationalen Vereinbarung der Völker das Wort geredet.

Möge Goldscheids Broschüre die weiteste Verbreitung finden und die Besonnenheit leitender Kreise wachrufen.

Dr. A. Forel.

Wir haben Wert darauf gelegt, die Broschüre in ihrem unveränderten Wortlaute vom Mai 1915 abzudrucken, weil manche Voraussage des Verfassers bereits in Erfüllung gegangen ist.

Der Verlag

Schon seit den ersten Kriegsmonaten bin ich bemüht, für die Gedanken einzutreten, die auch den Inhalt der vorliegenden Schrift ausmachen. Namentlich in einem Aufsatz, der Mitte Dezember unter dem Titel *„Die große Alternative der Zukunft"* erschien, habe ich zu zeigen gesucht, in wie hohem Maße der abgrundtiefe Haß zwischen Deutschland und England, der den ursprünglichen elementaren Volkszorn vom russischen Zarismus ablenkte, die künftige Weltmachtstellung Rußlands mit Panslavismus als Nationalreligion und dessen kulturfeindliche Tendenzen begünstigt.

Die folgenden Ausführungen sollen in eingehenderer Begründung neuerlich auf diese ungeheure Gefahr für die Gestaltung der Geschicke Europas hinweisen. Auch diesmal mußte ich mich freilich auf eine Darstellung in großen Linien beschränken, die, die historischen Gesetze als Alternativen begreifend, mehr eine Diagnose, als eine Prognose geben will. Schon weil hinsichtlich aller Detailfragen des Augenblicks, gerade je brennender sie sind, im gegenwärtigen Zeitpunkt umso mehr Rücksicht geboten ist.

Ganz allgemein möchte ich nur das eine bemerken: Es trifft nicht bloß zu, wie man gewöhnlich höchst einseitig annimmt, daß in der Theorie alles einfacher erscheint als in der Praxis. In mannigfacher Hinsicht ist das Gegenteil ebenso unbestreitbar: Was bei der Fülle der zu behandelnden Probleme in der Theorie geradezu unlösbar bedünken muß, das wird von der Wirklichkeit schließlich doch relativ leicht und im Großen und Ganzen ziemlich befriedigend bewältigt.

Wo ein Wille ist, da ist auch ein Weg. Man fasse auf allen Seiten Mut zu den Pflichten im Dienste der Kultur, man verachte die Ideologien nicht gegenüber den Realitäten und mit Staunen wird man gewahren, wie unendlich mehr die Vernunft zu leisten imstande ist, als man ihr zutraut, sobald man nur die Kraft und die Neigung nicht eingebüßt hat, sich ihr in Liebe und zum Zweck des Triumphs der Liebe in der Welt, restlos hinzugeben.

Wie es äußere Kulturdenkmäler gibt, deren Zerstörung überall auf das bitterste beklagt wird, so hat sich das Menschengeschlecht in seiner jahrtausendelangen Geschichte auch innere Kulturdenkmäler erarbeitet, an denen nicht gerührt werden darf, soll nicht das Heiligste, was wir überhaupt besitzen, mit Vernichtung bedroht sein. Diese geheiligten inneren Kulturdenkmäler haben wir in unseren sittlichen Grundwerten vor uns. Sie sind der letzte unverrückbare und unzerstörbare Halt, der uns noch geblieben ist. Wahrheit und Menschlichkeit, sie allein können uns auch aus dem Chaos der Gegenwart herausführen.

Ein freies Wort aus Liebe geboren, aus Liebe für die Menschheit und ihren herrlichsten Aufstieg, in gleicher Tiefe wie aus Liebe für das eigene Volk und seine unaufhaltsam wachsende innere Stärke, das muß sich darum unbesorgt hinauswagen dürfen in die Oeffentlichkeit – auch wenn es mit manchen der augenblicklich vorwaltenden Tagesströmungen nicht in Einklang steht. Man darf nicht des Verrats an der Nation verdächtig erscheinen, wenn man mit reinster lebendiger Glut vor internationalem Kulturverrat zu warnen sich bemüßigt fühlt. Möge mein Mahnruf nicht ungehört verhallen, möge endlich das Kulturgewissen unserer Gattung erwachen, damit von einem Ende der Erde zum andern mit instinktiver Urgewalt der einmütige Erlösungsschrei ertönt: Genug!

Allzu leicht könnte sonst schließlich Ibsens Paradoxon erschütterndes Ereignis werden: „Dereinstens tritt es klar zu Tage, der größte Sieg war Niederlage."

Mai 1915.

Rudolf Goldscheid

I.

„Nach hundert Jahren wird Europa entweder demokratisch oder kosakisch sein!" – diese Prophezeiung Napoleons hat sich bisher nicht erfüllt. Sie war verfrüht. Aber als drohender Mahnruf tritt sie nunmehr in volle Kraft.

Was wir jetzt durchleben, ist die folgenschwerste Schicksalsstunde Europas. Nachdem der Weltkrieg über dreiviertel Jahre in unverminderter Heftigkeit tobt, ist eines bereits Gewißheit geworden. Trotz der Opfer von Millionen von Menschenleben und Milliarden an Werten, trotz aller grauenhaften Verwüstungen, die er nach sich zog, trotz all dem namenlosen, heldenhaft ertragenen Leid und Elend, das er über die Welt brachte, wird das ungeheure Ereignis keine fundamentale Veränderung der Landkarte zur Folge haben. Die Staatengrenzen werden sich nicht umwälzend verschieben. Daß Derartiges heute schon mit Bestimmtheit gesagt werden kann, ist sicherlich ein bewundernswerter Beweis von der Kraft und Tüchtigkeit des deutschen Volkes. Von allen Seiten angegriffen, hat es die große Prüfung glänzend bestanden. Nun gilt es aber noch Gewaltigeres zu Wege zu bringen, zu sorgen für den Sieg nach dem Sieg. Und dies wird nur gelingen, wenn wir uns mit unerbittlicher Schärfe zu Bewußtsein bringen, welche Aufgaben der künftige Friede uns setzt. Denn schließlich – ewig kann auch dieser Krieg nicht dauern, und je eher wir uns darüber klar werden, vor welchen Möglichkeiten wir stehen werden, wenn er zu Ende geht, mit desto sichererem Blick werden wir seine politische Weiterführung besorgen.

Nichts war namentlich bisher unbefriedigender als die geistige Kriegsführung. Alle Völker leisteten das Äußerste in gegenseitiger Verlästerung. In der einseitigsten und ungerechtesten Weise wurde allenthalben der Beitrag jeder einzelnen nationalen Individualität zur Geschichte der menschlichen Kultur dargestellt. Nirgends wurde genügend beachtet, daß die Geschichte eines Volkes doch nicht ganz in seiner politischen Geschichte aufgeht. Welches Zerrbild bietet Deutschland in der englischen und französischen Beleuchtung, die ihm während des Krieges zuteil wurde. Wie wenig gerecht wurde man bei uns mit einem Male den Großtaten Frankreichs und Englands im Befreiungskampf des menschlichen Geistes von überlebten Vorurteilen. Nirgends wurde objektives Urteil begünstigt. Ganz im Gegenteil, die Objektivität hat überall den Rang einer Tugend eingebüßt, der Mut zum offenen Bekenntnis des als wahr Erkannten wird plötzlich in keinem Lande mehr geschätzt. Mit Recht geißelte darum kürzlich der deutsche Reichskanzler den „Terror der Zensur". Freilich dachte er dabei nur an Frankreich. Aber sein hartes Verdikt trifft da weniger, dort mehr, auf alle kriegführenden Völker zu. Nirgends kann die wahre öffentliche Meinung zum Durchbruch gelangen, ein System der geistigen Repressalien herrscht heute allenthalben, das in hohem Grade mitschuldig daran ist, wenn der Krieg sich ins Ungemessene verlängert.

Gewiß, außerordentliche Umstände erfordern außerordentliche Maßnahmen. Aber ebenso gewiß ist, daß es kein Instrument gibt, das zartere, vorsichtigere Handhabung erfordert, als gerade die Zensur, soll sie nicht zur Folge haben, daß Vernunft und Besonnenheit überhaupt jeglichen Einfluß auf die Gestaltung der Geschicke verlieren. Die Welt war schon vor dem Kriege verhetzt genug. Wie kann man hoffen, daß der Friedenswillen neben dem Kriegswillen in seine unentbehrliche Funktion eintritt, wenn die Freiheit der Meinungsäußerung solchermaßen beschränkt ist, wie seit Kriegsausbruch, wenn überall diejenigen unverantwortlichen Elemente, die in einer mit den raffiniertesten Mitteln arbeitenden Hetzpresse die nationalen Leidenschaften bis zur Raserei aufzupeitschen suchen, sich als die alleinigen Vertreter der vaterländischen Interessen aufspielen dürfen. Nein, wie ohne Mitarbeit des gesamten Volkes der Krieg nicht zu einem gedeihlichen Abschluß kommen kann, so darf das ganze Volk auch in seiner Mitarbeit an der Vorbereitung des Friedens nicht gehindert werden, soll die ungestörte Bildung der öffentlichen Meinung das große Friedenswerk des Abbaus des Hasses allmählich zuwege bringen können. Vielleicht wäre der Krieg schon längst zu Ende, ohne den Terror der Zensur, der die wechselseitige Verkennung der wahren Kriegsziele der Völker so ins Maßlose steigert. Das gilt vor allem für den Kampf gegen alle hüben und drüben auftretenden Verständigungsbestrebungen, den man nur für notwendig hält, weil man fälschlich bloß in der Betonung des Kriegswillens statt gleichzeitig in unausgesetzter Bekräftigung des Friedenswillens den unwiderleglichen Beweis der eigenen Stärke erblickt.

Mag auch, solange der Krieg ungeschwächt fortdauert, nicht von einem unserer Gegner als Hauptfeind gesprochen werden können, weil wir uns aller im gleichen Maße erwehren müssen, so haben wir uns doch heute schon ein Bild davon zu machen, welcher unserer jetzigen Feinde auch nach Friedensschluß angesichts der ganzen Weltkonstellation in scharfem Gegensatz zu uns stehen bleiben dürfte und bei welchen wir mit guten Gründen annehmen können, daß eine Verständigung im Verlauf möglich sein wird. Davon hängt auch in erster Linie die Bestimmung des Kriegszieles ab. Es kann nicht unser Wunsch sein, diejenigen unserer jetzigen Gegner, in denen wir künftige Bundesgenossen zu erblicken haben, über das Maß hinaus zu schwächen, welches sie zu den Konzessionen geneigt macht, ohne die ein künftiges Zusammengehen mit ihnen – auch bei weitestgehendem Einfluß des Volkes auf die äußere Politik – nicht zustandekommen kann.

Täuschen wir uns doch nicht über die untrüglichen Tatsachen hinweg, die uns umgeben. Wir leben nun heute einmal noch im *Zeitalter der Bündnispolitik*. Das mag bedauerlich sein, weil aus den großen Bündnissystemen nur allzu leicht schwerste Kriegsgefahren erwachsen. Aber diese Konstellation ist zunächst noch unabänderlich. Und in gewisser Hinsicht ist es auch ein Fortschritt, daß wir bereits in die Phase der Weltkriege gelangt sind. Ist diese Situation doch zugleich der Ausdruck der enormen weltwirtschaftlichen und weltpolitischen Verflechtung, die sich in den letzten hundert Jahren vollzogen hat. Was ehedem nur logische Forderung der Vernunft, bloß utopisches Ideal war, heute ist es bereits lebendige Wirklichkeit: *Wir sind allesamt Weltbürger geworden.* Der beurteilt das Ereignis dieses Weltkrieges ganz oberflächlich, der nur sieht, wie durch ihn internationale Zusammenhänge zerrissen wurden. Bei tieferem Blick erkennt man, daß dieser gewaltige Krieg *gleichsam die Welt entbunden hat.* Er hat Brücken weggeschwemmt, die die Völker verbanden, aber mit ihnen zugleich die Wälle gesprengt, die sie trennten. Nichts wird künftig offensichtiger sein, als daß jedes Volk Weltpolitik, *Weltkulturpolitik* treiben muß, soll es seines Bestandes sicher werden. Weltanschauung wird aufhören, nur eine Aufgabe für Philosophen zu sein. Alle Einzelnen, ebenso wie die Staaten als Ganzes, werden sich in realistischester [sic] Weise zu klarer Weltanschauung in politischem Sinne erheben müssen.

Weltanschauung als bewußte Weltkulturpolitik, als einheitliche wissenschaftliche Weltgestaltung, die naturgemäß in schärfstem Gegensatz zum kapitalistischen Imperialismus steht, fordert aber vor allem *Hinarbeit auf die richtigen Bündnisse*. Den Friedensbestrebungen blieb bisher der ersehnte Erfolg versagt, weil nicht konkret genug untersucht wurde, aus welchen Mächtegruppierungen allein sich eine Weltkonstellation ergibt, die nicht notwendig Spannungen erzeugt, welche nur in gewaltsamen Explosionen ihre Entladung erfahren können. In dieser Hinsicht ist besonders auf den schweren Fehler zu verweisen, den wir damit begingen, daß wir das ganz unnatürliche Bündnis zwischen den vorgeschrittensten Demokratien des Westens mit der rückständigsten Autokratie des Ostens gleichsam wie ein *unabänderliches Schicksal* hinnahmen. Gewiß, es fehlte nicht an Bemühungen, um deutsch-englische wie um deutsch-französische Annäherung. Aber alles, was in dieser Richtung geschah, erfolgte nur gelegentlich oder rein aus privater Initiative und wurde in diesen Ländern wie auch anderwärts immer wieder von hetzerischen Gegenströmungen verantwortungsloser Kriegsinteressenten durchkreuzt. Auf keiner Seite brachte man sich mit genügender Klarheit zu Bewußtsein, daß, solange diese Mächtegruppierung nicht beseitigt war, alle Bestrebungen um Erhaltung des Friedens zur Aussichtslosigkeit verurteilt bleiben müßten.

Ohne Veränderung der bisherigen Mächtegruppierung wird darum auch ein künftiger Friedensschluß bloß ein längerer oder kürzerer Waffenstillstand sein. Darüber dürfen wir uns keine Illusionen machen. Ja, es ist für die Zukunft noch Schlimmeres zu befürchten. Wir stehen heute sicherlich vor der eminenten Gefahr, daß, wie auch immer die Geschicke auf den Schlachtfeldern sich gestalten, Rußland nach dem Kriege, so gründlich es auch geschlagen sein mag, zur umworbensten Macht wird. Dieser Gefahr gilt es ernst ins Auge zu blicken, damit wir ihr mit voller Kraft begegnen können.

II.

Welches sind die Tendenzen, die diese Konstellation begünstigen? Es sind mannigfache Faktoren, die in gleicher Richtung wirken. Vor allem ist folgendes klar: die Finanzlage Rußlands nach dem Kriege wird eine ungemein schwierige sein. In dieser Beziehung hat Rußland schon immer eine rein parasitäre Existenz geführt. Da nun aber sein bisheriger Wirtsorganismus, Frankreich, nach dem Kriege im gleichen Maße geschwächt sein wird wie Rußland selber, so wird Rußland genötigt sein, sich nach einem neuen Wirtskörper umzusehen. Und hierfür wird es, falls Amerika nicht schließlich zum Zentralgläubiger der ganzen Welt aufsteigen soll, nur die Wahl zwischen England und Deutschland haben. Wir müssen uns darum in erster Linie die Frage vorlegen: wird England oder wird Deutschland künftig den Bankier für Rußland abgeben?

Es ist nun gewiß mehr als zweifelhaft, ob Rußland in England den Geldgeber finden wird, den es benötigt. So groß auch die Interessengegensätze sein mögen, die zwischen Deutschland und England bestehen, sicherlich sind diese zwischen Rußland und England noch weitaus größer. Überdies würde England nie wie Frankreich, das Rußland stets unter Anknüpfung an dessen Revanchegelüste für seine Zwecke mißbrauchen konnte, in gleicher Weise bereit sein, sich vollkommen in den Dienst Rußlands zu stellen. Es wird im Gegenteil stets das Bestreben haben, Rußland für seine Zwecke auszunützen. In einem banalen Gleichnis ausgedrückt, war Rußland bisher Frankreichs Maitresse und Frankreich ließ sich diese Liebschaft viel kosten, weil Rußland es immer wieder verstand, Frankreich bei seinen Revanchegelüsten zu kitzeln. Und als Frankreich eine Milliarde nach der andern in Rußland hineingesteckt hatte, wurde es als Gläubiger schließlich der Gefangene seines Schuldners. England war in diesem Bunde der amant de cœur, es genoß alle Vorteile der Verbindung ohne finanzielle Opfer. Jetzt, wo Frankreich als zahlender Freund Bankerott zu machen droht, müßte England, wollte es weiter die Gunst Rußlands genießen, auch die finanziellen Lasten übernehmen, die bisher Frankreich trug. Und dafür wird England, seiner ganzen Art nach, nicht zu haben sein. Dazu kommt noch, daß Rußland an England keine ausreichenden wirtschaftlichen Gegenwerte bieten kann, um es zu veranlassen, ihm ungezählte Milliarden zu opfern. Ebenso ist zu berücksichtigen, daß England nicht über jene starke Landmacht verfügt, die Rußland von einem vollwertigen Bundesgenossen verlangen muß, daß es weitab liegt, was alles übrigens auch für Amerika gilt, und daß auf dem Balkan und Oesterreich gegenüber, wie auch in Asien, Rußland und England unmöglich dauernd die gleichen Wege gehen können.

Ganz anders liegen die Dinge in allen diesen Beziehungen zwischen Deutschland und Rußland. Deutschland hat gerade in diesem, an die nationale Leistungsfähigkeit die höchsten Ansprüche stellenden Krieg unwiderleglich durch die Tat bewiesen, daß es wirtschaftlich weitaus stärker ist, als man je annahm. Dieses Faktum wird auf Rußland die ungeheuerste Anziehung ausüben. Und je geschwächter es aus diesem Krieg hervorgeht, in umso höherem Maße! *In Deutschland wird es seinen prädestinierten Bankier erblicken.* Und nicht mit leeren Händen braucht es zu Deutschland zu kommen. Es kann Deutschland gegenüber betonen, in wie hohem Grade diese beiden Länder sich wirtschaftlich ergänzen, das eine als stärkster Agrarstaat, das andere als mächtigster Industriestaat. *Schließlich werden in Deutschland sehr einflußreiche Schichten nicht unempfindlich dafür sein, wenn darauf hingewiesen wird, einen wie glänzenden Absatzmarkt, einen wie viel verheißenden Anlagemarkt Rußland für Deutschland abgäbe,* umsomehr, da Deutschland die Verwaltung in Rußland ganz anders zu modernisieren imstande wäre, als das nicht unmittelbar benachbarte Frankreich, und da es für Deutschland auch höchst unbequem wäre, ein von Amerika finanziertes Rußland im Rücken zu haben. Ebenso würde die Landarbeiterfrage den Großgrundbesitzern eine Verständigung zwischen Rußland und Deutschland sehr sympathisch erscheinen lassen.

Ganz besonders werden aber militärische und politische Argumente zugunsten einer deutsch-russischen Einvernahme in die Waagschale geworfen werden. Finden sich Deutschland, Oesterreich-Ungarn und Rußland in einem Bunde der Ostmächte zusammen, so können sie eine Landarmee vereinigen, die geradezu unüberwindlich ist. Dieser Bund gewährte nach außen die gleiche Machtposition, wie nach innen. Die Vorherrschaft jener Klassen, deren Hegemonie historische Tradition in Deutschland und Oesterreich-Ungarn ist, wäre damit auf Jahre hinaus begünstigt. Zugleich käme Deutschland damit in die erwünschte Lage, zu Lande geschützt, seine ganze Kraft der Rüstung zur See zuwenden zu können, wodurch es England in immer stärkerem Maße wirtschaftlich den Rang abzulaufen vermöchte. Oesterreich würde Rußland Italien gegenüber die gleichen Aussichten eröffnen, wie Deutschland England gegenüber. Auf dem Balkan und in Kleinasien würde Rußland sich bereit erweisen, die Einflußsphären abzugrenzen, so daß auch hieraus zunächst keine Konflikte erwachsen müßten, denn diese Gebiete würden dadurch vollends in die Abhängigkeit von dem neuen Machtkonzern gebracht.

Wer will den Mut aufbringen, wer will die Verantwortung dafür übernehmen, diese Kombination als unbegründete Sorge zurückzuweisen? Liegt sie doch auch durchaus im Zuge der historischen Tradition! Ein Dreikaiserbündnis – welch verführerische Devise! Um das zu verwirklichen, was ihr zugrunde liegt, wird es ein Leichtes sein, das Zerwürfnis, das die deutsch-russischen Beziehungen im jetzigen Kriege zerriß, als Ergebnis unseliger Mißverständnisse hinzustellen, die Schuld hierfür auf die Unfähigkeit der Staatsmänner und Diplomaten abzuwälzen, die dem Zaren den von ihm nicht gewollten Krieg aufnötigten. Sogar dokumentarische Nachweise werden sich hierfür gewiß finden lassen, wenn die Triebkräfte der Geschichte und die Interessen bestimmter Klassen eine Verständigung zwischen Rußland und Deutschland erst in hohem Maße wünschenswert machen.

Was würde aber die Folge einer derartigen Konstellation sein, die bei oberflächlichem Blick so glänzende Aussichten bietet, tatsächlich die so heiß ersehnten Garantien dauernden Friedens bei stärkster Machtentfaltung herbeizuführen? *Klar und ohne Umschweife ausgesprochen, würde Deutschland damit das Erbe Frankreichs antreten.* Freilich, die Geschichte wiederholt sich nicht, und Deutschlands Schicksal würde sich dabei in anderer Weise gestalten, als dies bei Frankreich der Fall war. In einem Gleichnis ausgedrückt: Deutschland würde in dieser Gruppierung der Hänfling sein, der die Kuckuckseier ausbrütet. Um nach außen seine Macht zu steigern, müßte es trachten, seinen russischen Bundesgenossen wirtschaftlich so zu stärken, daß dieser imstande ist, seine militärische Rüstung möglichst kräftig auszubauen. Hat Rußland im Bunde mit Deutschland und Oesterreich-Ungarn aber in ein bis zwei Jahrzehnten erst dieses Ziel erreicht, dann wird es mit neuen Eroberungsgelüsten auf den Plan treten, Mittel und Wege finden, mit Deutschlands Feinden Beziehungen anzuknüpfen und für Deutschlands Weltmachtstellung wüchse damit eine ähnliche Situation herauf, wie die, die zum jetzigen Weltkriege führte, nur daß Deutschland diese Gefahr dann unter weitaus ungünstigeren Bedingungen zu bestehen hätte, als im gegenwärtigen Augenblick.

Den Ungedanken, man könne sich zuerst mit Rußland verständigen, um England niederzuringen, und dann mit dem Westen zusammen sich gegen Rußland wenden, braucht man wohl nicht erst zu widerlegen. Das hieße mit dem Feuer freventlich spielen. Nein, wer vom Brote des Papstes ißt, stirbt daran. Dieses Wort trifft in weit höherem Maße auf das offizielle Rußland zu. Das Rußland der Pogrome ist noch kein Staat, den man in gleicher Weise behandeln und betrachten darf wie andere Staaten. Er befindet sich auf viel tieferem Kulturniveau, und besonders ist zu beachten, daß dort, trotz der hohen Begabung und vieler vorzüglicher Charaktereigenschaften des russischen Volkes, noch nicht in genügendem Umfange die Kräfte am Werke sind, um ihn auf die Höhe moderner Zivilisation zu heben.

Sicherlich, auch bei den Demokratien des Westens hat sich an den Verhältnissen, die zum Kriege führten, gezeigt, daß der Einfluß des Volkes dort noch nicht groß genug war, um der auswärtigen Politik die Richtung vorzuschreiben. Aber ihre innere Politik ist bereits so weit fortgeschritten, daß ganz deutlich die Tendenzen zu erkennen sind, die im Verlaufe auch die äußere Politik miteinbeziehen werden in das demokratische System, indem dafür gesorgt wird, daß die Reaktion als Minorität durch ihren traditionellen Einfluß auf die äußere Politik nicht doch schließlich über die ausschlaggebende Macht verfügt. In Rußland hingegen ist die reaktionäre innere Politik seiner skrupellosen äußeren würdig, und es wird noch viel Zeit verstreichen müssen, bis das aufgeklärte Rußland, *dem gegenüber man natürlich eine ganz andere Stellung einnehmen könnte,* durch die aufopfernde Arbeit seiner führenden Geister zum ausschlaggebenden Faktor aufgestiegen ist. Wer hegt nicht die ehrlichste Bewunderung für das Rußland, das einen *Tolstoi* hervorgebracht hat, um nur einen der vielen großen Namen zu nennen, die den ganzen Wert der Eigenart der slawischen Kultur in hellste Beleuchtung rücken. Wer würde blind sein wollen für die ungeheure historische Bedeutung des heroischen Kampfes, den die russischen Intellektuellen und ihr Anhang in Stadt und Land gerade in den letzten Jahrzehnten für ein freies Rußland geführt haben. Dieses Rußland zum Teilnehmer an einer Weltföderation zu gewinnen, wäre ein herrliches Ziel. Aber gerade damit dieses Rußland zu reifer Entfaltung gelangt, ist vorheriger Zusammenschluß der Westmächte die unabweisbare Voraussetzung.

Darum wäre nichts verhängnisvoller, als wenn nach dem jetzigen Kriege das zaristische Rußland gleichsam zum Zünglein an der Wage der Geschicke Europas würde. *Von einer derartigen Situation ist aber die Menschheit im höchsten Maße bedroht, wenn zwischen Deutschland und England auch nach dem Kriege die jetzige Feindschaft aufrecht erhalten bliebe*, ja selbst dann, wenn der Haß zwischen Deutschland und England nicht schon während des Krieges zum Abklingen gebracht wird. Nach diesem Krieg wird das Verhältnis zwischen Deutschland und England wesentlich besser oder wesentlich schlechter werden, als es vorher war. Es kann darum künftig auch nur zwei Möglichkeiten geben: das reaktionäre, vom Gedanken des Panslavismus erfüllte Rußland wird entweder zur *umworbensten Macht*, oder die Schwächung des jetzt dort schrankenlos herrschenden Systems zum Zwecke der Demokratisierung und kulturellen Hebung Rußlands wird planmäßig und mit aller Energie von allen Seiten in Angriff genommen.

Deutschland ist heute vor die folgenschwerste Entscheidung gestellt, die ihm jemals in der Geschichte zuteil wurde. Es muß wählen, ob es gemeinsam mit Oesterreich-Ungarn seine eigentliche Aufgabe darin erblickt, in Abwehrstellung gegen Rußland *den undurchdringlichen Damm gegen die Flutwellen des Ostens* aufzurichten, oder ob es im Bunde mit Rußland zur *eigentlichen Vormacht des Ostens* werden will. Zeigt es sich, um vorübergehende wirtschafts- und machtpolitische Vorteile zu erringen, zu einer Verständigung mit der Reaktion in Rußland bereit, *fürchtet es die Pandemokratie mehr als den Panslavismus*, dann kann nur allzuleicht der *Zug der Kultur vom Westen nach dem Osten*, der die historische Tendenz der ganzen neueren Zeit war, sich in einen *Drang der Unkultur vom Osten nach dem Westen umwandeln*. Und damit stiegen nicht nur für die Zukunft Deutschlands, sondern auch für die der gesamten europäischen Kultur die schwersten Zeiten herauf!

III.

Man hat bisher die außerordentlich innigen Beziehungen zwischen der äußeren und der inneren Politik der Staaten nicht genügend beachtet und war sich darum über den Einfluß dieses Kausalnexus auf das Ganze der geschichtlichen Entwicklung nicht klar. *Die äußere Politik bedeutet für die innere das, was das Milieu für die Anlagen bedeutet.* Wie die besten Anlagen in einer ungünstigen Umgebung nicht zu gesunder Entfaltung gelangen können, so treten auch in der inneren Politik fortgesetzt pathologische Störungen zutage, wenn sie mit einer äußeren Politik verbunden bleibt, die mit ihrem natürlichem Wesen, mit ihren notwendigen Tendenzen in Widerspruch steht, wie ich dies in meiner bereits vor dem Kriege geschriebenen Schrift über *„Das Verhältnis der äußeren Politik zur innern"* ausführlich darlegte.

Man kann direkt sagen: *die innere Politik denkt, aber die äußere Politik lenkt.* Allenthalben ist heute in den vorgeschrittenen Kulturstaaten mit Offensichtlichkeit zu konstatieren, daß die Demokratie, die in der inneren Politik schon aufs mächtigste zum Durchbruch gelangt ist, auf dem Umwege der äußeren Politik immer wieder erfolgreich durchkreuzt zu werden vermag. Überall flüchtet man vor den Problemen und Anforderungen der inneren Politik in die äußere Politik. *In der äußeren Politik hat sich die Reaktion ihren letzten Schlupfwinkel geschaffen.* Gelingt es, sie auch aus diesem zu vertreiben, so ist das Entscheidende geleistet, die Kriegsgefahr dauernd erheblich verringert, und der Aufstieg der Völker nicht länger aufzuhalten. Denn man übersehe nicht: Krieg und Reaktion sind Geschwister. Die bestehende Gesellschaftsordnung lebt direkt von der ständigen Kriegsgefahr und Kriegshetze, welche ungeheure technische und politische Machtmittel in den Händen Weniger konzentriert. In einer Welt, die den Krieg überwunden hätte, wären unfreie Völker, wäre äußere und innere wirtschaftliche Ausbeutung heute gleichermaßen unmöglich. An der Frage von Krieg und Frieden hängt darum das Ganze der Demokratie. Eine pazifizierte Welt, das ist die *Bürgschaft des freien Volkes im freien Staat.* Daher vor allem der ungeheure Widerstand gegen internationale Verständigung und obligatorische schiedsgerichtliche Regelung der Völkerkonflikte seitens der Reaktionäre und der ihnen Gefolgschaft leistenden vernunft-feindlichen Romantiker in allen Ländern.

Mittels der äußeren Politik in erster Linie werden die gewaltigen Klassenunterschiede konserviert, die überall zum Ausgleich streben, wie es ja auch eine Tatsache ist, daß die Klassenordnung das Produkt der Machtkämpfe zwischen den rivalisierenden Stammes- und Völkergruppen gewesen ist. *Marx* sah nur die eine Seite der gegebenen Gesellschaftsverhältnisse, wenn er annahm, daß mit dem Fortfall der Klassengegensätze von selbst auch die Staatengegensätze verschwinden. Ebenso wichtig ist es, seine Aufmerksamkeit darauf zu lenken, daß es die Staatengegensätze sind, die fortdauernd die Klassengegensätze festigen und vertiefen. Innere und äußere Spannungen stehen in kontinuierlicher Wechselwirkung. Sie steigern sich gegenseitig schließlich in einem solchen Maße, daß ihr Ausgleich nur in einer explosiven Entladung erfolgen kann.

Von dem Verhältnis zwischen äußerer und innerer Politik wird nun am nachhaltigsten auch die gesamte *Bündnispolitik* der Staaten bestimmt. Ihr Funktionalzusammenhang ist es, aus dem jeweils die historischen Mächtegruppierungen hervorgehen, die in der Welt zustande kommen. Wenden wir diese Einsicht auf die augenblickliche Situation an, so wird unser Blick genügend geschärft, um die Möglichkeiten des Kommenden klar zu übersehen. Es wird uns offenbar, *daß die Verschiedenheit der Klasseninteressen mit innerer Notwendigkeit auf völlig verschiedene Gruppierungen der Großmächte hindrängen.*

Bündnisse können aus militärischen, wirtschaftlichen und kulturellen Gesichtspunkten heraus geschlossen werden. Und je nach der sozialen Position der einzelnen Gruppen und Schichten in den verschiedenen Ländern erscheinen andere Weltkonstellationen wünschenswert. Gibt die innere Politik, gibt das Bestreben, das traditionelle Herrschaftsverhältnis aufrecht zu erhalten, den Ausschlag für die äußere Politik, dann muß naturgemäß die Hinneigung zu Rußland als jenem Staate, in welchem die Autokratie noch am wenigsten von konstitutionellen Einrichtungen durchsetzt ist, in hohem Maße wirksam werden. Diesem Umstande haben wir die paradoxe Erscheinung zuzuschreiben, daß Rußland, trotz seines tiefen Kulturniveaus unter der Herrschaft des Zarismus, ein von allen Seiten so begehrter Bundesgenosse war, statt daß überall mit Entschiedenheit zum Ausdruck gebracht worden wäre, daß ein Staat, in dem noch solche mittelalterlichen Verhältnisse bestehen, nicht als bündnisfähig erachtet werden kann.

Die künftige Machtstellung des Ostens, ebenso wie die Zukunft seiner Kultur, hängt darum in erster Linie davon ab, ob in Zentraleuropa und im Westen die Demokratie im Verlaufe eine stärkere Position erringen wird oder nicht. Auf Deutschland und Oesterreich-Ungarn trifft dies ganz besonders zu, denn den Zentralmächten hat die Geschichte in dieser Beziehung die entscheidende Rolle zugeschoben. Nach allen *Zufälligkeiten unnatürlicher Bündnisse* muß schließlich doch die Tendenz durchdringen, daß die relativ homogensten Staatsgebilde sich am engsten zusammenschließen. *Siegen in Deutschland die Schichten, die die traditionelle soziale Struktur mit Gewalt aufrecht erhalten wollen, gelingt es dem Volke nicht, sich einen größeren Einfluß auf die Politik zu sichern als bisher, dann ist Deutschland trotz all seiner außerordentlichen Leistungen auf den Gebieten der Wirtschaft, der Wissenschaft, Technik und Kunst, trotz seines unübertrefflichen Organisationsgenies, rein politisch betrachtet, dem Osten verwandter als dem Westen, und der osteuropäische Zusammenschluß wird nicht aufzuhalten sein. Kommt in Deutschland und Oesterreich-Ungarn hingegen eine weitgehende Demokratisierung zustande, steigt das Volk dort zur ausschlaggebenden Macht auf, dann wird die Homogeneität mit den Westmächten die größere sein, und trotz aller Interessengegensätze zwischen Deutschland und England wird im Verlauf eine Verständigung zwischen diesen beiden Ländern durch die Triebkräfte der Geschichte selber geschaffen werden.*

Mit alledem ist in vollster Klarheit zum Ausdruck gebracht, wo die größte Gefahr für Deutschland und Oesterreich zu suchen ist: *sie liegt in einem künftigen Dreikaiserbündnis.* Wer genau hinhorcht, was im Volke gesprochen wird, der wird sich überzeugen, daß vielfach damit schon als mit etwas ganz Selbstverständlichem gerechnet wird. Allgemein wird mit leidenschaftlichster Erbitterung gegen England losgezogen, weit über das berechtigste Maß hinaus, unter einseitigster Deutung seiner ganzen Geschichte, unter geflissentlicher Hervorhebung seiner Schattenseiten. Und wenn man dann darauf erwidert: Ja, England muß doch trotz alledem unser künftiger Bundesgenosse sein, weil wir nicht dauernd zugleich England und Rußland zu Todfeinden haben können, dann wird einem seelenruhig darauf geantwortet: Wir werden uns eben nach dem Kriege wieder mit Rußland verständigen. Und ob diese Eventualität nicht nur bei der gedankenlosen Masse erwogen wird, die in ihrem Haß gegen England vergißt, daß wir ursprünglich gegen das stammverwandte England vor allem *deshalb so aufgebracht waren, weil es mit demselben Rußland gemeinsame Sache machte,* das uns jetzt als ganz selbstverständlicher künftiger Bundesgenosse empfohlen wird – ob nicht auch sehr einflußreichen Kreisen in Deutschland, ja, sogar in Oesterreich-Ungarn ähnliche Gedanken vorschweben, wer möchte leichtfertig genug sein, dies angesichts der zahlreichen Symptome, die bereits in diese Richtung zeigen, zu verneinen. Man wird diese Sorge nur völlig von sich weisen dürfen, wenn Deutschland und Oesterreich schon jetzt bindende Zusicherungen geben, daß sie ihre Aufgabe, der treue Eckhart gegen die Gefahr des Ostens zu sein, niemals außer Acht lassen werden, auch dann nicht, wenn ihnen die verführerischsten Angebote gemacht werden, bei Preisgabe dieser ihrer welthistorischen Aufgabe.

Allerdings, man wendet sich heute mit Entschiedenheit dagegen, die großen Fragen der äußeren Politik mit Erörterungen über die Probleme der inneren Politik zu verquicken. Damit, sagt man, werde im gegenwärtigen Zeitpunkt nur Unfriede gesät. Aber diese Zusammenhänge bestehen nun einmal im umfassendsten Maße, und sie werden nicht aus der Welt geschafft, indem man sie ignoriert. Wir sind heute drauf und dran, in den entgegengesetzten Fehler zu verfallen, den wir vor dem Kriege begingen. Vor dem Kriege wurden die Probleme der inneren Politik nicht mit genügender Berücksichtigung der Einflüsse der äußeren Politik behandelt. Jetzt will man im Gegenteil sich nur mit äußerer Politik beschäftigen, ohne die innere Politik in die Untersuchung entsprechend miteinzubeziehen. Das muß aber wieder die schwersten Irrtümer zeitigen. *Jede bestimmte äußere Politik zieht naturnotwendig eine bestimmte innere Politik nach sich und umgekehrt.* Bei einer Verständigung mit dem Westen wird sich zwangsläufig eine andere innere Politik ergeben, als bei einer Verständigung mit Rußland. Und je nachdem, eine wie geartete innere Politik man wünscht, davon hängt es vor allem ab, nach welcher Seite man zuerst eine Verständigung herbeizuführen trachten wird.

Nun wird freilich demgegenüber immer wieder hervorgehoben, es werde nirgends an einen Separatfrieden gedacht, deshalb seien Auseinandersetzungen über den Hauptfeind auch durchaus müßig.

Bei dieser Behauptung wird aber völlig außer Acht gelassen, daß es, selbst ganz abgesehen von der Möglichkeit eines Separatfriedens, einen großen Unterschied ausmacht, ob schließlich *Friedensverhandlungen unter Führung Rußlands mit einem Druck auf England oder Friedensverhandlungen mit England unter einem Druck auf Rußland* zustandekommen. Jene der beiden Mächte, an die zuerst eine Annäherung erfolgt, wird es voraussichtlich auch sein, mit der man künftig in engere Beziehungen tritt.

Ebenso müssen die Friedensbedingungen selber notwendig einen anderen Inhalt haben, wenn künftig England oder Rußland der eigentliche Gegner bleibt. In ersterem Falle spielt die Entscheidung über Belgien eine weitaus geringere Rolle als im letzteren; gegen entsprechende Kompensationen kann man dann weit eher geneigt sein, auf Belgien zu verzichten. *Auch die Annexionsfrage steht also in durchgängiger Abhängigkeit von der künftigen Mächtegruppierung, wie von der inneren Politik, die man im Auge hat.* Wenn man sich nicht jetzt schon klar darüber ist, welche Bündnispolitik man künftig treiben will, so fehlt jeder sichere Orientierungspunkt über die Friedensbedingungen, die man fordern muß.

Suchen wir uns nun ein Bild zu machen, welche Wirkungen sich voraussichtlich einstellen würden, wenn der jetzige Krieg schließlich eine Annäherung Deutschlands und Oesterreich-Ungarns an Rußland brächte. Vor allem wird dann die gesamte Politik dieses neuen Blocks sich naturgemäß gegen die Weltmachtstellung Englands richten müssen. Man wird auf dieser Seite bemüht sein, England wirtschaftlich niederzuringen, maritim zu überflügeln, wird Aufruhr in seine Kolonien zu tragen suchen; und England wird diese feindseligen Akte in der Weise zu beantworten bestrebt sein, daß es Deutschlands Kolonialexpansion mit allen zu Gebote stehenden Mitteln zu durchkreuzen sucht, daß es seine Kolonien wirtschaftlich enger an sich schließt, und es wird besonders darauf hinarbeiten, Japan und China gegen Rußland aufzuhetzen, um auf diese Art dem neuen Konzern möglichst viele Verlegenheiten zu bereiten. Damit würde es aber gleichzeitig Ostasien von Amerika ablenken, und Amerika würde allein dadurch schon an die Seite Englands gedrängt werden.

Aber nicht nur aus diesem Grunde. Auch deshalb, weil im selben Maße, als Deutschland seine Position auf Kosten Englands verstärkt, es zu einem immer gefährlicheren Konkurrenten für die Vereinigten Staaten wird. Von Ruhe in der Welt wäre unter diesen Umständen natürlich nicht die Rede. Mehr als je würde der Bestand aller Großmächte auf die Spitze der Bajonette gestellt sein, und ein Wettrüsten müßte heraufkommen, gegen das alles bisherige Kinderspiel war. Garantien dauernden Friedens lägen ferner denn je, schon weil Rußland seiner ganzen historischen Wesensart nach als alles eher betrachtet werden kann, denn als zuverlässiger Bundesgenosse. Es würde im Bunde mit Deutschland und Oesterreich-Ungarn nur stark genug zu werden trachten, um im *geeigneten Moment mit um so größerer Stoßkraft über sie herzufallen, damit sein Ziel, die Vormacht Europas zu werden, erreicht wird.*

Und diese schwere Gefahr für das Schicksal Europas würde auch dadurch nicht verringert, wenn es im Verlaufe gelänge, Frankreich dem Dreikaiserbund anzugliedern. Im Augenblick, wo Rußland glauben könnte, die Zeit sei gekommen, um Europa unter sein Joch zu beugen, würde es durch skrupellose Diplomaten schon Mittel und Wege zu finden wissen, Uneinigkeit unter die Bundesgenossen zu bringen, indem es die Rivalitäten unter ihnen geschickt ausnützt – und ein Kampf von wie gigantischer Art Deutschland dann bevorstehen müßte, das kann man sich auch ohne eine besonders lebendige historische Phantasie unschwer ausmalen.

Nichts wäre darum leichtfertiger, als sich nicht mit voller Klarheit zu vergegenwärtigen, was notwendig schließlich zustande kommen muß, wenn die Fortdauer der erbitterten Rivalität zwischen England und Deutschland dazu führt, daß Deutschland, um England zu bezwingen, Rußland militärisch zu stärken bemüht ist, und England, um sich Deutschlands zu erwehren, den gelben Osten gegen Europa zu mobilisieren sucht. Daß damit eine geradezu *selbstmörderische Politik für Europa* inauguriert würde, ist offenbar. Denn da alles, was Europa schwächt, zugleich Amerika stärkt, *so käme auf diesem Wege Europa schließlich zwischen die Riesenmahlsteine zweier Kontinente, es wäre gleichzeitig von der asiatischen wie von der amerikanischen Gefahr aufs Schwerste bedroht* – eine Situation, unter der naturgemäß nichts mehr leiden müßte, als die Verwirklichung der schönen Devise vom Sieg des deutschen Gedankens in der Welt. Wenn sich Europa selber sein Grab schaufelt, wird auch Deutschland nicht vor den verheerendsten Erschütterungen – und zwar von außen wie von innen her – bewahrt bleiben, und der jetzige Weltkrieg mit seinem furchtbaren Antagonismus zwischen Deutschland und England wäre dann in ähnlicher Weise das Vorspiel des Unterganges der europäischen Kultur, wie der erbitterte Rivalitätsstreit zwischen Athen und Sparta den Zusammenbruch der Antike einleitete.

IV.

Dasselbe, was man bei allen wirtschaftlichen Wettkämpfen beobachten kann: daß nämlich jene Konkurrenten, die sich am heißesten befehden – ohne sich doch, weil sie beide schon zu stark geworden sind, gegenseitig niederringen zu können –, zur Kartellierung reif sind, die gleiche Einsicht drängt sich auch bezüglich des Konkurrenzkampfes zwischen Deutschland und England auf. *Sie müssen sich vertragen, weil sie sich ertragen müssen.* Ihre Verständigung läge im Interesse beiderseitigen Gedeihens. Fahren sie fort, sich zu zerfleischen, so würde nur irgend ein lachender Dritter den Vorteil davon haben. Und blicken wir zurück auf die Verhältnisse, wie sie vor dem Kriege bestanden, so erinnern wir uns, daß hüben und drüben bereits die hervorragendsten Autoritäten auf dem Gebiete der Hochfinanz, der Industrie und des Handels mit Entschiedenheit betonten, eine Verständigung läge durchaus im Rahmen des Möglichen, eine Abgrenzung der beiderseitigen Einflußsphären, der beiderseitigen Wirtschafts- und Kolonialinteressen ließe sich ohne allzu große Schwierigkeiten bei einigem Entgegenkommen zu beiderseitigem Vorteil durchführen. Warum soll, was vor dem Kriege so unbedingt bejaht wurde, jetzt dauernd unbedingt verneint werden müssen? Die Leidenschaften, die der Krieg aufgeregt hat, werden abflauen, die Vernunftpolitik wird wieder an die Stelle der Gefühlspolitik treten, man wird zur Einsicht zurückkehren, daß bei Herrschaft der Vernunft auch die Völkerinteressen am besten gedeihen. Da nach irgendeiner Seite derartiges bestimmt Wirklichkeit werden wird, weil ja sämtliche jetzt Kriegführenden bei der innigen Verflechtung der Weltwirtschaft und des Weltverkehrs unmöglich auf ewig in Feindschaft leben können, warum soll gerade mit den Westmächten, die uns kulturell doch weit näher stehen als Rußland, dessen Kriegführung sich eben als so barbarisch erwies, allmählich sich nicht wieder bestes Einvernehmen entwickeln? Ja, hat es nicht viel Wahrscheinlichkeit, anzunehmen, daß der Krieg vielleicht sogar eben deshalb gerade jetzt losbrach, weil die Kriegspartei in Rußland mit tiefstem Unbehagen wahrzunehmen gezwungen war, wie die Verständigung mit England und ebenso mit Frankreich Tag für Tag neue Fortschritte machte, so daß Rußland fürchten mußte, wenn es nicht bald zum Krieg käme, wäre für es der günstige Zeitpunkt überhaupt versäumt?!

Gegen alles dies wird man vielleicht einwenden, es sei – abgesehen von allem anderen – schon deshalb verfehlt, Deutschland eine Verständigung nach dem Westen zu predigen, weil England angesichts seiner insularen Lage niemals zu einer derartigen Verständigung bereit sein werde, es sei denn, daß Deutschland dabei völlig an die Wand gedrückt werde: Es würde deshalb niemals auf seine unbeschränkte Seeherrschaft verzichten, Deutschlands Kolonialexpansion stets heftigsten Widerstand entgegensetzen, dessen wirtschaftliches Wachstum immer wieder zu unterbinden suchen. Für ein starkes Deutschland und ein starkes England zugleich sei auf der Welt nicht Raum genug. England oder Deutschland – das müsse deshalb bis zur schließlichen Entscheidung, trotz aller Gefahren, die dieser Kampf heraufbeschwöre, die Devise derjenigen bleiben, für die Deutschlands Macht und Größe die oberste Direktive abgäbe.

Aber ist diese Auffassung richtig? *Wird nicht gerade in ihr Englands Position in der Welt gewaltig überschätzt?* Hat Deutschland England wirklich so wenig zu bieten, daß es dieses nicht zu sehr weitgehenden Konzessionen bewegen könnte, auch wenn man die Dinge rein machtpolitisch und ohne Rücksicht auf Kulturideale, die selbstverständlich auf beiderseitigen Zusammenschluß hindrängen, betrachtet? *Ich meine, in dieser Beziehung müßten wir stolzer von unserer Position denken.* Schon die kürzeste Überlegung macht es evident, daß England weit mehr auf eine Verständigung mit Deutschland angewiesen ist, als umgekehrt Deutschland auf die Freundschaft Englands. Und zwar aus einem sehr einfachen Grunde: *Deutschland wird nach dem Kriege, wo Frankreich nicht mehr den Bankier für Rußland abgeben kann, immer die Möglichkeit haben, mit Rußland zusammenzugehen, falls sich England nicht gewillt zeigt, Deutschland alle jene Konzessionen zuzugestehen, die dieses im Interesse seiner gesunden Fortentwickelung notwendig fordern muß* und die England auch ohne weiteres gewähren kann, ohne seine eigenen Interessen zu verletzen. Denn wieviel mehr gemeinsame als gegensätzliche Interessen zwischen den Völkern Deutschlands und Englands bestehen und zwar nach dem Kriege in weit größerem Umfange als vor diesem, das wird aus der weiteren Darlegung noch ganz deutlich erhellen.

Das wichtigste Motiv, das England an die Seite Deutschlands drängen muß, ist jedenfalls die Tatsache, daß, falls ein Wettbewerb zwischen England und Deutschland um Rußland stattfindet, Rußland Deutschland stets den Vorzug geben wird. Und zwar nicht nur aus den bereits angeführten Gründen, die darauf hinwiesen, wie weitaus Größeres Rußland und Deutschland, besonders wegen der unmittelbaren Nachbarschaft, sich militärisch und wirtschaftlich zu geben in der Lage sind, sondern auch aus innerpolitischen Ursachen. Rußland wird nach dem Kriege einen wesentlich schwereren Stand der Revolution gegenüber haben als vorher. Auch diesbezüglich wird es bei der traditionellen sozialen Struktur an Deutschland und Oesterreich-Ungarn einen weitaus stärkeren Halt zu finden hoffen, als etwa an England, dessen ganze Geschichte sich nicht in sein Gegenteil verkehren läßt und wo, ebenso wie in Frankreich nach dem Kriege, der Widerwille gegen Rußland, das als Bundesgenosse im Volke niemals Popularität genoß, sich noch erheblich steigern wird.

Kommt aber ein osteuropäischer Zusammenschluß unter Führung Deutschlands zustande, so wird England in die verhängnisvollste Situation geraten und bald den Vorzug einbüßen, die innerpolitisch demokratischsten Einrichtungen der Welt zu besitzen. England und Frankreich berauschen sich jetzt im Krieg an der Phrase, sie seien berufen, durch Zerschmetterung Deutschlands den deutschen Militarismus zu zerbrechen. Aber mit dem deutschen Militarismus wollen sie auch seine Heeresorganisation treffen, zwei völlig verschiedene Dinge, zwischen denen sie gar nicht unterscheiden. Sie werden darum mit diesem ganz unzeitgemäßen Kampf gegen den deutschen Militarismus mitten im jetzigen Kriege genau das Gegenteil von dem erreichen, was sie anstreben, nämlich den Militarismus so stärken, daß künftig die ganze Welt weit mehr als bisher in den Militarismus hineingezwungen wird. Sie ziehen also aus, den deutschen Militarismus zu beseitigen, und werden schließlich den Militarismus auch bei sich selber und ebenso in Amerika zur vollen Herrschaft heraufführen. Unzweideutige Symptome hierfür sind schon in Fülle vorhanden.

Bringt es England durch Festhalten an der Feindschaft zu Deutschland fertig, Deutschland an die Seite Rußlands zu drängen, dann wird es selbst die allgemeine Wehrpflicht einführen müssen, die hierfür nötigen Ausgaben wie die immer schärfere wirtschaftliche Konkurrenz mit Deutschland werden es an dem weiteren Ausbau seiner sozialpolitischen Institutionen hindern, es wird vor fortwährenden Aufständen in seinen Kolonien stehen, den Rüstungswettbewerb zur See in gigantischstem Umfang aufnehmen müssen, ungeheure Mittel aufzubringen gezwungen sein, um die Mobilisierung der gelben Rasse gegen Rußland zu finanzieren und mit alledem naturgemäß dem konservativen Regime auf lange Zeit die Herrschaft in die Hand spielen. Trotz aller dieser Anstrengungen wird aber England sich auf die Dauer dem Bunde der Ostmächte nicht gewachsen erweisen und am Ende in diesem mit der größten Erbitterung geführten Konkurrenzkampfe unterliegen.

Wir sehen es übrigens auch schon jetzt ganz deutlich, wie, je länger der Krieg dauert und je leidenschaftlicher er geführt wird, desto mehr in England der ganze Niederschlag der jahrhundertelangen Kämpfe um die Demokratie ins Wanken gerät. Was jetzt dort einzusetzen beginnt, kommt fast schon einer Art Demolierung der Demokratie gleich. Und auch in allen andern Ländern drohen ähnliche Tendenzen. Die Ströme des vergossenen Blutes werden künstlich auf die Mühlen der Reaktion geleitet und zwar um so gewaltiger und mächtiger in jenen Ländern, wo die Reaktion schon vorher die eigentliche Triebkraft der gesamten Politik war. Man erschließe daraus, innere Kämpfe von welcher Wucht überall bevorstehen, wenn selbst der Westen auf seine freiheitlichen Traditionen zu verzichten genötigt wird, um in schrankenlos übersteigerten Kampf für die Vormacht letzten Endes doch vergebliche Anstrengungen zur Behauptung seiner Position zu machen.

Also nicht nur die ganze machtpolitische Zukunft Englands steht auf dem Spiele, wenn es nicht alles daran setzt, durch rechtzeitiges Einlenken gegenüber Deutschland unter entsprechender Berücksichtigung von Deutschlands notwendigen Ansprüchen, dessen Zusammenschluß mit Rußland zu verhüten, sondern auch das liberale Regime wird auf Jahre hinweggefegt sein, wenn durch Englands selbstherrlichen Starrsinn in Deutschland diejenigen Schichten die Oberhand gewinnen, die naturgemäß das größte Interesse haben, auf eine Verständigung mit dem Zarismus hinzuwirken.

Und das Gleiche wie für die Bemühungen der Reaktion in England und Deutschland gilt natürlich auch für die Frankreichs und aller übrigen Staaten der Erde. Überall lebt die Reaktion in der inneren Politik von den reaktionären Tendenzen, welche die überkommene absolutistische äußere Politik, die mit Geheimverträgen, diplomatischen Intrigen und maßloser Rüstungsübersteigerung arbeitet, in so furchtbarem Umfang begünstigt.

Es ist eine Tatsache, die für die Demokraten der ganzen Welt die gleiche Bedeutung hat, daß man geradezu folgendes Gesetz formulieren kann: *mit jedem Schritt, mit dem Deutschland und England sich arithmetisch von einander entfernen, werden in geometrischer Progression Deutschland und Rußland einander angenähert.* Dieses Faktum darf auch in Frankreich größte Aufmerksamkeit beanspruchen. Die herrschenden Kreise können sich dort bezüglich ihres Verhältnisses zu Rußland nicht länger der Täuschung hingeben, als ob dieses künftig weiter wie bisher bestehen zu bleiben vermöchte. Wurde es vom französischen Volk vorher schon nur widerwillig ertragen, so wird dieses nach dem Kriege noch weniger geneigt sein, sein mühsam erspartes Gut dem russischen Moloch in den Rachen zu stecken. Aber auch die bisher Rußland bereits geopferten Milliarden werden schwer gefährdet sein, wenn, sobald sich Rußland an Deutschland und Oesterreich-Ungarn anschließt, Frankreich weiter an der Seite Englands bleiben will. Käme es dagegen zu einer Verständigung zwischen Deutschland und England und würde Frankreich, seine Gefühlspolitik überwindend, in den Bund der Westmächte eintreten, dann wäre es ein Leichtes, ihm als Kompensation für sein Einlenken den Fortbezug seiner Zinsen aus den Anlagen in Rußland durch entsprechenden Druck auf dieses zu garantieren. Kann doch Frankreich, das bereits genötigt ist, seine Sechzehnjährigen in die Stammrollen aufnehmen zu lassen, nicht den Krieg bis zum Verbluten führen wollen!

Mit alledem hätte dieser in Zeit und Raum alles bisher Dagewesene weit überbietende Weltkrieg wenigstens *ein* Ergebnis, von dem man sagen dürfte, daß es segensreich ist: die Schwächung des zaristischen Rußland. Der kulturell höher stehende Westen hätte sich

dann endlich gegen den politisch noch so tief stehenden Osten zusammengeschlossen, die natürliche, kulturell wie geographisch gebotene Gruppierung der Mächte, die nicht nur dauernden Frieden,
sondern auch dauerndes Gedeihen, dauernden Aufstieg der Völker,
Zusammenbruch der Vormacht der Reaktion im Westen wie im Osten, verbürgte, wäre zustandegekommen – eine Errungenschaft von
nicht überschätzbarer Bedeutung.

V.

Nun wird man gewiß auch gegen diesen so einleuchtenden Gedan-
kengang ein scheinbar gewichtiges Gegenargument vorzubringen
wissen. Man wird einwenden, auch bei dieser Kombination würde
letzten Endes der Friede gleichfalls nicht dauernd gesichert sein,
denn Deutschland würde dann einfach genötigt sein, eines Tages im
Auftrage Englands gegen Rußland Krieg zu führen, statt Frankreich
wäre dann eben Deutschland zum „Kontinentaldegen" Englands
geworden.

Diese Behauptung kann aber nur auf den ersten Blick bestechen,
einer gründlichen Kritik hingegen hält sie nicht stand. Vor allem ist
ganz klar, daß Deutschland zu mächtig ist, um sich von England zu
einer Politik mißbrauchen lassen zu müssen, die nicht in seinem eigenen Interesse liegt. Weit wichtiger ist folgendes: die Auseinandersetzung zwischen dem Osten und dem Westen, das ist ja die eigentliche Kulturaufgabe unserer Zeit. Was der Westen tun muß, um sich
des Ansturms der Reaktion des Ostens zu erwehren, wie, um sich
dessen spezifische Kultur, deren Eigenart entsprechend allmählich
in einheitlicher Zusammenarbeit anzugliedern, das ist der tiefste
Sinn der Geschichte des nächsten Jahrhunderts selber. In diesem
Kampfe, der zugleich ein Befreiungskampf für den Osten wäre, entscheidet sich mit dem Schicksal der europäischen Kultur auch der
Bestand Deutschlands. *Deutschland wird diesen Kampf also auf jeden
Fall führen müssen, gleichviel ob mit, ohne oder selbst gegen England.*

Schließt sich jedoch der Westen rechtzeitig zusammen, stellt
ganz Europa in Verein mit Amerika den Kulturdamm gegen die
Flutwellen der Welteroberungstendenzen des Ostens dar, dann darf
man nicht nur beruhigt über die Zukunft Europas sein, dann besteht

sogar die Hoffnung, daß nicht wieder auch diese Auseinandersetzung mit dem inzwischen politisch befreiten Osten dereinst mit Waffengewalt zu erfolgen braucht. Der historische Zeitpunkt für diesen Zusammenschluß darf jedoch nicht versäumt werden. Denn es ist nicht nur richtig, *daß die Utopie von gestern die Wirklichkeit von heute ist*, sondern die *Möglichkeit von heute* kann auch sehr leicht die Utopie von morgen sein. Augenblicklich liegen die Dinge noch so, daß die Völker, die über die höhere Kultur verfügen, auch die größere Macht besitzen. *Würde das reaktionäre Rußland sich erst im Bunde mit Deutschland wirtschaftlich und militärisch gründlich gestärkt haben, würde Japan erst, indem es zur Herrschaft in China gelangt, durch englisches Kapital in die Möglichkeit versetzt, eine neue ungeheure Militärmacht auf die Beine zu bringen, dann könnte sich im Verlauf sehr wohl die Waage zugunsten des Ostens senken, und Europa hätte den Augenblick verpaßt, sich seine Vormacht dauernd zu sichern.*

Die ungeheuer starke Position Zentraleuropas wie des gesamten Westens dem Osten gegenüber beruht heute neben seinem kulturellen, industriellen und wirtschaftlichen Übergewicht in höchstem Maße auch in seiner *allgewaltigen Kapitalvormacht.* Noch auf lange Jahre hinaus ist der Osten ohnmächtig, wenn er nicht vom Westen mit Kapitalvorschuß gespeist wird. Diese Situation muß sich der Westen zunutze machen, solange es noch Zeit ist. Noch steht es in seiner Hand, den gesamten Osten gleichsam moralisch unter Kuratel zu halten, indem er seine finanziellen Unterstützungen von Bedingungen abhängig macht, die für den Osten die Unmöglichkeit schaffen, dem Westen militärisch ebenbürtig zu werden, solange die östliche Kultur noch auf einem so tiefen Niveau steht wie heute. Kommt der Westen erst in dieser Beziehung *zum Bewußtsein seiner Lage* und zieht er die entsprechenden weltkulturpolitischen Konsequenzen daraus, was er nur kann, wenn er sich eben einheitlich zusammenschließt, so hat er selbst eine brutalegoistische Eroberungspolitik des Ostens so bald nicht zu fürchten.

Dazu kommt noch, was bisher viel zu wenig beachtet wird, daß die Völker des Ostens von Natur aus gar nicht kriegerisch sind. Die Masse ist ihrem Grundcharakter nach in Rußland durchaus friedliebend und kulturfähig. Ebenso ist dies in China der Fall, wie es die ganze Geschichte des Reichs der Mitte beweist. Bemüht sich der Westen erst, das rechte Vorbild zu geben, begünstigt er nicht länger das korrupte Regime in Rußland, welches das Volk nur als wehrloses Mittel für seine Eroberungsgelüste und für das skrupellos gewinnsüchtige Bestreben kleiner Schichten auszunutzen sucht, schafft Europa durch seine unaufhörliche Rivalität nicht eine Situation für Japan, die dieses zur Vormacht der gelben Rasse erhebt, dann ist *die asiatische Gefahr* wesentlich herabgemindert. Und wie sehr durch festen Zusammenschluß des Westens auch die *amerikanische Gefahr* sich verringert, braucht wohl nicht erst ausgeführt zu werden. Denn man lasse nicht außer acht, noch ist in Amerika der Friedenswille überwiegend. Wird auch Amerika erst zur Militarisierung genötigt, dann ist auch von dieser Seite her Europa aufs Schwerste bedroht.

Das wird überhaupt bisher noch weitaus zu wenig berücksichtigt: bei der fortschreitenden, immer inniger sich gestaltenden Verflechtung der Weltwirtschaft und des Weltverkehrs ist es ganz unzureichend, nur auf europäisches Gleichgewicht hinzuarbeiten; alles kommt jetzt vielmehr bereits auf *interkontinentales Gleichgewicht* an, und dieses kann nur zustande kommen, wenn der Westen sich einheitlich zusammenschließt. Solange große Teile des Westens mit großen Teilen des Ostens verbunden bleiben, müssen die Kulturvölker, um ihren Bestand zu sichern, die Unkulturvölker auch militärisch stärken, damit sie sie gegeneinander ausspielen können. Und daß es bei einer so beschaffenen Weltkonstellation utopisch ist, auf Ruhe in Europa zu hoffen, ist wohl evident. Der fortwährende Hinweis auf den Kampf für Garantien dauernden Friedens würde damit zur völlig inhaltleeren Phrase.

Allerdings wird man vielleicht sagen, der Völkerkampf ist nicht nur abhängig von der Mächtegruppierung, die sich in der Welt vollzieht, er ist in der Hauptsache die Folge der kapitalistischen Wirtschaftsordnung. Das stimmt jedoch nur unter ganz bestimmten Voraussetzungen, nämlich wenn diese Behauptung nicht einseitig aufgefaßt wird. Feindseliges Völkerverhältnis und voll entfaltete Ausbeutungswirtschaft bedingen einander wechselseitig. Man kann direkt sagen: *der imperialistische Kapitalismus ist die Funktion des gegebenen Völkerverhältnisses.* Der Imperialismus lebt von den ungeordneten Völkerbeziehungen. Jeder Fortschritt in der Richtung der Internationalisierung ist zugleich eine Modifikation des Kapitalismus. Ohne Internationalisierung der Wirtschaft keine Sozialisierung und umgekehrt. Nutzt der einige Westen seine finanzielle Übermacht gegen den Osten in entsprechender Weise aus, macht er jeden Kapitalvorschuß an den Osten davon abhängig, daß dieser demokratische Konzessionen an seine Bevölkerung gewährt und sich zu pazifistischen Kompromissen bereit zeigt, dann wird er den Osten auf eine höhere Stufe der Kultur heben können, ohne daß dieser dadurch zu einer Gefahr für die westliche Kultur wird.

Je mehr er seine Macht dazu verwendet, um die Völker des Ostens ihren Bedrückern gegenüber zu stärken, desto mehr wird er sich auch in diesen Völkern selber Bundesgenossen erziehen, und deren große Menschenmassen stellen dann keine Gefahr mehr für den Westen dar, gegen die dieser sich zugleich *durch Wettrüsten und Wettgebären* zur Wehr setzen muß. *So steht auch die Bevölkerungspolitik und mit ihr die Sozialpolitik und damit das ganze Kulturproblem überhaupt in durchgängiger Abhängigkeit von der Bahn, die die auswärtige Politik einschlägt.*

VI.

Wir müssen uns endlich auch zur Einsicht erheben, daß ganz verschiedene Kulturen nebeneinander existenzberechtigt sind. Jede Nation, jedes Land baut, seiner Tradition, seiner Geschichte entsprechend, seine Kultur auf anderen Grundlagen und nach einem ihrer resp. seiner Individualität entsprechenden System auf. Respekt vor dieser Verschiedenheit ist die oberste Forderung, die reifes Kulturbewußtsein an sich selbst stellen muß. Kommt in dieser Verschiedenheit doch erst der ungeheure Reichtum menschlichen Leistungsvermögens voll zum Ausdruck. Man ist bisher der Fruchtbarkeit der nationalen Individualität noch keineswegs, auch nur annähernd, gerecht geworden.

Immer hat man sich nur an der Schattenseite der verschiedenen nationalen Individualitäten angesiedelt, aus den Schwächen, die jeder notwendig anhaften, Vorteil zu ziehen gesucht, ihre Mängel verfolgt, statt ihre Vorzüge zu entwickeln. Mit einem Wort, man war nie bemüht, jede, auch die kleinste nationale Individualität als Selbstzweck, statt nur als Mittel zu betrachten. Ausbeutungsbestreben erweckt aber naturgemäß leidenschaftlichen Widerstand bei den Ausgebeuteten und es ist hierbei ganz einerlei, ob es sich um einzelne Individuen, einzelne Klassen oder einzelne Völker und Rassen handelt. Mit je tiefer stehenden Gruppen man es zu tun hatte, desto stärker war man bisher von radikalen Ausbeutungstendenzen erfüllt. Mit diesen Ausbeutungstendenzen muß vollkommen gebrochen werden, soll die Welt endlich zur Ruhe kommen.

Ein Bund der Westmächte würde nun das demokratische Element zu so umfassender Entfaltung bringen, daß mit der Verringerung der *innern Ausbeutung* auch der Hang zu *äußerer Ausbeutung* eine wesentliche Schwächung erfahren müßte. Die fortschreitende Demokratisierung der innern Politik würde es den führenden Großstaaten unmöglich machen, in den abhängigen Kolonien, und überhaupt bei allen ihrer Hegemonie unterordneten Ländern und Völkern das bisher allenthalben übliche Unterdrückungssystem aufrecht zu erhalten. Damit wäre aber ein Zustand geschaffen, der die führenden Kulturvölker befähigt, zu einer Zeit, wo ihre Suprematie noch unangreifbar ist, die tieferstehenden Völker ihrer Kultur allmählich anzugliedern.

Auch in der äußern Politik wäre damit *Reform von oben* eingeleitet, statt der sonst unausbleiblichen *Revolution von unten.* Keine Ausbeutungskultur ist von Bestand. Ausgebeutete Völker setzen sich ebenso zur Wehr, wie ausgebeutete Klassen. Jedes ausgesprochene Herrschaftsverhältnis ist von *doppelter Entartung* bedroht, von der Entartung der Minorität durch zu günstige Lebensbedingungen, ebenso wie von der Degeneration der Majorität durch zu ungünstige. Jede Kultur, die sich abzuschließen strebt, die sich auf Kosten des lebendigen Untergrundes, der sie trägt, zu verfeinern trachtet, muß zugrunde gehen. Kultur kann sich nur schützen, wenn sie den Aufstieg der nachdrängenden Schichten zu fördern bestrebt ist und so ihre Basis zu erweitern trachtet. Kultur kann nicht mit Gewaltmitteln aufgedrängt, sondern nur durch liebevollste Berücksichtigung des fremden Eigenwillens allmählich organisch aufgebaut werden.

Dieser Aufgabe wird sich auch der Westen dem Osten gegenüber unterziehen müssen. Er wird die Kulturkräfte, die im Osten in der dessen Individualität entsprechenden Weise nach Entfaltung ringen, mit allen vorgeschrittenen Mitteln, die ihm zu Gebote stehen, unterstützen müssen, statt sie bloß mit immer bessern technischen Mitteln zu bewaffnen, die sie schließlich nur stark genug machen, die Fremdherrschaft abzuwerfen. Auch im Osten schlummern ungeheure Kulturkapitalien, die man bisher bloß ganz roh auszubeuten suchte, statt sie mit größtem Ertrag auszunützen. Dadurch erzieht man sich erst den Feind, dem man schließlich nicht gewachsen sein wird.

Man verwechselte bisher koloniale Ausbeutung und imperialistische Welthandelspolitik mit wahrhaft großzügiger Weltkulturpolitik. Mit Derartigem wurde noch nicht einmal begonnen. Alle Weltpolitik begnügt sich damit, daß die führenden Kulturnationen die großen Massen der tiefer stehenden Völker im Kampfe um die Vormacht wechselseitig gegeneinander ausspielen. Zu diesem Zweck trachtet jede Kulturnation die unkultivierten Massen durch wirtschaftliche Ausbeutung möglichst zu schwächen, und zugleich durch militärische Schulung möglichst zu stärken. Bleibt dieses System weiter bestehen, dann werden die nur als Mittel gebrauchten Völker sich endlich als Selbstzweck zusammenschließen, und mit Staunen und Schrecken werden wir dann eines Tages erleben, daß sie sich allesamt aus dem Frondienste der Rivalen befreien und sich gesammelt gegen diese kehren.

Wie im Innern der europäischen Kulturstaaten die herrschenden Schichten schließlich genötigt wurden, mit der Masse zu paktieren, um nicht von der organisierten Majorität überrannt zu werden, so wird das Völkerproletariat, wenn es erst zum Bewußtsein seiner Macht gelangt, die Diktatur über die kleine Schicht der Kulturvölker zu erobern trachten, und hier wird dann gewiß die Masse siegen. Beim Zusammenstoß zwischen Quantität und Qualität vermag sich die Qualität immer nur bis zu einem bestimmten Punkt zu erhalten. *Versäumt es die Qualität, die Quantität zu qualifizieren, so ist auf die Dauer ihr Schicksal besiegelt.* Der Fortbestand der eifersüchtigen Rivalität in der europäischen Kleinstaaterei muß diesen Prozeß notwendig beschleunigen.

Kommt es zwischen Völkern zum Kampfe um Sein oder Nichtsein, so nimmt dieser immer erbittertere Formen an und zieht sich dadurch immer mehr in die Länge. Je erbitterter und in Raum und Zeit ausgedehnter Völkerkämpfe werden, desto mehr entscheidet aber zum Schluß das geographische Moment: die *territoriale Größe.* Von dieser welthistorischen Tatsache ist die europäische Kultur am schwersten bedroht. Sie hat bei organisatorischer friedlicher Lösung der Völkerkonflikte alles zu gewinnen, alles hingegen zu verlieren, wenn die Gewalt weiter das letzte Auskunftsmittel zur Regelung der Völkerbeziehungen bleibt, ja, immer mehr zum ersten und alleinigen aufsteigt. Auf Gewalt zu pochen, das ist das souveräne Mittel der Majorität. Appelliert die Minorität fortwährend an die Gewalt, so ist ihr Schicksal entschieden. Der Höherstehende und Schwächere muß im Geiste, muß in der Kultur seine stärkste Waffe erblicken, zum Respekt vor dieser erziehen.

In dieser Situation befindet sich nun auch die Minorität, die die Kulturvölker in der Weltbevölkerung darstellen. Ihre Herrschaft kann ewig sein, wenn sie ihr *Kulturprestige*, solange es noch überragend ist, dazu benützen, um vor Anwendung roher Gewalt Abscheu zu erwecken. Nützen sie ihre geistige und wirtschaftliche Macht nicht nur, um sich die Vorherrschaft zu sichern, sondern predigen sie vor allem Gewalt, dann unterliegen sie selbst schließlich ebenderselben Gewalt, der sie die letzte Entscheidung zuschieben.

Es ist ja nicht so, daß die von vollreifen Bürgern getragene Demokratie eine willkürliche Forderung der Kultur in einer bestimmten parteiischen Auffassung wäre. Wahrhaft vollendete Demokratie stellt vielmehr die unabweisbare Voraussetzung innerlich gesicherter Kultur überhaupt dar. Die Demokratie ist für die Kultur gleichsam das, was für die geordnete Funktion der Organismen Erhaltung des Stickstoffwechselgleichgewichtes bedeutet. Nur zwischen Demokratien ist weitgehende Verständigung möglich, freilich auch zwischen ihnen nur unter der Voraussetzung, daß sie in ihrer äußeren Politik nicht reaktionären Strömungen unterliegen. Mit andern Worten: Innerer Ausbeutung ist nur vorgebeugt, wenn nicht auf äußere Ausbeutung hingearbeitet wird. *Das Ausbeutungsprinzip muß in jeder Form aufgegeben werden, wenn die Welt endlich zur Ruhe kommen soll.*

Auch die Suprematie darf nicht zur Ausbeutung benutzt werden. Alle Kultur erfordert konstitutionelle Struktur. Die Demokratie muß auch allen Abhängigen zugute kommen, selbst diejenigen Staatsgebilde, die wegen des Tiefstandes ihrer Bevölkerung noch gleichsam unter Kuratel zu stellen sind, müssen aus ihrer Abhängigkeit von den führenden Kulturnationen Vorteil ziehen, müssen in ihren höherstehenden Nachbarn ihre Befreier vom innern Druck erblicken können, in ihren kulturellen Bestrebungen von diesen Förderung erfahren, so daß die in ihnen schlummernden Entwicklungskräfte von diesen wie von mächtigen Katalysatoren zur Entfaltung gebracht werden. Die Interdemokratie, die *interdemokratische Union,* das ist jenes Völkerverhältnis, das einzig und allein alle wechselseitig fördert, und in keinem Volk die Sehnsucht nach Befreiung aus einem größeren Verband aufkommen läßt.

Bleibt jedoch alle Weltpolitik, alle Bündnispolitik weiter wie bisher davon innerviert, durch die angestrebte Mächtegruppierung die Ausbeutungsgrenzen zu erweitern, stehen sich nach wie vor Riesenverbände gegenüber, die nur von dem einen Gedanken erfüllt sind, sich gegenseitig das Leben zu erschweren, dann wird im weitern Verlaufe, in viel gewaltigerem Maße wie bisher, unsere ganze Arbeit in Kriegsvorbereitung wurzeln und gipfeln, dann wird der jetzige Krieg nur das bescheidene Vorspiel weit furchtbarer Kriege in der nächsten Zukunft sein. Keine andere Konstellation, als die eines Bundes der Westmächte, der sich im Verlauf notwendig zu einem demokratischen Kulturbund überhaupt ausgestalten müßte, kann eine neue vollkommenere Welt aus diesem Kriege hervorgehen lassen. Jede andere Kombination würde die alte Völkerfeindschaft vergrößert und verschärft fortentwickeln. Der Machtkampf würde nur noch gröbere Formen annehmen, die versteckte Feindseligkeit würde in offene übergehen, wir kämen aus den Kriegen überhaupt nicht mehr heraus.

Man übersieht heute auch eines vollkommen: Die Weltwirtschaft, der Welthandel, sie werden nicht rascher wieder in dem gewaltigen Umfange aufgenommen werden können, der vorher bestand, als die internationale Zusammenarbeit der Wissenschaft und des Proletariats. Der Kapitalismus steht nicht nur vor der Gefahr, vom Internationalismus gesprengt zu werden, er ist in eben demselben Maße davon bedroht, im extremen Nationalismus zu ersticken. Wenn künftig jeder Staat bloß danach strebt, seine wirtschaftliche Abhängigkeit vom Ausland zu verringern, so wird damit das hochentwickelte System unserer arbeitsteiligen Wirtschaft verlassen, so büßen wir damit nicht nur eine Fülle von Vorteilen ein, die diese uns schuf, sondern die Ausdehnung der Produktion wird dadurch in einem weit höheren Grade als vorher auf die Hebung der Kaufkraft des eigenen Volkes hingewiesen. Die internationalen Demokratisierungstendenzen, die Demokratisierungstendenzen von außen her, die man auf diese Weise los wird, kehren damit von innen her als nationale Demokratisierungstendenzen wieder. Der Zug zur Interdemokratie, der vorher von außen nach innen wirkte, wird nun von innen nach außen wirksam, weshalb die Internationalisierung und Demokratisierung auch durch den extremsten Nationalismus trotz aller entsetzlichen Opfer, trotz aller Verengung der kulturellen Potenzen auf die Dauer nicht aufgehalten werden kann. Die Entwicklung zum Sozialismus ist im geschlossenen Handelsstaat nicht geringer, als in der offenen Weltwirtschaft, insofern diese auf dem Untergrunde ehrlicher internationaler Verständigung ruht. Was war denn der Imperialismus anders, als die Ableitung des unaufhaltsam anwachsenden Volksreichtums in die Welt hinaus! Soll jetzt mit einem Male dessen nationale Stauung die gleichmäßige Verteilung des Mehrwertes aufzuhalten imstande sein? Und wenn es darauf nicht ankommt, welchen Sinn hat dann noch der Widerstand gegen den Internationalismus, der richtig aufgefaßt nichts anderes anstrebt, als volle Entfaltung der unerschöpflichen Werte, die in jeder einzelnen Individualität nach Entfesselung ringen!

Pangermanismus, Pananglismus, Panromanismus, Panslavismus, Panamerikanismus, Panislamismus, Panmongolismus – sind das nicht alles nivellierende Tendenzen, die einem einzigen Charaktertypus die Herrschaft über die Welt erobern wollen, gewaltsam alle andern Charaktertypen verdrängend oder in ihrer eigenzieligen Entwicklung beschränkend, und lehrt nicht alle Geschichte, daß die Mannigfaltigkeit im freien Spielraum, unter sorgsamer Wahrung fremder Selbstbestimmung, die Wurzel allen kulturellen Reichtums bedeutet? Gerade der Internationalismus geht von der Anerkennung des nationalen Ideals aus, erblickt in voller Würdigung der nationalen Selbstbehauptung seine heiligste Aufgabe, während der imperialistische Weltmachtgedanke – wie dies die schrankenlose Übersteigerung des Nationalismus in Italien augenblicklich überdeutlich zeigt – nationale Ambitionen gewaltsam aufpeitscht, die nicht zusammen bestehen können, die im wütendsten Kampfe auf Tod und Leben gegeneinander den Maßstab ihres Wertes erblicken müssen. Das nationale Ideal, als Wille zur Macht begriffen, muß im schroffen Herrenstandpunkt gipfeln, der schließlich nur allzu leicht im siegreichen Sklavenaufstand sein Ende findet. Wenn jeder Staat den Wahn zu verbreiten sucht, daß nur er zur Macht berufen ist, wenn jedes Volk sich als das auserwählte betrachtet, so muß es in zügellosem Imperialismus sein oberstes Ziel erblicken. Kein Weltimperium hat sich aber noch zu halten vermocht. Was im Imperialismus zu allen Zeiten und vergebens angestrebt wurde, angestrebt unter den ungeheuersten Opfern von Gut und Blut, das wurde bisher nur vom Föderativsystem erreicht, wie das die Geschichte der großen nationalen Einheitsstaaten aufs Deutlichste beweist.

Alle rohen Gewaltmittel haben bisher stets nur dazu geführt, daß die Macht von einem Volk auf ein anderes, von einem Staat auf einen andern überging. Dauerkulturen hat der Machtkampf noch nirgends geschaffen. Insbesondere für Kulturminoritäten hat sich der Herrenstandpunkt bisher noch immer als Verhängnis erwiesen. Und auch die europäische Kultur ist vom Verfall bedroht, wenn sie mit Druck und Ausbeutung die Welt zu unterjochen trachtet. Der Kampf um die Vorherrschaft zwischen den Kulturnationen wird notwendig das Ergebnis haben, daß er die Position der Völker stärkt, die sich bisher in deren Abhängigkeit befanden, daß die Kulturnationen genötigt sein werden, um sich wechselseitig den Rang abzulaufen, in alle tiefer stehenden Länder Aufruhr hineinzutragen, und es wird ihnen damit schließlich ergehen, wie dem Goetheschen Zauberlehrling, der die Kräfte, die er entfesselt hat, zuletzt zu seinem eigenen Schrecken nicht mehr zu bändigen vermag.

Der flüchtigste Blick auf die Landkarte lehrt schon die dünkelhafte Vermessenheit eines Weltimperiums. Nicht einmal der Sieg des europäischen Gedankens in der Welt wäre ein realisierbares Ideal. Zum Schluß entscheiden eben doch die geographischen Bedingungen. Kleine Bruchstücke der Erde können nicht dauernd der ganzen Erde ihren Gang vorschreiben. Und am allerwenigsten dann, wenn die Völkerbruchstücke untereinander im Kampfe stehen und, um in diesem Kampf siegreich zu bleiben, die Bevölkerung der andern Erdteile wechselseitig auf einander zu hetzen genötigt sind. Kultur besteht darin, daß sie diejenigen Völker, die in deren Besitze sind, befähigt, sich in immer größerem Maße zu gegenseitiger Verständigung zu konzentrieren, zu einheitlichem Willen zusammenzuschließen. *Das ist das, was die Kulturvölker vor allem vor den tiefer stehenden Völkern voraus haben: Die größere Vergesellschaftungsfähigkeit*! Von diesem Vorteil müssen sie Gebrauch machen lernen, um sich ihre dauernde Suprematie zu sichern, und je weniger sie diese Suprematie zur Ausbeutung ausnützen, desto williger werden sich die minder zivilisierten Völker ihrer Führung anvertrauen.

Der Appell an die Macht führt notwendig diejenigen zum Sieg, die den Kampf mit brutaleren Mitteln zu führen, mit größeren Massen auszufechten imstande sind und das ist immer die Majorität der Tieferstehenden. Weil im Innern die Minorität nur Herr im rohesten Sinne bleiben kann, wenn sie nach außen den Herrenstandpunkt in brutalster Weise vertritt, so wird sie nur allzu leicht schließlich von außen her von den großen Massen überrannt, auch wenn es ihr durch die Machtmittel, die der Kampf nach außen in ihre Hände konzentriert, gelingt, im Innern die Massen niederzuhalten. Vor einem derartigen Schicksal wird Deutschland ebensowenig bewahrt bleiben, wie England oder irgendein anderer europäischer Staat, der heute im vollem Sonnenglanz der Großmacht dasteht. Entweder die Demokratisierung im Innern wird erhebliche Fortschritte machen, dann wird damit auch der Herrenstandpunkt nach außen gebrochen sein, oder der Herrenstandpunkt im Innern bleibt aufrecht, dann wird der Herrenstandpunkt von außen her schließlich gebrochen werden, und Herren und Unterdrückte zusammen wird in den vorgeschrittensten Kulturen gemeinsam das Schicksal ereilen, von tieferstehenden Mächten überwältigt zu werden.

Mit anderen Wort: Demokratie und Föderativprinzip, Demokratisierung und Internationalisierung bedingen sich wechselseitig, laufen einander parallel. Tiefgehende ehrliche Demokratisierung ist ohne Internationalisierung ebenso wenig möglich, wie der Herrenstandpunkt im Innern ohne Krieg. Im Kriege entscheidet aber zuletzt die Masse und die Größe des Territoriums, und diese beiden Momente müssen, wenn nicht der Westen geschlossen den Osten politisch zu heben sucht, bei Wiederholung kriegerischer Zusammenstöße schließlich den Untergang der europäischen Kultur herbeiführen.

Die Kultur kann sich, solange sie Minoritätskultur ist, des Ansturms der Unkultur nicht dauernd erwehren, wenn sie sittlich die Kampfmittel der Unkultur übernimmt und dieser technisch ihre Kampfmittel zu gute kommen läßt. Sie ist vielmehr bloß dann dauernd geschützt, wenn sie energisch den entgegengesetzten Weg beschreitet. Die technische und finanzielle Überlegenheit muß, solange sie noch besteht, ausgenützt werden, um die noch unentwickelten Völker des Ostens zum Respekt vor der höhern geistigen Kultur des Westens zu erziehen; der Westen muß durch sein hohes geistiges Vorbild wirken, und dafür sorgen, daß der Osten ihm weder in seiner Bewaffnung ebenbürtig wird, noch darf er ihn durch Druck und Ausbeutung so zum Äußersten reizen, daß der Drang allmächtig wird, die schlechtere technische Ausrüstung durch die größere Masse in einem auch die gewaltsamsten Mittel nicht scheuenden Verzweiflungskampf um menschenwürdige Existenz auszugleichen, der dann immer notwendig mit namenloser wirtschaftlicher Verarmung und moralischer Verkümmerung abschließt.

VII.

Läßt sich nun vielleicht auch alledem gegenüber behaupten: was hier ausgeführt werde, sei in sich zwar durchaus logisch aufgebaut, stelle aber doch nur einen schönen Traum dar, denn die Voraussetzungen für das Zustandekommen eines Zusammenschlusses des Westens, wie er im Vorstehenden gefordert werde, seien eben nicht vorhanden? Nehmen wir nun noch zu diesem Einwand Stellung! Bei einem Überblick über die Möglichkeiten des Kommenden in großen Zügen lassen sich nur fünf Kombinationen voraussehen.

Erstens: es wird künftig überhaupt keine Bündnispolitik geben. Daran aber wäre nur zu denken, wenn schon gleich nach dem jetzigen Kriege eine Organisation der Welt sich herausbilden würde, die die Einzelstaaten nicht zwänge, sich im Interesse ihrer nationalen Sicherheit um geeignete Bundesgenossen umzusehen. Darauf ist jedoch zunächst wohl kaum zu rechnen. Dafür ist die Zeit noch nicht reif. Die Vorbedingung hierfür wäre, daß eine längere Phase hindurch die richtige Mächtegruppierung bereits in Kraft gestanden hätte, in der die demokratischen, statt der reaktionären Tendenzen den Ausschlag geben und die nicht so beschaffen ist, daß Staaten zusammenkommen, deren gemeinsame Militärmacht eine so ungeheure ist, um ihnen zu gestatten, über alle pazifistischen Bestrebungen hohnlachend hinwegzuschreiten.

Zweitens: es könnte die gegenwärtige Mächtegruppierung auch nach dem Kriege fortbestehen bleiben. Auch dies ist sehr unwahr-

scheinlich. Schon weil Frankreich nicht weiter den Bankier Rußlands wird abgeben wollen oder können, und obendrein wäre bei
Fortbestehen des bisherigen Bündnissystems von allem eher zu reden als von Garantien dauernden Friedens. Ein neuer Weltkrieg
wäre dann notwendig, damit diese unerträgliche Gruppierung gesprengt wird.

Drittens: wäre die Konstellation eines *mitteleuropäischen Bundes* in
Erwägung zu ziehen, der die Zentralmächte mit Frankreich, der
Türkei und einer Reihe von Kleinstaaten Mittel- und Süd-Europas
vereinigt. Auch diese Eventualität hat aber wenig Wahrscheinlichkeit für sich. Aus welchen Gründen läßt sich im gegenwärtigen Zeitpunkt nicht im Detail erörtern. Soviel ist aber gewiß, daß eine derartige Eventualität den Verzicht auf alle Annexionspolitik im Westen voraussetzt, denn diese würde Deutschland dauernd auch in
Gegensatz zu den jetzt neutralen Kleinstaaten bringen, sie vielmehr
immer stärker an die Seite Englands drängen. Aber selbst wenn
diese Annahme nicht zuträfe, so stände ein mitteleuropäischer Bund
nicht vor wesentlich andern Verhältnissen, wie Deutschland und
Oesterreich-Ungarn im jetzigen Kriege. Sie blieben bei Fortdauer
des Systems des bewaffneten Imperialismus, das gegenwärtig
herrscht, auch innerhalb einer größeren Wirtschaftseinheit weiter
aufs Härteste vom Osten und Westen her bedroht, und die ganze
Welt müßte darum fortgesetzt ein einziges großes Waffenlager darstellen. Nicht einmal Vereinigte Staaten von Europa befänden sich
in einer viel glücklicheren Situation. Ein Zeitalter der Kriege von
Kontinenten würde heraufbeschworen werden, wenn Europa ein-
gekeilt bliebe zwischen Asien und Amerika.

Viertens und *fünftens* kämen dann nur noch der Osteuropäische
Zusammenschluß und der Bund der Westmächte in Frage, und was
für und gegen diese Möglichkeiten spricht, wurde schon ausgeführt.
Diese zwei letzten Kombinationen sind es vor allem, die in der Richtung der historischen Triebkräfte liegen, und von Deutschlands Entscheidung in erster Linie wird es abhängen, welche von ihnen Wirklichkeit wird. *In dieser Entscheidung liegt Deutschlands welthistorische
Mission im gegenwärtigen Augenblick.*

Untersuchen wir nun, ob es Deutschlands Position überschätzen
heißt, wenn man seine Rolle in diesem Sinne auffaßt. Wir haben bereits dargelegt, warum Rußland, gleichviel, wie es aus dem Kriege

hervorgeht, eine Annäherung an Deutschland suchen wird. Ebenso glauben wir, den Beweis dafür erbracht zu haben, wie es gerade dieses Moment ist, das England Deutschlands Freundschaft über alles wünschenswert machen muß. Zeigt sich aber Deutschland Englands Liebeswerben gegenüber nicht spröde, so wird auch Frankreich, besonders wenn Deutschland gemeinsam mit England einen Druck auf Rußland ausübt, für seine Schulden an Frankreich aufzukommen, nicht dauernd in Feindschaft gegen Deutschland verharren können, käme es damit doch in eine ganz unmögliche Situation, die es bald zu völliger Isolierung verdammte.

Bei einer Verständigung mit England gewinnt Deutschland überdies auch noch die Sympathien aller Kleinstaaten, namentlich der des Nordens, notwendig zurück, die, solange die Rivalität zwischen Deutschland und England fortbestehen bleibt, unter nichts mehr zu leiden haben, als darunter, daß sie trotz ihrer natürlichen Gegnerschaft gegen Rußland beständig genötigt sind, zwischen Deutschland und England hin und her zu lavieren. *Ihre Sicherheit ist hingegen in ungeahnter Weise gewährleistet, sowie Deutschland und England gemeinsame Sache machen. Sie werden darum die allertreuesten Teilnehmer an einem Bunde der Westmächte sein.* Daß sich einem Bunde der Westmächte auch Italien und Spanien wie ebenso der gesamte Balkan anschließen würde, kann gleichfalls nicht zweifelhaft erscheinen. Und auch Amerika wird ihm gewiß, schon wegen seiner Gegensätze zu Ostasien, die Rückendeckung nicht versagen.

Wie wenig die Furcht begründet ist, daß England den Eintritt in einen derartigen Bund davon abhängig machen würde, daß Deutschland in diesem auf seine machtvolle Fortentwicklung verzichtet, geht zwar schon aus allem bisher Angeführten deutlich hervor, es lassen sich hierfür jedoch noch eine ganze Reihe weiterer schlagender Argumente anführen. England hat auf die Dauer von der Machtzunahme Rußlands weit mehr zu fürchten, als von der Deutschlands. Es bestehen zwischen ihm und Rußland weit mehr Interessengegensätze auf dem Balkan und im Orient als mit Deutschland. Man kann es schon jetzt sehr deutlich sehen, wie unbequem es für England ist, daß es auf seine ganze traditionelle Politik hinsichtlich der Dardanellen und Konstantinopels verzichten muß, um Rußland als Bundesgenossen nicht zu verlieren. Hätte aber Rußland sein heiß ersehntes Ziel in dieser Beziehung erst erreicht, so wäre nicht nur für England, sondern auch für Deutschland und Oesterreich-Ungarn, ja für ganz Süd-Europa eine Situation geschaffen, die auf Jahre, vielleicht sogar auf Jahrzehnte hinaus den Frieden in Europa immer von Neuem gefährden müßte. Weniger als je zuvor dürfte man dann auf das Zustandekommen der kulturell erforderlichen Mächtegruppierung hoffen. Auch aus diesem Grunde drängt die Hinarbeit auf Verständigung mit den Westmächten im höchsten Maße. Unwiederbringliches kann versäumt werden, wenn der geeignete Zeitpunkt verpaßt wird.

Ebenso ist England auf das stärkste an dem Zusammenhalt Oesterreichs interessiert. Man kann direkt sagen: *vom englischen Standpunkte aus müßte Oesterreich erfunden werden, wenn es nicht schon existierte.* Der Zerfall Oesterreichs würde dessen slawische und magyarische Bestandteile in die Einflußsphäre Rußlands bringen, hätte die Angliederung seiner deutschen Teile an Deutschland zur Folge; er schüfe also sowohl eine Stärkung Deutschlands wie eine Vergrößerung der Macht Rußlands. Aber damit nicht genug. Verschwände Oesterreich von der Landkarte, was freilich besonders angesichts seiner jüngsten glänzenden Waffenleistungen nicht zu befürchten ist, so fielen damit, wenigstens vorerst, auch die stärksten Interessengegensätze zwischen Deutschland und Rußland fort, und die Hauptgefahr für England, ein deutsch-russischer Zusammenschluß, wäre damit erst recht geschaffen, während umgekehrt ein starkes, demokratisiertes Oesterreich seiner großen Mission, die *Kulturbrücke zwischen dem Westen und dem Osten* abzugeben, zum Wohl der ganzen Welt in vollem Ausmaß erfüllen könnte.

Verharrte darum England in der Gegnerschaft gegen Deutschland, so würde es das, was es befürchtet, selbst hervorrufen. Seine pathologische Angst vor Deutschland brächte das erst zustande, was England so sorgsam zu verhüten sucht, indem es sich Deutschland gegenüber feindlich verhält. Aus allen diesen Gründen ist zu konstatieren: *deutsch-englische Verständigung ist für Deutschland in erster Linie eine Kulturfrage resp. eine Frage weitausschauender Zukunftspolitik. Rein machtpolitisch, bloß auf den Augenblick bedacht, kann es sich ebensogut mit Rußland verbünden. Für England hingegen ist Verständigung mit Deutschland geradezu eine Lebensfrage.* Und es kann darum nicht zweifelhaft sein, daß sich namentlich ein England unter liberaler Führung über die ganze Bedeutung seiner augenblicklichen Situation nicht lange mehr im unklaren bleiben wird. Schon die täglich wachsenden inneren Schwierigkeiten müssen seinen leitenden Männern hierüber die Augen öffnen.

Das ist der Grund, warum im gegenwärtigen Augenblick das Schicksal Europas in die Hände Deutschlands gelegt ist. Je nachdem, ob Deutschland sich zu den englischen Verständigungsbestrebungen dauernd ablehnend verhält oder nicht, davon wird die weltpolitische Entwicklung für lange hinaus bestimmt sein, denn davon wird es abhängen, welche Volksschichten in England zur Herrschaft gelangen. Panzert sich Deutschland England gegenüber ausschließlich mit Mißtrauen, würdigt es die Tatsache nicht, *daß sich ein fundamentaler Umschwung in Englands gesamter äußerer Politik vorbereitet, welcher in seiner inneren Politik den stärksten Motor hat, will es nicht die entsprechenden Konsequenzen daraus ziehen, daß, trotz allen gegenteiligen Anscheins und vorübergehender Aufwallungen der Leidenschaft über kriegerische Maßnahmen des Feindes, die Neigung sich mit Deutschland zu verständigen, in breiten Schichten des englischen Volkes – auch seit dem Eingreifen Italiens – Tag für Tag fortgesetzt mehr Boden gewinnt,* so wird das organisierte Mißtrauen nach allen Richtungen weiter die Grundlage der Völkerbeziehungen bleiben, und von Garantien dauernden Friedens werden wir uns mehr entfernen als je vorher. Ja, schlimmer noch: Deutschland wird dann Rußland allein nicht mit jenem Mißtrauen behandeln können, das gegen dieses seiner ganzen sozialen Struktur nach am entschiedensten geboten ist, denn Rußland ist und bleibt, *solange die aufgeklärten Elemente dort zur Einflußlosigkeit verurteilt sind* und der Panslavismus die Volksreligion bildet, die größte Gefahr für Deutschland. Darüber kann kein Zweifel bestehen!

Mit der Hinneigung zu Rußland würde sich Deutschland auf eine innere Politik festzulegen suchen, die angesichts der heutigen Weltkonstellation nicht mehr die Grundlage der Erweiterung und Stärkung seiner Machtposition bildet. Die Zeiten sind vorüber, wo wenigstens bis zu einem gewissen Grade die schrankenlose Herrschaft einer kleinen Minorität über die große Masse des Volkes Deutschlands Machtstellung nach außen zugute kam. *Heute bedeutet ganz im Gegenteil Erweiterung der Demokratie die Voraussetzung zu großzügiger Entwicklung Deutschlands, denn hierdurch würde Deutschland naturgemäß den engsten Anschluß an die Westmächte wie auch an alle neutralen Staaten gewinnen und zu Verhältnissen gelangen, unter de-*

nen es von Rußland nichts mehr zu fürchten hat. In dieser Beziehung zeigt sich ganz deutlich, von wie ungeheurer Bedeutung es für die zukünftige Größe Deutschlands ist, daß das deutsche Volk sich stark genug erweist, mit dem Sieg über die Reaktion im eigenen Land auch allen, die Entwicklungsinteressen Deutschlands bedrohenden, reaktionären Strömungen im Ausland den Boden abzugraben.

Ebenso ist es ausgeschlossen, daß Deutschland bei einer Verständigung mit den Westmächten etwa ganz in die Abhängigkeit Englands gelangen würde. Werden überall *die Völker selber zu den Trägern und Garanten der Bundesgenossenschaft,* dann ist nichts weniger zu besorgen, als daß ein Staat den anderen in seiner gesunden Entwickelung zu unterbinden sucht. Ein Bündnis wird dann nur überall im ganzen Volke Wurzeln schlagen, wenn dessen notwendige Bedürfnisse, wenn dessen kraftvolle Wachstumstendenzen bei seinen Verbündeten die entsprechende Würdigung erfahren, wenn die Staatenbündnisse, statt bloß Abwehrverbände zu sein, zu wirklichen Völkergemeinschaften werden, die den nationalen Erfordernissen, und zwar ebensowohl als *Staatsnotwendigkeiten,* wie als *Volksnotwendigkeiten* tiefste Gerechtigkeit zuteil werden lassen, die jedem Volke die volle Wahrung seiner nationalen Eigenart, die volle Entfaltung seiner Tüchtigkeit garantieren, ohne daß jedes das andere durch internationalen unlauteren Wettbewerb fortgesetzt auf das Schwerste in seinem Lebenskern bedrohen muß.

Auch in einem großen Bunde der Westmächte wird es sicherlich an Interessengegensätzen zwischen den einzelnen Teilnehmern nicht fehlen. Aber wie jetzt im Kriege unter dem Druck der gemeinsamen Gefahr in allen Ländern sämtliche Parteien sich zu einheitlicher Aktion zusammenschließen, so wird auch in einem Bunde der Westmächte, wenn ihm erst die ungeheure Gefahr des nahen und besonders auch des ferneren Ostens voll zu Bewußtsein gelangt ist, unter dem Druck dieser Gefahr eine immer innigere Kooperation sich herausgestalten, aus der sich schließlich ähnliche Verhältnisse ergeben werden, wie zwischen den Einzelstaaten in den großen Nationalverbänden.

Sicherlich kann man sagen, eine gewisse Form des Nationalismus spielt in Europa heute bereits dieselbe Rolle, die ehemals der *Partikularismus* in Deutschland zur Zeit der Kleinstaaterei spielte, während dem Internationalismus bei entsprechender Auffassung schon die einigende Kraft zukommt, die ehemals der Nationalgedanke ausübte. Heute besagt der Ruf, dein Vaterland muß größer sein: *Bekenntnis zum Zusammenschluß der westlichen Kultur, Erweiterung des Verfassungsstaates zur Staatenverfassung. Die Zukunft des deutschen Gedankens in der Welt ist geknüpft an die gesicherte Suprematie des Westens über den Osten und damit der Demokratie über die Reaktion.*

Man braucht, um dies zuzugeben, die Haltung Englands vor und während dieses Krieges ebenso wie seine ganze traditionelle äußere Politik durchaus nicht zu beschönigen. Wie sehr man aber auch England verurteilen mag – daß es trotzdem Rußland weitaus und in jeder Beziehung vorzuziehen ist, bedarf gewiß auch heute in der Zeit des sinnlos übersteigerten Hasses zwischen Deutschland und England keines Beweises, ebenso wie die Tatsache, daß in England weit mehr Aussicht auf eine Änderung seiner bisherigen auswärtigen Politik vorhanden ist, als in Rußland, wo es sicherlich noch Jahrzehnte dauern wird, bis das Volk wahrer konstitutioneller Einrichtungen sich erfreuen kann. Gesteht man deshalb zu, daß uns künftig die Wahl zwischen England und Rußland nicht erspart bleiben wird, dann kann für keinen Einsichtigen zweifelhaft sein, daß es ein nationales Unglück sondergleichen für Deutschland wäre, wenn diese Wahl, *weil man hüben und drüben die Friedensstimmen geflissentlich zu überhören sucht*, schließlich zugunsten Rußlands in seiner Eigenschaft als stärkstes Bollwerk der Reaktion, ausfiele. Auch wenn wir uns für England entscheiden – und diese Entscheidung würde uns gewiß im Verlauf zugleich die Annäherung an Frankreich bringen, dessen Volk in seiner überwiegenden Mehrheit, seiner großen kulturellen Tradition entsprechend, froh sein wird, anstelle des korrupten Rußland das hochentwickelte Deutschland als Bundesgenossen zu erhalten – werden wir deshalb nicht auf die *wirtschaftliche Erschließung Rußlands* zu verzichten brauchen. Aber diese wird sich dann nicht unter Bedingungen vollziehen, die sie zu einer Gefahr für Deutschland machen, schon weil sie nicht zugleich dessen militärische Stärkung zur Folge hätten und weil auch, wenn die deutschenglische Feindschaft wegfällt, Ostasien nicht zu einem immer bedrohlicheren Gegner Europas werden muß.

Und endlich und schließlich ist alles eher zu erwarten, als daß ein Bund der Westmächte ein Hindernis für Deutschlands Bestrebungen zur wirtschaftlichen Erschließung des Orients zu werden brauchte. Ganz im Gegenteil würde auch in dieser Beziehung die Schwächung von Rußlands Gewaltpolitik mit ihrer ständigen Bedrohung der friedlichen Entwicklung Südeuropas, Deutschlands und Oesterreich-Ungarns Handel nach dem Balkan und Klein-Asien am besten die Wege ebnen. England müsse in dieser Beziehung weitgehende Konzessionen machen, weil es sonst den Unwillen des ganzen deutschen Volkes gegen sich aufbrächte und Strömungen stark machte, die zu einem Bunde mit Rußland hinneigen. Rußlands Stärke – das ist in erster Linie Englands Schwäche. Sein Gegensatz zu Rußland gäbe geradezu die Garantie von Deutschlands Machtposition in einem Bunde mit den Westmächten. England braucht nichts nötiger als ein auch in seiner Wehrkraft starkes Deutschland. In diesem allein hat es den erforderlichen Schutz gegen Rußlands skrupel- und schrankenlose Eroberungspolitik.

VIII.

Geht man deshalb erst von dem fundamentalen Gegensatz zwischen Osten und Westen aus, der in gleicher Weise wie geographisch, auch kulturell und politisch zwei völlig verschieden gerichtete Riesenmassive einander gegenübergestellt, dann erhält man damit die *Grundlagen für eine wissenschaftliche Behandlung der äußeren Politik.* An dieser hat es bisher völlig gefehlt, weshalb der rohen Empirie der Diplomaten ein weitaus zu großer Spielraum gelassen war. Zu einer Wissenschaft wird die äußere Politik, wenn sowohl der innige wechselseitige Zusammenhang mit der inneren erkannt ist, wie wenn man unter Berücksichtigung dieses Kausalnexus sich zu Bewußtsein bringt, auf welche Mächtegruppierung in der Welt die Triebkräfte der Geschichte hinwirken.

Die fruchtbarste Methode, die Richtung der historischen Triebkräfte zu erkennen, war bisher *die ökonomische Geschichtsauffassung.* So Großes diese geleistet hat, so war sie aber doch mit einem tiefgreifenden Mangel behaftet: sie war nicht genügend weltpolitisch orientiert. Sie beschränkte sich in der Hauptsache darauf, festzustellen, wie die ökonomischen Bedingungen die innere Entwicklung bestimmen. In welcher Weise diese durch die ökonomischen Bedingungen bestimmte innere Entwickelung jedoch durch Einflüsse der äußeren Politik durchkreuzt wird, darauf wurde nicht die entsprechende Aufmerksamkeit verwandt. Die wechselseitige Influenzierung des sozialen und nationalen Prinzips hat die materialistische Geschichtsauffassung trotz ihrer Verurteilung des Imperialismus viel zu wenig beschäftigt, weshalb sie auch in dieser Beziehung vielfach zu falschen Prophezeiungen hinsichtlich der Notwendigkeiten des historischen Prozesses kam. Wird nun der ökonomische Historismus auch auf das Ganze der Völkerbeziehungen angewandt, wird festgestellt, wie sich nicht nur die Klassen gliedern, konzentrieren und bekämpfen müssen, sondern auch ganz konkret ermittelt, welches die Faktoren sind, die die einen Staaten aneinander schließen, die anderen zum Kampf gegeneinander drängen, dann erhält man einen ganz anderen Überblick über das *Netz der welthistorischen Alternativen*, dann sind die Voraussetzungen für das Zustandekommen einer *Soziologie* der *Bündnistendenzen* geschaffen, auf Grund deren auch die einzelnen Völker, nicht nur die Klassen zum Bewußtsein ihrer Lage gelangen. *Es ist ihnen dann klar, welche Bündnistendenzen sie zu befördern, welche sie zu bekämpfen haben, soll das große Kulturziel, dem die Geschichte zustrebt, auf dem Wege des geringsten Widerstandes unter Vermeidung qualvoller Umwege erreicht werden.*

Erst bei welthistorischer Erweiterung der ökonomischen Geschichtsauffassung hören Nationalismus und Internationalismus auf, Gegensätze zu sein, erweist sich, daß der Internationalismus nichts anderes ist, als der Sozialismus angewendet auf das Verhältnis der nationalen Individualitäten zu einander. Die so erweiterte materialistische Geschichtsauffassung würde endlich auch die erforderlichen Direktiven für die äußere Politik gewähren, würde im Innern der einzelnen Länder die Verhältnisse schaffen, durch die die Diplomaten sich auch auf Volkskräfte zu stützen in der Lage wären, die stark genug sind, um die äußere Politik in jene Bahnen zu lenken, die nicht im Gegensatz zur inneren Politik stehend, Garantien dauernden Friedens heraufführen.

Hätten die Bestrebungen auf deutsch-englische, auf deutschfranzösische Verständigung hin, zur Lösung der unnatürlichen Verbindung zwischen Frankreich, England und Rußland, die vor dem Kriege wirksam waren, bloß so ganz gelegentlichen Charakter tragen können, welcher nur ein fortwährendes Zick-Zack begünstigte, wenn die breiten Massen in allen Ländern auf eine mit ihrer inneren

Politik in Übereinstimmung stehende *konvergente äußere Politik* mit entsprechend konzentrierter Energie und Zielsicherheit hingearbeitet hätten, *wenn die Diplomaten und Staatsmänner in dieser Beziehung vor einem ebenso einheitlichen Volkswillen gestanden wären, wie in den Fragen der inneren Politik?*

Sicherlich nicht! Nach dieser Richtung hin wird künftig ein ganz neues Zeitalter einzusetzen haben. Man wird sich nicht darauf beschränken dürfen, nur überhaupt den Frieden zu wollen und ihn entweder allein durch maßlose Übersteigerung der Rüstung oder bloß durch Ausbau internationaler Gerichtsbarkeit oder ausschließlich durch Beseitigung der kapitalistischen Wirtschaftsordnung herbeizuführen trachten, sondern man wird zugleich von dem ganz konkreten Problem ausgehen müssen, wissenschaftlich zu untersuchen, bei welcher Mächtegruppierung sowohl im Innern der einzelnen Länder wie in der Welt die geringste Summe von Reibungsflächen gegeben ist und welche historischen, wirtschaftlichen und kulturellen Triebkräfte auf diese Konstellation hinwirken, resp. ihr entgegenwirken.

Wird man hierbei nun erkannt haben, daß einheitlicher Zusammenschluß des gesamten Westens gegen den Osten – *und zwar nicht etwa wieder zum Zwecke seiner Ausbeutung, sondern zur Förderung der Kulturtendenzen, die auch dort mächtig empordrängen* – die unabweisbare Voraussetzung für einander *parallel laufende fortschreitende Demokratisierung und Pazifierung der Welt* bildet, dann wird man auch nicht mehr im Zweifel sein können, daß das Zustandekommen eines Bundes der Westmächte die notwendige Vorstufe der Organisation der Welt darstellt, daß erst, wenn die Westmächte sich eine Zeitlang in geschlossener Zusammenarbeit eingelebt haben, auf die Verwirklichung weitgehender Ideale in Bezug auf die Organisation der Menschheit als Ganzes zu hoffen ist. Der Zusammenschluß der Westmächte liegt darum auch durchaus im Interesse der geknechteten Völker Rußlands. Nur von diesem können sie sich die Befreiung aus der Zwangsherrschaft ihrer Bedrücker erhoffen. Und ebenso kann der Sieg über den Kapitalismus und Imperialismus, so weit diesen Produktionssystemen kulturschädigende Tendenzen zu Grunde liegen, nur errungen werden, wenn keine Weltkonstellation bestehen bleibt, die die Völkerbeziehungen mit innerer Zwangsgewalt fortgesetzt vergiftet.

IX.

Von allen Seiten wird während des Krieges ununterbrochen hervorgehoben, der Kampf dürfe nicht eher ruhen, als bis ein Ergebnis erzielt sei, das ein volles Äquivalent für die ungeheuren Opfer an Gut und Blut gewähre. Alle Kriegführenden wollen die Waffen nicht früher niederlegen, bis Garantien eines dauernden Friedens gesichert sind. Aber sie vergegenwärtigen sich nicht, daß, je größer der Sieg der einen Gruppe wäre, desto leidenschaftlichere Revanchegelüste bei den Unterliegenden erweckt würden. Und von so großer Bedeutung auch die Ereignisse auf den Schlachtfeldern sein mögen, man darf darüber nicht den psychologischen Überbau vergessen, der gleichzeitig zustande kommt. Dieser wird es vor allem sein, der die künftigen Völkerbeziehungen innerviert.

Nichts ist darum kurzsichtiger, als aus dem Umfang der möglichen Annexionen auf die Größe des etwaigen Sieges zu schließen. Der Gewinn einiger Länderstrecken mag militärisch und wirtschaftlich mit Recht hoch bewertet werden, als einziger Siegespreis wäre er eine mehr als zweifelhafte Kompensation für all das Leid und Elend, welches der Krieg über die Völker gebracht hat. Wenn Annexionen im Westen uns z. B. in tiefen Gegensatz zum ganzen westlichen und nördlichen Europa, ja auch zu Amerika brächten, kann ihre Bedeutung gleich erachtet werden der Befreiung unserer östlichen Nachbarn, die so bitter unter der russischen Zwangsherrschaft seufzen müssen und die uns ewig dankbar sein würden für das, was wir ihnen durch unsere beispiellose Kraft und Zähigkeit erkämpfen? *Ist die Befürchtung wirklich ganz von der Hand zu weisen, daß das Schicksal, das wir über Belgien verhängen, zugleich darüber entscheidend ist, ob wir künftig mit den Westmächten zusammengehen können oder zu einer Verständigung mit Rußland genötigt sein werden, wollen wir nicht ganz isoliert in der Welt dastehen?* Ja bestehen nicht zahlreiche Anzeichen dafür, daß die einflußreichen Schichten, die sich für Annexionen, sei es in welcher verhüllenden Gestalt immer mit so großer Energie einsetzen, dabei nicht nur militärische Vorteile und wirtschaftliche Interessen im Auge haben, sondern vor allem dies: daß Deutschland hierdurch auf Jahre hinaus auf unbeirrbare Machtpolitik nach außen und damit auch nach innen festgenagelt werde. Und könnte man bei der Möglichkeit einer derartigen Konstellation in

Zukunft von einem Resultat des Krieges sprechen, das all die furchtbaren Opfer wert gewesen?

Nein, größere, heiligere Ernte muß aus dieser unermeßlichen Blutsaat hervorwachsen: ein Zeitalter muß heraufkommen, in dem voll entfaltete Menschlichkeit die Welt regiert. *Die Menschlichkeit und mit ihr gewissenhafteste Menschenökonomie muß schließlich die Siegerin dieses unmenschlichsten Krieges werden, der je da war.* Das Wort Christi muß uns wieder leiten: was nützt es dir, wenn du die Welt gewännest und nähmest Schaden an deiner Seele. Ja mehr, wir müssen uns endlich zur Einsicht erheben, daß wir die Welt gar nicht in *vollem Ausmaß* gewinnen können, wenn unsere Seele darüber Schaden nimmt. Ist doch die Reinheit und Größe unserer Seele dasjenige, dem die tiefste und stärkste Schöpferkraft innewohnt. Sie erst vermittelt uns jene innerlich gesicherte Kultur, der alle unsere Arbeit gewidmet sein muß. Haben wir es doch gerade in diesem Kriege mit Schaudern erlebt, auf wie schwanken Grundlagen der Wunderbau unserer Kultur bisher stand. Man kann über ein Reich verfügen, innerhalb dessen weiter Grenzen die Sonne nicht untergeht, und doch der Gefahr des Verfalls mehr ausgesetzt sein als unter bescheidenern äußeren Machtverhältnissen. Das Schicksal des römischen und spanischen Weltreiches hat dies augenfällig bewiesen. So stark ist keine Nation, auch die kraftvollste und genialste nicht, daß sie dauernd dem Haß der ganzen Welt Stand halten könnte. *Deutschland muß die kulturpolitische Organisation der Welt selbst kraftvoll in die Hand nehmen oder die ganze Welt wird sich gegen Deutschland organisieren.*

Gewiß weit mehr als Deutschland hat England bisher Weltherrschaft angestrebt. Aber Englands Bemühen war es immer, bei allen Gewalttätigkeiten, an denen die Geschichte seiner Eroberungspolitik so überreich ist, doch schließlich im Verlauf das Maximum der Macht mit dem Minimum des Zwanges zu verbinden. Durch eine Politik weitherzigen Entgegenkommens suchte es sich, besonders in der jüngsten Zeit, bei den seiner Herrschaft Unterworfenen allmählich beliebt zu machen. Deutschland hingegen hat in der schroffen Betonung des Herrenstandpunktes, trotzdem es nie Eroberungspolitik betrieb, allenthalben Erbitterung gegen sich geweckt. Die Mißerfolge seiner äußeren Politik haben so ihre Wurzel in der Rückständigkeit seiner inneren Politik, in der, bei aller Größe seiner sozialen Gesetzgebung, doch stets an dem Herrenstandpunkt festgehalten wurde. *Dieser Herrenstandpunkt in der inneren Politik muß vor allem aufgegeben werden, soll er nicht schließlich auch die äußere Politik zu immer wiederkehrenden schwersten Erschütterungen unaufhaltsam hindrängen.*

Auch das stärkste Volk muß die Freundschaft anderer Völker suchen, um in der Teilnahme an ihrem Wachstum mitzuwachsen. Nichts zeigt die Entwicklungsgeschichte deutlicher, als daß jedes Wachstum, wo die Entfaltung der Einen sich auf Kosten der Verkümmerung der Anderen vollzieht, kein Glück von Dauer zur Folge hat. Bei der innigen Verflechtung der Schicksale Aller ist allein wechselseitige Förderung, bei der alle Teile gedeihen, die Bürgschaft fortgesetzter ungestörter Entfaltung.

Diese Einsicht müssen sich alle Völker auch für die künftige Gestaltung ihrer Beziehungen zunutze machen. Sie müssen darauf hinarbeiten, sich in jener Kombination zusammenzuschließen, die dem von ihnen erreichten Kulturniveau entspricht, und dieses Ziel ihrer Arbeit dürfen sie vor allem jetzt mitten im Kriege nicht aus dem Auge lassen. Der ist ein schlechter Politiker, der glaubt, Entwicklung brauche man nur passiv abzuwarten, auch über anzustrebende Bündnisgruppierungen werde deshalb nach Friedensschluß noch Zeit genug sein, nachzudenken. Nein, jetzt schon, noch während die Kanonen donnern und die Völker gegeneinander wüten, bilden sich gleichsam unterhalb der sichtbaren Oberfläche jene Verhältnisse heraus, die das bestimmen, was kommen wird. Begnügen wir uns damit, passiv abzuwarten, was die Entwicklung uns beschert, dann besteht die Gefahr, daß uns der Friede ebenso unvorbereitet trifft, wie dies im kulturellem Sinne beim jetzigen Kriege der Fall war. Denn so glänzend die militärische, finanzielle und wirtschaftliche Rüstung sich in diesem Kriege bewährt hat, so vollkommen versagte die *demokratische Rüstung*. Ähnliches darf uns beim Friedensschluß, und bei dem, was diesem folgt, nicht wieder passieren. Müssen wir uns somit schon jetzt zu Bewußtsein bringen, daß die gesamte kulturelle Entwicklung davon abhängt, ob es nach dem Kriege zu einer Verständigung mit den Westmächten kommt oder nicht, so haben wir auch jetzt schon diese Notwendigkeit energisch vorzubereiten und müssen deshalb besonders darauf achten, daß sich die Erbitterung zwischen Deutschland und England nicht weiter in einem Maße steigert, daß darüber das eigentliche ursprüngliche Ziel des Krieges vergessen wird, das ist, war und bleiben muß: der Todesstoß gegen den russischen Zarismus, diesen letzten Hort der finstersten Reaktion in Europa.

Die nächstliegende Aufgabe, die die freiheitlichen Schichten jetzt in Deutschland und Oesterreich zu erfüllen haben, ist deshalb, eine ähnliche Wiederkehr der heiligen Allianz wie vor hundert Jahren zu verhüten. Hinarbeit auf ein Dreikaiserbündnis ist der notwendige Gegenzug der bevorrechteten Schichten zur Aufrechterhaltung ihrer Herrschaftsposition gegen den Aufstieg der Völker zur Autonomie. Ist diese Gefahr erst abgewehrt, dann kann man die Entwicklung zur Demokratie ruhig den Triebkräften der Geschichte überlassen. Aber diese Voraussetzung muß geschaffen sein, sonst steht aller Kampf um ein kulturfrohes, friedliches Europa vor den ungünstigsten Bedingungen. Und auch bloß auf dereinstige obligatorische schiedsgerichtliche Regelung der Völkerkonflikte ist nicht zu rechnen, wenn Deutschland und Oesterreich-Ungarn sich erst mit Rußland zusammengeschlossen haben, denn dann verfügen sie gemeinsam über eine so ungeheure Militärmacht, daß sie es nicht nötig haben, das Recht an die Stelle der Gewalt zu setzen – im Verkehr der Völker untereinander ebenso wenig, wie im Verkehr mit den eigenen Völkern. Einzig und allein durch eine jetzt schon einsetzende, den Volksinteressen entsprechende Bündnispolitik können also die Bedingungen für erfolgreichen künftigen Kampf um Demokratie und Pazifismus geschaffen werden.

Alle diejenigen, die es von der Hand weisen, daß jemals Deutschland wieder gemeinsame Sache mit England machen könnte, ja, die es als einen frevelhaften Wahn hinstellen, auch nur die Möglichkeit in Erwägung zu ziehen, daß England später ein Bündnis mit Deutschland wünschen werde, sie alle laden darum die große Schuld auf sich, unbewußt auf ein künftiges Bündnis zwischen Deutschland und Rußland hinzuarbeiten, sie trifft die Verantwortung, wenn dereinst diese von ihnen entschieden bestrittene Gefahr Wirklichkeit geworden sein wird. Die Tendenzen zu diesem Bündnis sind nicht nur keine unbegründete Sorge, sie sind im Gegenteil so furchtbar mächtige, daß es sogar fraglich ist, ob selbst, wenn jetzt schon die energische Mobilisierung dagegen in Angriff genommen wird, das Befürchtete verhütet werden kann. Es ist ja ganz klar: die Reaktion in Deutschland und Oesterreich-Ungarn ist auf die Reaktion in Rußland zur Befestigung ihrer Macht angewiesen und umgekehrt. Man täusche sich nicht darüber: schon vor diesem Kriege waren die traditionellen Herrschaftsverhältnisse in Deutschland auf allen Seiten aufs härteste vom Aufstieg der Massen bedroht. Und nach dem Kriege wird die Situation der bevorrechteten Schichten eine noch prekärere sein. Können sie ihre Stellung jetzt nicht behaupten, so ist sie auf alle Zeiten verloren. Nun ist das preußische Junkertum und sein industrieller Anhang in ganz Deutschland eine starke, gesunde, tüchtige Klasse, die nicht freiwillig abdanken wird. Sie wird ihr äußerstes tun, um ihre Position, wenn sie innerpolitisch nicht länger zu halten ist, durch eine entsprechend rücksichtslose äußere Politik zu festigen. Soll ihr Todeskampf nicht einmal noch die ganze Welt in Erschütterung bringen, so ist es umsomehr gerade jetzt unsere dringendste Pflicht, keine Minute zu versäumen, das Nötige vorzukehren. Jetzt ist darum der Augenblick, wo man sich, *und zwar in allen Ländern*, mit vollster Klarheit zu Bewußtsein bringen muß, welche künftige Möglichkeiten man wünscht, welche man perhorresziert. Wird in dieser Beziehung der historische Zeitpunkt versäumt, dann kann leicht eine nie wiederkehrende Gelegenheit verpaßt sein.

Und darum ist im gegenwärtigen Moment mehr als je einmal in der Geschichte der Mahnruf angebracht: *Völker Europas, wahret Eure heiligsten Güter!* Erkennet endlich, nur der westeuropäisch-amerikanische Zusammenschluß auf demokratischer Basis kann die menschheitliche Kultur vor der osteuropäisch-asiatischen Gefahr mit ihren reaktionären Tendenzen dauernd bewahren. Deutsches Volk besonders, reib' dir die Augen, damit du siehst, wohin die Fahrt geht. Halte es nicht für Unkenrufe eines schwunglosen Pessimismus, wenn du angeeifert wirst, dir in strengster Selbstprüfung die alles entscheidende Frage vorzulegen, ob der brennende Englandhaß dich nicht direkt in die Arme Rußlands treibt, ob du bei einer Verständigung mit dem Osten nicht eine Welt zu verlieren hast und nichts zu gewinnen als neue Ketten und ob dir anderseits nicht die herrlichste Zukunft winkt, wenn du alles daran setzest, um in einem einheitlichen Zusammenschluß des gesamten Westens die sichersten Garantien dauernden Friedens und dauernden Gedeihens zu suchen!

Bei Anschluß an den Westen, der zugleich Anschluß an die Demokratie bedeutet, ist Deutschlands glanzvoller Aufstieg für Jahrhunderte gewährleistet, die bewundernswerte Kraft seines Volkes wird Deutschland vermöge seines natürlichen Übergewichts die geistige Führung der Welt in die Hände spielen, ohne Schwertstreich wird es sich zur konstitutionellen Weltherrschaft im Verein mit allen anderen Kulturen emporheben, und so auf friedlichem Wege durch seine Begabung und seinen Fleiß mühelos das erreichen, was es mittels Gewalt trotz übermenschlicher Anstrengung und der furchtbarsten Opfer vergeblich zu erzielen suchen würde.

Wer darum wahrhaft vaterländisch empfindet, wer den deutschen Nationalgedanken im Sinne von *Kulturpatriotismus* begreift, dem kann nur ein Kriegsziel vorschweben: Mit dem zähen Ausharren im Kampf um die Selbstbehauptung zugleich ebenso entschlossenes Hinstreben auf *Bürgschaften baldigen Friedens*, der nicht mehr in weiter Ferne zu liegen braucht, wenn diejenigen der jetzigen Gegner, die, schon weil sie sich in ihren Nationaltugenden ergänzen, im Interesse allseitigen dauernden Gedeihens künftig zusammengehen müssen, erst zu der Überzeugung gelangt sind, daß sie sich der Gefahr, von der Unkultur der Mehrheit der Weltbevölkerung überrannt zu werden, nur in ehrlicher Gemeinsamkeit erwehren können. Das heißt aber: Keine Schwächung dieser Gegner über das Maß hinaus, das erforderlich ist, damit der Bund der Westmächte allmählich der Verwirklichung entgegenreifen kann, hingegen intensivste Schwächung des bestehenden Staatssystems in Rußland, das mit der Bedrückung seiner eigenen Nationen zugleich die ganze Welt seiner Zwangsherrschaft unterwerfen will. Für diesen Zweck hüben und drüben großzügige Bereitschaft zu allen jenen Konzessionen, die wechselseitig zugestanden werden können, ohne daß die einzelnen Völker dadurch an der vollen Entfaltung der in ihnen liegenden Kräfte unterbunden werden.

Freiheit der Länder und der Meere durch Zusammenschluß des Westens in einem Bund, der die *Völker als Ganzes zu Trägern der Gemeinbürgschaft der Demokratie, des Friedens und des Rechtes macht* – oder der völkerversklavende, von skrupelloser Machtgier erfüllte russische Zarismus wird als Vormacht Asiens unter blutiger Ausbeutung der Millionen seiner Untertanen zum Schiedsrichter der Weltpolitik werden, und die ganze europäische Kultur ist davon bedroht, in einem Zeitalter der Weltkriege schließlich in Flammen aufzugehen.

Dies ist die allgewaltige Entscheidung, vor die die zivilisierte Menschheit in diesem größten Moment, den sie je erlebt hat, unausweichlich gestellt ist. Jedem einzelnen ist darum jetzt die furchtbarste Verantwortung auferlegt, die Menschen je zu tragen hatten. Möge niemand sich ihrer ganzen Schwere, unter welchem Vorwand immer, zu entziehen suchen, mögen Alle, Individuen wie Nationen, unbeirrt von der Leidenschaft des Augenblicks wie von allem äußerlichen Zwang, die Tat auf sich nehmen, die ihr Gewissen gebieterisch von ihnen verlangt – und zwar in Deutschland nicht minder wie in England, in Oesterreich-Ungarn in gleicher Weise wie in Frankreich und ebenso in Italien – damit der Krieg auch nicht einen Tag länger dauert, als er dauern muß, um die Grundlagen zu einer Verständigung zwischen den Mächten herbeizuführen, deren Zusammenschluß allein den Kristallisationskern für eine dereinstige kulturelle Organisation der vereinigten Staaten der Erde vorbereiten kann.

Nur dann ist zu hoffen, daß die Weltgeschichte als Weltgericht nicht ein zu hartes Urteil über die Menschheit verhängt. Denn Eines ist sicher: *entweder die Verständigung zwischen allen jetzt kriegführenden Mächten kommt in naher Zeit zustande oder der Kriegsschauplatz wird sich immer mehr erweitern.* Gerade die bewundernswerte Stärke, die die Zentralmächte beweisen, ist es, die ihre Gegner zwingt, den Krieg in immer neue Länder zu tragen, um die Neutralen zu Söldnertruppen zu werben. Das Ganze der menschheitlichen Kultur, die demokratischen Errungenschaften eines Jahrhunderts stehen in Frage, wenn der Krieg bis zur Erschöpfung geführt werden muß oder wenn er schließlich nur sein Ende findet, weil man auf die kulturell gebotene Bündnispolitik der Zukunft keinerlei Rücksicht nimmt.

Nie noch war unser Schicksal in solchem Maße in unsere Hand gegeben. Nützen wir die Gunst der Stunde, sorgen wir dafür, daß der große Moment nicht ein kleines Geschlecht findet. Unverkennbar weist der Zeiger der Weltuhr Deutschlands nach links – in seiner inneren Politik ebenso wie in seiner äußeren! Folgen wir ihm, schlagen wir die Richtung zur Demokratie und nach dem Westen ein, und Europa wird nicht kosakisch werden, sondern – nach Überwindung dieser seiner größten Gefahr – als glücklicher Nutznießer deutschen Segens glorreich die Zukunft behaupten!

Humanes Ehrgefühl und kulturelle Bedeutung des Internationalismus

(Gesammelte Aufsätze 1919)[1]

Rudolf Goldscheid

I.

Zur Vernunft zurückzufinden, das ist die große Aufgabe unserer Zeit. Der Mensch hat den Glauben an sich verloren, weil er der Vernunft nicht mehr vertraut, weil er die Hoffnung aufgegeben hat, daß die Vernunft sich in der Welt durchzusetzen vermag. Und doch – so sehr der Krieg uns zurückgeworfen hat, hat er uns letzten Endes nicht wieder auf die *Vernunft* zurückgeworfen? Beweisen die furchtbaren Erschütterungen, die wir in den letzten Jahren durchmachen mußten, ebenso wie die grauenhaften Verhältnisse, in denen wir gegenwärtig zu leben gezwungen sind, etwas anderes, als daß sich die Vernunft nicht ungestraft vergewaltigen läßt?

Eine Flutwelle des Pessimismus droht uns zu verschlingen, weil die *Abkehr von den ewigen Ideen* immer weitere Fortschritte macht. Wer fühlt sich heute nicht erhaben über Ideale und wer wagt gar von Gedanken eine Rettung aus der Not zu erhoffen? Um die Wiedergewinnung eines menschenwürdigen Daseins tobt allenthalben der heftigste Kampf, aber um die *inneren* Voraussetzungen der Menschenwürde kümmert sich niemand. Man wünscht die äußere Lebenshaltung, die uns als Gattung *homo sapiens* gebührt, ohne das aufs leidenschaftlichste zu wahren, was uns zur Gattung *homo sapiens* erhebt.

Wir zerstören blindwütig das überfeine Kunstwerk unserer Seele und trauern dann tränenselig über den Zusammenbruch des Wunderbaues unserer Kultur. Ja ist denn Kultur möglich, wenn wir als Menschen versagen und müssen wir als Menschen nicht versagen,

---

[1] Textquelle | Rudolf GOLDSCHEID: Grundfragen des Menschenschicksals. Gesammelte Aufsätze. Leipzig/Wien: E. P. Tal & Co. Verlag 1919, S. 217-227.

wenn wir aufhören, uns auf das zu besinnen, was das eigentlich Auszeichnende unseres Wesens ausmacht? Der Mensch wird ganz vergeblich ein menschenwürdiges Dasein anstreben, wenn er nicht *menschenwürdig denkt und fühlt*, wenn er seine Vernunft, die ihm erst das Bewußtsein der Menschenwürde gegeben hat, fortgesetzt nicht nur mißachtet, sondern auch mißbraucht.

Gewiß, es wirkt heute altmodisch, zum Dienst der Vernunft aufzurufen, es erscheint weitaus vornehmer, überlegen auf ihre Ohnmacht herabzublicken, das warnende: „Verachte nur Vernunft und Wissenschaft, des Menschen allerbeste Kraft!" als naives 18. Jahrhundert zu belächeln. Aber in welchen bejammernswerten Zustand wir mit dieser satanischen Überhebung gerieten, das brachten uns die letzten Jahre nur allzu schmerzlich zum Bewußtsein. Der Mensch hat sich dadurch einfach selbst seiner Macht über die Natur beraubt, steht nun vor einem Chaos ohne jeden innern Halt.

Es ist außer Zweifel: die Vernunft ist nicht immer bequem, oft sogar sehr unbequem. Nichts begreiflicher darum, als daß man immer wieder die Neigung hat, sich ihren unerbittlichen Forderungen zu entziehen. Aber wenn man ihre Segnungen will, dann muß man auch ihre Gebote respektieren. Denn was sind denn ihre Gebote? Aussagen über die unabänderlichen Zusammenhänge, Fingerzeige hinsichtlich der Möglichkeiten, Warnungstafeln vor Gefahren. Wir können uns dem Logos in uns nicht entfremden, ohne unter uns herabzusinken. Der Mensch, der sich voll gerecht werden will, muß *immer mehr Mensch* zu werden trachten, das heißt aber, er darf das, was seine besondere Eigenart im Unterschied von allen andern Lebewesen ausmacht, nicht bagatellisieren, indem er sich nicht ernst genug nimmt.

Wie steht es nun in dieser Beziehung mit dem Menschen der Gegenwart? Er nimmt seine Wünsche, Begierden, Leidenschaften außerordentlich ernst, das Innerste seiner Seele hingegen, dasjenige, was seinen Anspruch auf die Erfüllung seiner Wünsche, Begierden, Leidenschaften allein zu rechtfertigen vermag, darüber geht er mit kühlster Skepsis zur Tagesordnung über, das scheint ihm nicht wert, seine kostbare Zeit darauf zu verschwenden. Bezeichnend für dieses Sichselbstverlieren des Menschen ist sein Verhältnis zum Menschlichkeitsgedanken. Von vornherein sollte man glauben, daß nichts selbstverständlicher sein könnte, als daß der Mensch im *Menschlich-*

keitsgedanken sein Um und Auf erblickt. Bejaht oder verneint er doch ideell sich selber, je nachdem wie er zu diesem Stellung nimmt!

Trotzdem ist alles eher zu beobachten, als daß der Mensch sich mit dem Menschlichkeitsgedanken eindringlicher oder angelegentlicher befaßt, als mit den tausendfältigen, weitaus unwesentlicheren Fragen des täglichen Lebens. Im Gegenteil, er überläßt ihn ganz und gar denen, die einflußlos abseits vom Leben stehen, auf die man nicht zu hören braucht, weil sie sich nicht mit praktisch nützlichen Dingen beschäftigen. Was soll man aber von Menschen erwarten, denen die Menschlichkeit als nichts Wichtiges erscheint? Ist es zu begreifen: ihr Tagewerk geht auf in allen erdenklichen Interessen, nur für ihre zentrale Angelegenheit interessieren sie sich nicht, dafür, ob das geschützt ist, was ihnen überhaupt erst ermöglicht, eine Sonderstellung in der Natur einzunehmen.

Es ist gar nicht abzusehen, in welchem Ausmaß der Mensch sich schädigte, indem er vor dem Menschen, vor der Heiligkeit des Lebens nie genug Achtung hatte und namentlich das spezifisch Menschliche in sich und andern nie entsprechend schätzte. Er glaubte immer am besten zu fahren, wenn er gerade vom Wertvollsten an der Vernunft möglichst wenig Gebrauch machte. Der Vernunft bediente er sich vor allem als *Waffe*, als *Machtinstrument*. Daß sie daneben höhere Qualitäten darbot, die ihm weit tiefergreifende Möglichkeiten für die Lebensbeherrschung eröffneten, davon wollte er nichts hören. Das roch ihm nach Philosophie, nach Weltverbesserungsplänen, womit der praktische Mensch, der im Leben etwas zu erreichen wünschte, sich nicht abzugeben habe. Erwägungen über das Wesen der Vernunft, über Menschlichkeit, über den Wert des Menschen – was gehen sie den Mann der Tat an, mit denen mögen die sich beschäftigen, die Zeit für derartige unfruchtbare Grübeleien haben. Und sicherlich, der Mensch kann auch leben, ohne diesen Problemen Aufmerksamkeit zuzuwenden. Lebt doch das Tier, sogar ohne in unserem Sinne zu denken. Aber wenn bis heute die Masse genau genommen eigentlich nur eine Zwischenstufe zwischen Tier und Mensch ist, so hat dies darin seinen Grund, daß der Mensch sich nicht ernst genug nimmt, daß er sich nicht mit genügender Kraft und Konzentration auf das besinnt, worin seine wahre Größe liegt.

Man hat den Menschen böse, dumm, roh gescholten; aber mehr als all dies ist er leichtfertig und gedankenlos. Er ist sich seines Wertes nicht bewußt, weil er nicht erkennt, worin sein tiefster Wert besteht, daß dieser nämlich in dem besteht, was er täglich und stündlich in sich niederhält: in der warnenden Stimme des intellektuellen und moralischen Gewissens. Nicht nur weil das Individuum in einer Gemeinschaft lebt, hat es Pflichten und Rechte, sondern vor allem *sein Menschsein, seine Zugehörigkeit zur Gattung Mensch* schafft ihm diese. Wozu ich mich als Mensch verpflichtet und befähigt fühle, das entscheidet darüber, wozu ich als Mensch berechtigt bin. So wesentlich der Schritt vom individuellen zum sozialen Bewußtsein ist, noch bedeutungsvoller ist die tiefste Erfassung dessen, was in der Erkenntnis unserer humanen Verantwortlichkeit liegt.

Nicht das Ich und nicht die Gemeinschaft, sondern der Mensch, das Menschliche in uns muß darum der Ausgangs- und Zentralpunkt unseres gesamten Denkens und Wollens werden. *Niemand verbindet heute tiefere Vorstellungen damit, was er zum Ausdruck bringt, wenn er von sich sagt, er ist ein Mensch.* Das erscheint als die gleichgültigste, zu keinerlei Konsequenzen führende Konstatierung. Und doch brauchte man nur ein bißchen nachzusinnen, um einzusehen, welche grobe Oberflächlichkeit man mit dieser Gedankenlosigkeit begeht. Was klingt alles mit, wenn jemand sich als Deutschen, Engländer oder Franzosen bezeichnet. Ein hoch entwickeltes nationales Ehrgefühl macht sich in dieser Erklärung sogleich geltend. Fühlt sich ein Deutscher in seiner Ehre als Deutscher verletzt, so meint er damit nicht, daß er sich über das entrüstet, was ihm als zufälligem Einzelnen an Kränkung oder Unrecht zuteil wird, sondern er lehnt sich gegen die Verunglimpfung des Deutschtums auf, das Deutschtum als Ganzes ist ihm heilig und er würde darum mit gleicher Intensität lauten Protest erheben, wenn es nicht gerade er persönlich wäre, der sich über eine Beleidigung zu beklagen hätte.

Wo aber können wir eine ähnliche Empfindlichkeit des *humanen* Ehrgefühls beobachten? Und doch wäre nichts wichtiger als die Ausbildung des sensibelsten humanen Ehrgefühls, das sich aufs stürmischste dagegen aufbäumt, *Zeitgenosse solcher Schmach* zu sein, wie sie die Menschen der Gegenwart Tag für Tag noch immer mit unbegreiflicher Geduld hinnehmen. Denn Menschentum ist wohl noch etwas mehr als Deutschtum oder englisches und französisches Nationalbewußtsein. Aber so stark die Zugehörigkeit zur deutschen, englischen oder französischen Nation in den leidenschaftlichsten Affekten verankert ist, so wenig lebendige Energien löst die *Zugehörigkeit zur Gattung Mensch* aus. Von *humanem* Patriotismus, von *humanem* Chauvinismus weiß der Mensch noch nichts. Dem Menschen ist alles Menschliche fremd – er kennt es nur als Schmerz und Scham, nicht als stolzes Kraft- und Hochgefühl.

Was drückte sich dereinst alles in dem selbstbewußten Wort: Civis romanus sum! aus. Man fühlte sich damit als etwas Besonderes, erschien sich erhaben über das niedere Barbarentum derer, die außerhalb der römischen Gemeinschaft aufwuchsen, war erfüllt von Stärke und Vertrauen in das angeborene Leistungsvermögen. Und was empfindet der, der von sich sagt: ich bin ein Mensch! Damit ist nur die jämmerlichste Kleinheitsvorstellung verbunden. Gedrückt, verzagt, armselig erscheint sich der Mensch, der zum Bewußtsein seines Menschentums gelangt: er sieht in seiner Menschlichkeit nur seine Schwäche und Ohnmacht. So groß er sich eben noch dünkte, wenn er sich als Angehöriger seiner Nation fühlte, so jeden Stolzes bar ist er mit einem Male, wenn er sich seiner Zugehörigkeit zur Gattung Mensch erinnert. Es fehlt ihm jedes humane Selbstbewußtsein, er hat völlig vergessen, daß Menschsein, wenn man es nur im tiefsten Sinne begreift, das Erhabenste ist, was es überhaupt in der Welt gibt. Bedeutet Menschsein doch nicht nur ein leidendes, gebrechliches, vergängliches Wesen sein, das von stürmischen Affekten und wilden Leidenschaften hin und her geschüttelt wird, das ein Spielball tobender Elemente ist, sondern ebenso *Träger einer Vernunft* zu sein, Gesetze Gebender und Gesetze Erfüllender, Organ eines sittlichen Willens, der aller Gewalt abhold, die Normen seines Wesens zur Norm alles Geschehens zu machen strebt.

Auf diese Seite seiner Menschlichkeit muß sich der Mensch im höheren Maße besinnen, wenn er nicht tief unter sich herabsinken will, wenn er nicht das preisgeben soll, worin seine innerste Würde liegt. Nichtswürdig ist der Mensch, der nicht sein Alles setzt an seine Ehre, dem die menschliche Ehre nicht höher steht, als seine nationale oder individuelle Ehre! Im Menschen lebt Vernunft, wirkt Gewissen – diese Tatsache ist es, die ihm seine Dignität als Mensch gibt. *Er setzt sich auf das erbärmlichste herab, wenn er lediglich in seiner Ohnmacht und Vergänglichkeit das Menschliche erblickt, von dem er seinen Ausgang zu nehmen hat, statt vor allem in seiner seelischen Stärke und in der Unzerstörbarkeit der sittlichen Grundideen, die seinen Geist bestimmen.*

Mag das ureigentlich Menschliche, sogar selbst gegenwärtig, noch so wenig Gewalt in der Welt besitzen, es ist da, und zwar nicht nur als Ideal, sondern als Wirklichkeit. In jedem Menschen wirkt es, auf einer so tiefen Stufe er sich befindet und so gering dessen Macht in ihm auch ist. Und dieses ureigentlich Menschliche, das als Vernunft und Gewissen, als ewige Unruhe immer wieder zum Durchbruch gelangt, das ist in Wahrheit der Mensch und nichts sonst. Weil im Menschen stetig auch das Tier fortlebt, darf er sich trotzdem nicht mit dem Tier verwechseln. Sein besonderer Eigencharakter besteht in dem, was er über das Tier hinaus ist, im Bewußtsein und in der Wahrung dessen hat er seinen innersten Halt zu suchen. Was den Menschen deshalb vor allem not tut, ist Aufklärung über sich selbst, Besinnung auf das, was ihn berechtigt, ein anderes Schicksal zu fordern als jenes, welches über die gesamte Tierheit verhängt ist.

Wir haben uns zu sehr gewöhnt, die Vernunft, die uns gegeben ist, als ein selbstverständliches Geschenk der Natur zu betrachten, vergessen völlig, wie viel Blut und Leid unzähliger Generationen an jeder kleinsten Verbesserung unseres Erkenntnisvermögens klebt, daß die Feinheit und Schärfe unserer Vernunft, daß die Sensibilität unseres Gewissens das Produkt unendlichen Jammers fühlender Wesen ist, die vor uns in der Folterstätte der Entwicklung für uns die entsetzlichsten Martern ertrugen. Täglich wurde der Mensch für uns gekreuzigt, stündlich erduldete er für uns den Erlösertod und noch immer hören wir nicht auf den Erlöser in uns, noch immer verkennt sich der Mensch als Mensch und fordert Menschenwürde, ohne sie in ihrer ganzen Tiefe zu erleben.

Der Mensch will Macht, will Glück, appelliert an das Mitgefühl seines Nächsten, aber er verleugnet fortwährend das in sich, was ihm erst den Anspruch auf all dies gibt. Er will die höchsten Werte, ohne sich seines eigenen höchsten Wertes als Gattungswesen voll bewußt zu sein. Haltlos hängt das Gebot, seinen Nächsten zu lieben wie sich selbst, in der Luft, wenn man nicht dasjenige, was zur Entdeckung dieses Gebotes befähigte, höher achtet, als was es zum Inhalt hat. *Daß es von uns gefunden werden konnte, das macht unsere Größe aus, weit mehr, als ob es befolgt wird oder nicht.* Ich bin nur würdig, daß der Nächste mich liebt, wie sich selbst, wenn ich tief innerlich erlebe, daß dies allgemeine Menschenpflicht ist, wenn ich nicht nur an sein Mitleid appelliere, sondern in seiner Menschenliebe das begreife, was zugleich mein eigenes Menschsein ausmacht.

Ja, es ist nicht einmal ausreichend, daß ich den Nächsten liebe wie mich selbst, wenn ich in mir selbst nicht das am tiefsten liebe, was allein liebenswert an mir ist, nämlich das Menschliche im höchsten Sinne des Wortes. Dieses Menschliche in mir ist aber *das Wunder der meiner Tierheit widerstreitenden Idealität*, die da ist, gleichwohl ob ich ihr gerecht werde oder nicht, die in der Welt wirkt, wie sehr sie auch mit Füßen getreten wird, wie oft sie auch, zynisch verhöhnt, unterliegt. Diese immer wieder von Neuem für die Erweiterung ihrer Macht kämpfende Idealität ist das wahre Vaterland der menschlichen Seele, für das unsere Herzen nur deshalb noch nicht mit dem leidenschaftlichsten Patriotismus schlagen, weil wir es eingeschlossen in die verschiedenen nationalen Vaterländer unserer Tierheit, noch nicht als unser gemeinsames inneres Vaterland entdeckt haben, weil wir die Bedeutung unserer Idealität stets nur nach ihrem jeweiligen individuellen oder sozialen Einfluß einschätzen, nicht aber nach ihrem absoluten entwicklungsgeschichtlichen Wert.

Es führt rettungslos in die Irre, wenn wir all das Tierische, Niedrige, mit dem unsere Idealität verwachsen erscheint, auch unserer Menschlichkeit zurechnen, in Wirklichkeit beginnt unsere Menschlichkeit erst dort, wo wir uns darüber erheben, wo der Vergeistigungsprozeß es zu höheren seelischen Funktionen veredelt. Also nicht so ist es, daß unsere Idealität neben tausendfältigem Anderen auch eine Komponente des menschlichen Wesens bildet, die man, je nachdem ob man ihren Einfluß optimistischer oder pessimistischer veranschlagt, für mehr oder minder wichtig halten kann, sondern so, daß wir nur so weit Menschen sind, als wir uns mit unserer Idealität identifizieren, in ihr dasjenige erblicken, was *unsere humane Ehre* konstituiert. Bei dieser Einstellung gibt das Bewußtsein des Menschseins weit mehr als in der üblichen Auffassung, in der uns nur unsere ganze Schwäche und Unvollkommenheit fühlbar wird, wenn uns unsere Menschlichkeit zum Bewußtsein gelangt, so daß dann sogar das Menschlichkeitsideal als bloße Gipfelung unserer Hilflosigkeit und Mitleidsbedürftigkeit erscheint.

Nichts hat uns tiefer heruntergebracht, als diese *Verweichlichung und Banalisierung des Menschlichkeitsideals*. Wir gelangten so schließlich dazu, Zweifel in die Berechtigung des Menschlichkeitsideals überhaupt zu setzen. Und je weiter durch *diese unsere innerste Kraft zersetzende Krise der Menschlichkeit* unsere Vernunft mit sich selber in Widerspruch geriet, unser Gewissen seinen festen Rückhalt verlor, desto mehr Gewalt gewann der Nationalwahn über unsere Seele, desto mehr erblickten wir in Macht und egoistischem Vorteil, statt in Kultur und Recht das höchste Ziel, dem wir nachstrebten. Die Verkennung der ganzen Tiefe und Stärke, die in der richtig begriffenen Menschlichkeitsidee liegt, war es, die uns am Ende völlig *wertblind* machte. Wir schätzten unsere nationale Ehre, unsern nationalen Ruhm höher ein als unsere humane Ehre, als unsere menschliche Verantwortung – und Krieg und Massenmord wurde das unentrinnbare Schicksal der Gattung *homo sapiens*.

Der blutige Krieg mit allen seinen Schrecken, den wir schaudernd durchlebten, er ist die notwendige Folge des unblutigen Krieges, den wir gedankenlos immer wieder gegen unsere Vernunft und unser Gewissen führten. Diesen Krieg gilt es unmöglich zu machen, soll es uns gelingen, dereinst ewigen Frieden zu verwirklichen. Der Mensch, der seiner Vernunft Gewalt antun muß, um seinem nationalen Gewissen gerecht zu werden, der sein menschliches Gewissen zum Schweigen zu bringen gezwungen ist, sobald nationale Machtfragen zur Austragung gelangen, wird damit in seiner schöpferischen Grundkraft verletzt, die Einheit seiner Persönlichkeit ist zerrissen, er büßt den letzten innern Halt ein, der ihm im Wirbel der Elemente und Leidenschaften gegeben ist.

II.

Nicht ihre Ideallosigkeit, sondern die allzu sorglose begeisterte Hingabe an nicht genügend geprüfte Ideale hat die Menschen in die furchtbare Katastrophe gestürzt, die mit dem Krieg über sie hereingebrochen ist. Sie verstrickten sich in eine zu eng begriffene Verantwortlichkeit, weil nicht das *Verantwortlichkeitsgefühl für die große Schicksalsgemeinschaft der Menschheit* sie vor allem bewegte. Aus diesem Verantwortlichkeitsgefühl heraus allein kann aber eine sittliche Wiedergeburt unserer Gattung erfolgen. Ebensowenig wie ein friedliches Zusammenleben zwischen den Einzelnen möglich ist, wenn ein Individuum rücksichtslos auf Kosten des andern leben will, ebensowenig ist fortschreitende Kultur möglich, wenn die einen Völker sich günstige Existenzbedingungen lediglich auf Kosten der Verkümmerung der andern Völker schaffen wollen. Denn der Herrenstandpunkt und das Ausbeutungsprinzip verewigen notwendig Kampf und Zerstörung.

Allenthalben fehlte bisher jedoch jeglicher Glaube an die Wunder, die ehrlicher Gemeinschaftswille zu verrichten vermag. So offenbar es bereits ist, welche ungeheuren Errungenschaften wir der sozialen Bedingtheit des Individuums verdanken, die noch größere Bedeutung der *internationalen Bedingtheit der Sozietät* erkennen wir noch immer nicht. Kann es aber etwa noch zweifelhaft sein, *daß ebenso wie alle ethischen Probleme zugleich wirtschaftlich gelöst werden müssen, alle wirtschaftlichen Probleme nur international zur Lösung gelangen können?* Wenn dies aber unbestreitbar ist, was soll man dazu sagen, daß nach wie vor so geringes Verständnis für den Internationalismus in der Welt besteht, daß selbst, nachdem wir in so namenlos blutigem Anschauungsunterricht über die verheerenden Wirkungen der nationalistischen und imperialistischen Gewaltpolitik aufgeklärt wurden, der Internationalismus weiter vergebens um die allgemeine Anerkennung zu ringen hat.

Wann werden die Menschen endlich zum Verständnis für das Selbstverständliche reifen? Wann werden sie die ganze Fruchtbarkeit vertiefter pazifistischer Gesinnung erfassen – wenn nicht nach den unübersteigbaren Schrecken dieses Krieges? Hat das gigantische Ringen dieses Krieges nicht die Riesenhaftigkeit unseres Könnens in seiner vollen Größe gezeigt, hat er nicht überall mit Evidenz bewiesen, auf welcher Höhe organisch-seelischen und besonders organisatorischen Leistungsvermögens wir bereits angelangt sind, daß unsere Technik schon nahe daran ist, das scheinbar Unmögliche möglich zu machen? Und wissen es jetzt nach dem Kriege nicht Alle, was Einzelne schon im Frieden vergebens predigten, daß *wir im Groben sämtliche soziale Probleme eigentlich bereits gelöst haben, bis auf Eines – bis auf das internationale Problem?* In der Tat wie viel von allem Elend und aller Unkultur hätte sich beseitigen lassen, wenn die Völker friedlich zusammengearbeitet hätten, statt sich wechselseitig die Existenz zu erschweren! Aber man organisierte den Kampf und die Ausbeutung, statt die gemeinsame Arbeit und die gegenseitige Hilfe zu organisieren und die Welt ging in Flammen und Trümmer auf.

Und wie wütete man gegen vernunftgemäße und humane Gesinnung, weil sie sich mit der desorganisatorischen Funktion der neiderfüllten Völkerrivalität nicht vertrug. Man ächtete den Internationalismus und wußte nicht, daß man sich damit gegen die stärkste schöpferische Triebkraft der Geschichte zur Wehr setzte. Schon längst verträgt sich die ungestüm fortschreitende Entfaltung der Technik nicht mehr mit der Engherzigkeit des Nationalgedankens, schon längst suchen die mächtig angewachsenen Produktivkräfte die Fesseln der kapitalistischen Privatwirtschaft zu sprengen, weil der Kapitalismus den nationalistischen Partikularismus zur unentbehrlichen Voraussetzung hat, weil der Kapitalismus auch als Imperialismus mit organisatorischem Internationalismus unvereinbar ist.

Ein neues Geschlecht muß deshalb heranwachsen, *dem internationale Gesinnung, dem Kulturpatriotismus ein ebenso natürliches, gleichsam organisches Empfinden ist, wie dem heutigen vaterländische Begeisterung.* Sonst wird die Hoffnung auf dauernd innerlich gesicherte Kultur allewig ein schöner Traum bleiben und wir werden bei aller Höhe unseres technischen Könnens rettungslos an unserer geistigen Enge zu Grunde gehen. Sprengen wir aber unsere geistige Enge, machen wir uns los von den längst überlebten Vorurteilen der Vergangenheit, dann werden wir uns allmählich auch aus aller äußeren Versklavung und aller niederdrückenden Lebensnot befreien können. Trotz der namenlosen Verschwendung der wertvollsten Güter und kostbarsten Menschenleben in fünfjährigem ununterbrochenem Morden und Verheeren ist die Welt noch immer reich genug, allen ein menschenwürdiges Dasein zu verschaffen, wenn nur die Idee der Menschenwürde zur Herrschaft gelangt und mit vereinten Kräften der Wiederaufbau der zerstörten Kultur in Angriff genommen wird. Friedlicher Zusammenschluß der Völker in einen Bund, der von wahrhaft humanem Geist erfüllt, jedem Volk und jedem Individuum das Lebensnotwendige zu sichern sucht, der in großzügigster Weise den internationalen Güteraustausch organisiert und Heil, Wohlfahrt und Aufstieg kann der gequälten Menschheit erblühen.

Wir stehen vor der schwersten Schicksalsstunde. Nie war namentlich die internationale Jugend vor eine gewaltigere Aufgabe gestellt. Möge sie, ihrer ungeheuren Verantwortung bewußt, sich als stärker erweisen, als die herabziehenden Mächte der Vergangenheit. *Und die Jugend vermag die Welt gründlich zu verjüngen.* Braucht der Mensch sich doch nur rückhaltlos auf sich selbst zu besinnen, seine Seele radikal in Kultur zu nehmen und er entbindet mit seiner voll entfalteten Menschlichkeit eine Schöpferkraft, die mit der Hinarbeit auf die Lebenssicherung jedes Einzelnen, auch die Produktivität und Wirtschaftlichkeit des gesamten sozialen Schaffens auf eine ungeahnte Höhe hebt. An der Zukunft des Pazifismus und Internationalismus hängt so weit mehr als bloß unser äußeres Schicksal: der Mensch in seinen idealsten Ambitionen, *der Mensch als geistig-sittliche Potenz, als Träger des Lichtes beseeltester Liebe* wird mit ihm siegen oder untergehen.

Darum nur keine pessimistische Fahnenflucht vor den als notwendig erkannten Zielen. Wir können, wenn wir wollen; haben wir also den Mut zu weltbezwingendem Wollen! *Fühlen wir international mit derselben Wucht, mit der die verblendeten Generationen vor uns ausschließlich national fühlten, verbreiten wir den Internationalismus mit der gleichen unbeirrbaren Beharrlichkeit, mit der die ersten Apostel das Evangelium des Christentums, allen Gewalten trotzend, verkündeten!* Und fort vor allem von der fluchwürdigen Interessenpolitik, die nur dem Egoismus einer kleinen Minderheit dient, zur segenbringenden Kulturpolitik, die das Interesse Aller befriedigt.

So viele Hemmnisse auch noch zu überwinden sind, so erbitterter Widerstand sich aus dem Eigennutz bevorrechteter Schichten gegen die Pazifizierung der menschlichen Gesellschaft erheben mag, so harter *Klassenkampf* noch durchzuringen ist, um zum sozialen Frieden und zur Völkersolidarität zu gelangen – vertrauen wir in den schließlichen Triumph der unvergänglichen Ideen, denn einmal müssen ja doch die Logik des reinen Denkens und die eherne Logik der Tatsachen zusammenfinden und uns zu vollendeter Menschlichkeit führen.

Darum: Freie Geister aller Länder schließt den *weltbefreienden Bund der Denkenden, Arbeitenden und Leidenden.* Die immanente Gesetzlichkeit der technischen und wirtschaftlichen Entwicklung wirkt für euch!

Weltreaktion und Pazifismus

(‚Die Friedens-Warte' I März 1923)[1]

Rudolf Goldscheid

Der Pazifismus ist in den letzten Jahren in eine neue Phase getreten. Er kämpft jetzt bereits in ähnlicher Weise um die Herrschaft, wie ehedem der Liberalismus und nach ihm der Sozialismus. Es sind die Triebkräfte der Geschichte selber, die den Pazifismus aus einer Idee zu einem mächtigen Faktor der Realpolitik werden ließen. Und wenn er sich heute noch nicht vollends in die Tat umzusetzen vermag, so liegt dies, wenigstens zum Teil, an den gleichen Ursachen, an denen auch die Verwirklichung des liberalen und sozialistischen Gedankens scheiterte. Ja, man kann direkt sagen: ebenso wie der Liberalismus zum Sozialismus führen mußte, so gipfeln Liberalismus und Sozialismus gemeinsam notwendig im Pazifismus. Der Liberalismus versagte letzten Endes nicht nur deshalb, weil seine demokratischen Prinzipien im Widerspruch zu seinen ökonomischen Anschauungen standen, sondern vor allem weil er sie ohne zulängliche Berücksichtigung der internationalen Zusammenhänge vertrat und sich hierdurch namentlich dazu drängen ließ, das Freihandelsprinzip in der Praxis voreilig preiszugeben. Nicht minderen Schaden nahm der wirtschaftlich so vortrefflich orientierte Sozialismus daran, daß sein Internationalismus genügend tragfähiger organisatorischer Fundamente entbehrte, daß er trotz aller internationalen Verbrämung in allen Ländern in erster Linie innerpolitisch orientiert war, daß er die äußere Politik stets nur nebenbei berücksichtigte und es ihm so immer wieder an dem nötigen Verständnis für die ausschlaggebenden *Wechselbeziehungen zwischen äußerer und innerer Politik fehlte.*

Auf diese grundlegenden Zusammenhänge habe ich bereits in meiner, einige Monate vor Kriegsausbruch geschriebenen und hernach September 1914 veröffentlichten Schrift *„Das Verhältnis der*

---

[1] Textquelle I Rudolf GOLDSCHEID: *Weltreaktion und Pazifismus.* In: Die Friedens-Warte 23. Jg. (1923) H. 3 – März, S. 65-68.

äußeren Politik zur Inneren" nachdrücklich hingewiesen. Auch heute erscheint es mir das Unerläßlichste, von diesem Zentralproblem bei der Beurteilung der Weltlage auszugehen. Besonders wir Friedensarbeiter dürfen uns keiner Täuschung darüber hingeben: *Reaktion und Pazifismus sind unvereinbar.* Wir sehen es jetzt überdeutlich: in allen Ländern sind es die reaktionären Schichten und Parteien, die auf dem Boden der Gewaltpolitik stehen, während überall die Vertreter des Fortschritts- und Freiheitsgedankens zugleich für Völkerfrieden und Verständigung wirken. So sehr ist dies unbestreitbare Tatsache, daß selbst das kommunistische Sowjetrußland durch seine Verwerfung des demokratischen Prinzips, ob es will oder nicht, zu einer antipazifistischen Terrorpolitik genötigt ist, die rückwirkend wiederum seine Innenpolitik zu einem abstoßenden Zerrbild des Sozialismus macht. Man sehe sich um in der ganzen Welt: nirgends wird man einen Flecken Erde finden, wo es nicht der Kampf um die Aufrechterhaltung morsch gewordener Herrschaftspositionen, überlebter gesellschaftlicher Verhältnisse, wissenschaftlich überwundener Ideensysteme ist, aus denen immer neue, das Ganze unserer Kultur bedrohende Kriegsgefahren erwachsen.

Ja schon seit Beginn des zwanzigsten Jahrhunderts wurde es für geschärften Blick immer klarer, daß es allenthalben die Flucht vor der inneren Politik in die äußere war, die die unversöhnlichen Gegensätze zwischen den Völkern schuf. Um nicht zu einer *inneren* Politik genötigt zu sein, die die Forderungen der aufstrebenden Massen erfüllbar machte, betrieb man systematisch eine *äußere* Politik, die am Bestehenden möglichst wenig zu rütteln gestattete. In raffiniertester Weise wußte die kleine Schicht der Herrschenden in jedem Land dafür zu sorgen, daß kein Volk auch nur über das Minimum von Sicherheit gegenüber Angriffen seiner näheren oder ferneren Nachbarn verfügte, ohne wenigstens bis zu einem gewissen Grade mit der Machtpolitik, die der Reaktion zugute kam, zu paktieren.

Die nationale Parole war so nirgends etwas anderes als die täuschende Maske des *Internationalismus der Reaktion.* Weit früher als die Beherrschten haben die herrschenden Klassen sich über ihre gemeinsamen Interessen international verständigt. Der ganze ihnen unterstehende Staatsapparat hat stets zugleich *dieser* Aufgabe gedient und in den letzten Jahrzehnten besonders in immer höherem

Maße zur Weltherrschaft der „Internationale der Nationalisten" geführt. Nur deshalb erschien ihnen der Krieg als die selbstverständliche Fortsetzung der Politik mit anderen Mitteln, weil, wo immer das vorwärtsdrängende Leben ihre Vorrechte bedrohte, das Leben und nicht ihre Vorrechte geopfert werden durften.

Der Fortschritt wie die Reaktion haben ihre eigene Dialektik. Das Leben drängt nur auf „Frieden und den Menschen ein Wohlgefallen", wenn es nicht künstlich unterbunden wird. Wo immer darum das Leben eine Vergewaltigung erleidet, von dort aus ist der Friede der Welt gefährdet. So sehr ist das Leben eine Einheit, so tief ist der Internationalismus im hochentwickelten Lebensprozeß verwurzelt, daß sogar die ganze Stärke des Gewaltprinzips nur aus den internationalen Zusammenhängen heraus zu begreifen ist. Es ist in unseren Tagen deshalb bloß oberflächlicher Schein, wenn man glaubt, es seien unversöhnliche Nationalismen, die einander waffenstarrend und mordbereit gegenüberstehen. In Wirklichkeit ist es einzig und allein die Funktionsgesetzlichkeit der Reaktion, die die ganze Welt in ein Schlacht- und Trümmerfeld umwandelt.

Die Reaktion stellt ein Phänomen dar, daß sicherlich sehr wesentlich wirtschaftlich bedingt ist, aber ihre letzten Wurzeln greifen weit über das Wirtschaftliche hinaus; sie arbeitet mit allem, was rückständig ist im Menschen und bedient sich für ihre Zwecke zugleich sämtlicher Errungenschaften, die der menschliche Geist im Interesse der Erschließung neuer Höherentwicklungsmöglichkeiten zu Tage förderte. Wo immer die Reaktion innerpolitisch schon zur Ohnmacht verurteilt war, gelang es ihr an der außenpolitischen Situation eine so starke Stütze zu gewinnen, daß sie damit das verlorene Terrain bald wiedererobern konnte. Nirgends ist eine siegreiche Kontrerevolution anzutreffen, die ihren Erfolg nicht außenpolitischer Hilfe verdankt. Weil aber die Nutznießer der Reaktion wissen, daß Niederlagen, die sie in dem einen oder anderen Land erleiden, etwas ganz vorübergehendes sind, solange organisatorischer Internationalismus ihnen die Flucht vor der inneren Politik in die äußere nicht unmöglich macht, bekämpfen sie alle Bestrebungen, auch die Völkerbeziehungen auf Recht und Demokratie zu begründen, mit jedem ihnen zur Verfügung stehendem Mittel als die einzig wirklich ernst zu nehmende Gefahr.

Natürlich erfüllt die reaktionären Mächte zugleich Todfeindschaft gegeneinander. Das hindert sie aber nicht, ihr gemeinsames internationales Interesse zu erkennen und demgemäß stets Anschluß an die Todfeinde zu suchen, wenn ihre innerpolitische Position momentan deren Förderung taktisch geboten erscheinen läßt. So liebäugeln die deutschen Reaktionäre in den letzten Jahren sogar mit dem russischen Bolschewismus, nur weil er antipazifistisch und antidemokratisch ist, und ersehnen in Bezug auf Frankreich alles eher, als den Aufstieg der linksstehenden Parteien zur Macht, obwohl diese den Frieden von Versailles und die Vergewaltigung Deutschlands aufs schärfste verurteilen, aufs bewundernswerteste bekämpfen. Und ganz ähnlich widernatürliche Konstellationen lassen sich in allen Ländern als der Reaktion wesenseigentümlich nachweisen.

Wie es die internationale Reaktion und nur diese war, die die Katastrophe des Weltkrieges verschuldete, so ist es auch jetzt noch immer die internationale Reaktion, die die Menschheit nicht zu Frieden und Wohlfahrt gelangen läßt. Den Kampf mit dieser internationalen Reaktion bestehen, das ist darum die Aufgabe, die es zu erfüllen gilt. Das Rüsten eines Staates gegen einen anderen, Konflikte eines Staates mit einem anderen, all das sind nur sekundäre Erscheinungen, Teilphänomene, die keine selbständige Bedeutung haben. Die Grundursache des Unfriedens in der Welt ist die Macht, über die diejenigen noch verfügen, die außerstande sind, die Entwicklung anders als *unter dem Gesichtspunkt ihres engsten persönlichen Sonderinteresses* zu betrachten, weshalb sie sie gewaltsam zu unterbinden trachten müssen. Und zwar sind sie, je mehr der fortgeschrittene Geist der Zeit sich gegen sie kehrt, je mehr alle Alltagerfahrungen, alle Errungenschaften der Wissenschaft und Technik, alle Offenbarungen des tiefsten, sittlichen, religiösen und künstlerischen Erlebens auf die Umgestaltung der gesellschaftlichen Verhältnisse, wie der Beziehungen zwischen den Völkern hindrängen, in immer höheren Maße auf brutalste Gewalt angewiesen. Das heißt aber: Solange man Lebensbedingungen konservieren will, die sich geistig und sozial durch nichts mehr rechtfertigen lassen, ist man genötigt, zur Gewalt zu greifen, Gewalt zu organisieren, gleichviel, ob man dies wünscht oder nicht.

Das Wettrüsten der Staaten und das Wettrüsten der Massen entspringt also einer gemeinsamen Wurzel, so daß es bei genauerem

Zusehen weder die Staaten noch die Klassen sind, die gegeneinander rüsten, sondern die Reaktion rüstet kontinuierlich international gegen den Fortschritt und diese Rüstung ist es, die nicht weiter fortdauern darf, soll durch irgend eine Organisation oder Institution die Abrüstung in die Wege geleitet, friedliche Regelung des gesellschaftlichen Lebens verwirklicht werden können.

Völkerversöhnung, Klassenversöhnung sind notwendig verurteilt, nur schöne Worte, fromme Wünsche zu bleiben, wenn man fortfährt an Weltanschauungen festzuhalten, innerhalb derer das Leben nicht zu seinem Recht gelangen kann, die die elementarsten natürlichen Bedürfnisse und Forderungen der Menschen und Völker vergewaltigen. Nur wenn das Recht die freie Entfaltung des Lebens sichert, wird das sich entfaltende Leben auch das Recht schützen.

Es ist ausgeschlossen, Völker und Klassen zu versöhnen, solange ihnen materiell und geistig das vorenthalten wird, wofür auch den härtesten Kampf auf sich zu nehmen, sowohl ihr physischer Erhaltungstrieb wie ihr kultureller Entfaltungsdrang sie zwingt. Gerade darauf aber geht die Reaktion aus. Und besonders Eines ist hinsichtlich der Reaktion hervorzuheben: Sie ist ein *geistiges* Phänomen, in so hohem Maße sie sich auch des Wirtschaftlichen als souveränen Werkzeugs bedient. Wir werden darum vergeblich gegen die wirtschaftlichen Waffen der Reaktion kämpfen, wenn wir nicht zugleich ihr gesamtes sonstiges Rüstzeug, mit dem sie international die kulturelle Entwicklung sabotiert und unterminiert, unwirksam zu machen trachten.

Nach dieser Richtung haben wir schon große Erfolge erzielt. Dies beweist aufs deutlichste die Tatsache, daß die Reaktion heute bereits zum Terror greifen muß, um ihr Lügengebäude vor dem Zusammenbruch zu bewahren, daß sie immer mehr genötigt ist, ihre das Licht des Tages scheuende Pläne in *Geheimorganisationen* vorzubereiten, während es ehemals die Kämpfer für Freiheit, Frieden, Fortschritt und Demokratie waren, die im Verborgenen zu arbeiten sich gezwungen sahen. Die Verhältnisse liegen aber heute so, daß die geistige Deckung der wirtschaftlichen Machtposition der Reaktion schon aufs schwerste erschüttert ist. Ohne ausreichende geistige Deckung läßt sich ihre wirtschaftliche Machtposition jedoch auf die

Dauer nicht aufrecht erhalten. Umso weniger, als die Eigenentwicklung der Wirtschaft die soziale Schädlichkeit des Ausbeutungsprinzips täglich deutlicher offenbart, innere wie äußere Ausbeutung immer evidenter als schwerstes Hemmnis des natürlichen Kreislaufs der Güterproduktion und des Güteraustauschs erkennen läßt.

Wir haben die Realitäten klar zu erfassen, darum sei nochmals betont: Es ist die Reaktion, die ununterbrochen in der ganzen Welt mit den Methoden der Gewalt, mit wirtschaftlichen Mitteln, mit politischen Mitteln, aber ebenso in tausendfacher rein geistiger Kleinarbeit das Feld bestellt, auf dem ihr Weizen blüht; aus zahllosen gröbsten und allerfeinsten Fäden, die sich über die ganze Erde hinziehen, ist das Netz gewoben, aus dessen Verstrickung wir uns bisher vergeblich zu befreien suchten. Die unzulängliche Hygiene, die mangelhafte Sozialpolitik, die brutale Justiz, die unbarmherzige Strafpflege, die rückständige Verwaltung, die lebensfremde Schule, die an den Universitäten keimfrei gemachte Wissenschaft, die den Geist Christi verleugnende Kirche, die aller Menschenökonomie diametral entgegengesetzte Bevölkerungspolitik mit Mutterschaftszwang und leichtfertiger Vergeudung der bereits Geborenen, die geflissentlich gepflegte Stumpfheit gegenüber jedem Attentat auf die Humanität, die Erziehung zur Härte, zur Gleichgültigkeit gegen fremdes Leid, zur Rechthaberei, zur Beschränktheit, zum Sonderinteressenfanatismus, zum Festhalten an überlebten Traditionen, zur Unterwerfung unter ungeprüfte Autoritäten, zu kritiklosem Denken und seelenlosem Handeln – aus alledem setzt sich, in millionenfachen Einzelakten wirksam, die unheimliche Gewalt des lebenzerstörenden und kulturverwüstenden Ungeheuers *Reaktion* zusammen, das als Ganzes nur zu besiegen ist, wenn allen seinen Zellen, wenn jedem seiner Organe der zäheste Widerstand entgegentritt.

Solange die Reaktion stark genug bleibt, im täglichen Leben alles Gesunde in den Menschen zu vergewaltigen, solange der Frieden noch so unmenschlich ist, wie in unsern Tagen, wo er diesen Namen gar nicht verdient, werden wir auch den Krieg nicht überwinden. Für den Frieden arbeiten, heißt deshalb sämtliche Rückständigkeiten der Reaktion bekämpfen; diese Erkenntnis muß sich endlich den Hirnen der Menschen unverlierbar einprägen. Die zwischenstaatliche Anarchie dauert nur fort, weil auch das innerstaatliche Leben Anarchie ist, und ebenso umgekehrt – beides ist aus dem gleichen

Geist geboren, aus dem Geist der Reaktion, die in der Wirtschaft nur ihren sichtbarsten Ausdruck findet.

Biologie, Psychologie, Soziologie der Reaktion, hier haben wir den neuen Forschungszweig, der uns mit dem mächtigsten Rüstzeug gegen den Krieg ausstatten wird, aus dem wir lernen werden, daß, wo natürliche Lebensentfaltung gehemmt, wo natürliche Geistesentwicklung unterbunden wird, unaufhaltsam Krieg entstehen muß, und daß es deshalb illusorisch ist, Lebensvergewaltigung und Einengung des Geistes hinzunehmen und trotzdem vor Kriegen bewahrt bleiben zu wollen.

Der letzte Krieg hat uns zu Bewußtsein gebracht, wie innig verflochten die Schicksale aller Völker sind, wie klein in Wirklichkeit unsere Welt ist, wie sehr sie eine Einheit bildet, in welchem Maße wir alle an den gleichen Übeln leiden und daß wir uns von ihnen nur befreien können, wenn wir das Ganze der Erde als den Kampfplatz betrachten, auf dem in geschlossener Linie die Entscheidungsschlacht um die Kultur ausgefochten wird. Diese Einsicht hat sich zunächst zur Parole: *Weltrevolution gegen Weltreaktion*! verdichtet. Aber in Nachwirkung der Kriegspsychose wurde Revolution zu sehr in militaristischem Sinne, zu sehr befangen von Überschätzung des Gewaltprinzips verstanden. Auch die Revolution müssen wir geistiger begreifen lernen als bisher, sie immer mehr ausgestalten und durchorganisieren als *Revolutionierung der Geister* und dabei besonders dies nicht außer acht lassen, daß jede Revolution notwendig in Kontrerevolution umschlagen muß, die die Revolutionierung des Geistes nicht zugleich mit *Pazifizierung des Geistes* verbindet.

Auch von den grundstürzendsten Umwälzungen profitiert schließlich immer wieder die Reaktion und mit ihr der *Imperialismus*, wenn die Revolution sich auf Gewalt stützen muß, um das Errungene zu bewahren, wenn Pazifizierung und Humanisierung nicht das Fundament bilden, das stark genug ist, das Neue zu tragen.

Nicht Weltreaktion oder Weltrevolution bedeutet darum die Alternative, die über unsere Zukunft entscheidet, sondern *Weltreaktion oder Pazifismus*, das ist die Schicksalsfrage, vor die die Geschichte uns mit unserer gesamten kulturellen Existenz stellt!

Internationalismus und Menschlichkeit

(‚Die Friedens-Warte' | April/Mai 1923)[1]

Rudolf Goldscheid

So sonderbar es auf den ersten Blick erscheint, es ist Tatsache: nichts fällt den Menschen schwerer als Menschlichkeit. Das Selbstverständlichste, das vom Leben am dringendsten Geforderte ist zugleich das ihrem Wesen Fremdeste. Alle ihre Denkgewohnheiten, ihre eingewurzeltsten Gefühle widerstreiten den elementaren Notwendigkeiten ihrer kollektiven Selbsterhaltung. Noch immer entfesselt man bei der überwiegenden Mehrheit der Menschen die ungezügeltsten Leidenschaften, wenn man ihnen das soziale ABC beizubringen sucht, wenn man sie zur Erkenntnis der wahren Natur des gesellschaftlichen und geistigen Gefüges erziehen will.

Der Geist verlangt aber keineswegs jene schwärmerische, metaphysische Einstellung, die man ihm gewöhnlich zuteil werden läßt, sondern ganz im Gegenteil einen Dienst, der sich genau so nüchtern und so exakt zu betätigen hat, wie in der modernen Naturforschung. Denn die Gesetze des Geistes sind nicht minder eindeutig und klar umrissen, wie die Gesetze der Natur; und wer sie zu verdunkeln trachtet oder sie gar zu vergewaltigen bemüht ist, der richtet ganz denselben Schaden an, als wer die Naturgesetze leugnet oder sich mit ihnen nicht in irgend einer Weise abzufinden bemüht ist.

Das Grundgesetz des Geistes ist nun die Einheit der Erfahrungsordnung und die damit verbundene Erkenntnis, daß alles mit allem zusammenhängt, daß wir in jeder Einzelheit Teile eines großen gegliederten Ganzen sind. Die Einsicht in *die Unabänderlichkeit dieses Glied-Ganzenverhältnisses* macht die unwandelbare Struktur unseres Geistes aus. Wo immer wir es darum nicht wahr haben wollen, daß wir uns gegen das Wesen unseres Geistes versündigen, wenn wir uns nicht als Glieder eines geordneten Ganzen betätigen, da setzen

---

[1] Textquelle | Rudolf GOLDSCHEID: *Internationalismus und Menschlichkeit*. In: Die Friedens-Warte 23. Jg. (1923) H. 4/5 – April/Mai, S. 109-111.

wir uns in Widerspruch zu unserer innersten Natur und können uns darum auch durch alle Errungenschaften der technischen Naturwissenschaft aus den katastrophalen Folgen dieser Fundamentalverirrung nicht mehr befreien. Es ist ein großer Unterschied, ob wir uns des Geistes nur bedienen oder ob wir entschlossen dem Geiste dienen wollen. An letzterem wird es aber, mit wie überschwänglichen Phrasen auch die Geistverehrung betrieben wird, so lange fehlen, als wir nicht in allem und jedem aus dem Glied-Ganzenverhältnis heraus zu wirken versuchen.

Auf nichts anderes als dies gehen aber *der Internationalismus und die Menschlichkeitsidee* aus. Es ist kein Sinn des Lebens möglich, wenn man nicht in der Förderung des Ganzen seine unabweisbare Aufgabe erblickt, und wie soll sich diese Aufgabe erfüllen lassen bei Brandmarkung des Internationalismus als Vaterlandsverrat und Verhöhnung der Menschlichkeit als Sentimentalität. So sehr alle Übel, unter denen wir leiden, auch aus der bestehenden Wirtschaftsordnung erwachsen, wir dürfen darüber nicht außer acht lassen, daß diese Wirtschaftsordnung selber sich nicht einen Tag länger halten könnte, wenn sie nicht an dem verworrenen Denken der heutigen Menschen einen so ungeheuer starken Rückhalt besäße.

Der französische Soziologe *Levy-Brühl* hat vor einiger Zeit ein Buch über das Denken der Naturvölker veröffentlicht, dessen Übersetzung von Prof. *Wilhelm Jerusalem* in Wien veranlaßt wurde, womit er sich unstreitig ein großes Verdienst erwarb. In diesem Buch liefert Levy-Brühl, gestützt auf sehr reiches Tatsachenmaterial, den Beweis, daß die Primitiven weitaus weniger unlogisch denken, als man bisher anzunehmen geneigt war, daß es vielmehr die falschen Voraussetzungen, von denen sie ausgehen und die auf unzulänglicher Naturbeobachtung beruhenden Grundannahmen, an denen sie fanatisch festhalten, sind, welche sie unfähig machen, zu einer höheren Kultur zu gelangen. In einer sehr ähnlichen Situation befinden sich aber die Menschen der Gegenwart, so sehr ihre vorgeschrittene Naturkenntnis sie auch über die Rückständigkeit ihrer *sozialen* Einsicht hinwegtäuscht. War es bei den Naturvölkern das Unvermögen, die Naturgesetzlichkeit in ihren wahren Zusammenhängen zu erfassen, die sie von einem Widersinn in den anderen trieb, so ist es in unseren Tagen die Abneigung, der sozialen Gesetzlichkeit, den unabänderlichen Forderungen des geistigen Gefüges entsprechend

Rechnung zu tragen, welche uns aus dem Chaos nicht herauskommen läßt.

Bibliotheken von Geschichtswerken türmen wir auf und noch immer verhalten wir uns so, als ob wir von der Geschichte der menschlichen Seele nicht das geringste wüßten, als ob es uns völlig unbekannt wäre, daß es von jeher der tiefste Drang der Seele war, sich mit dem Ganzen in Einheit zu setzen, daß es diese heißeste Sehnsucht ist, welche auch den letzten Sinn aller Religionen ausmacht. Wie soll sich damit kollektiver Egoismus, extremer Nationalismus vereinbaren lassen, wie will man unter Rücksicht hierauf jenen Sonderinteressenfanatismus rechtfertigen, in dem nach wie vor die gesamte Realpolitik aller Gruppen, Verbände und Staaten wurzelt und gipfelt. In der Regel meint man freilich, Völkereintracht, Klassenverständigung und Menschlichkeit, das seien gewiß schöne Ideen, herrliche Ideale, von denen man wohl begreifen kann, daß sich hochgestimmte Seelen, die in einem himmelblauen Jenseits der Wirklichkeit leben, für sie begeistern, mit denen sich aber in der harten Welt der Tatsachen nichts anfangen lasse und denen namentlich die Existenznotwendigkeiten der Staaten widerstreiten. Haben jedoch nicht auch die Naturvölker geglaubt, daß Ahnenkult, Dämonenverehrung und Geisterbeschwörung das Ausschlaggebende sei und daß man die Ergebnisse nüchterner Tatsachenbeobachtung nicht anerkennen dürfe, wenn sie den für heilig gehaltenen traditionellen Grundanschauungen zuwiderlaufen?

Und ähneln die heutigen Staatenlenker mit ihren überlebten politischen Zauberformeln, von denen sie nicht abgehen wollen, wie oft die unanfechtbare Erfahrung ihre Unwirksamkeit und Unsinnigkeit auch nachwies, nicht nur allzusehr den von der wundergläubigen Masse erwählten Häuptlingen und Priestern der Naturvölker? Ehedem war die geschlossene Naturkausalität, der einheitliche Mechanismus der Naturkräfte das absolut Unverstandene. Heute sind wir ganz und gar in der Verkennung des Sinns und des Wesens der Ideale verstrickt. Wir wähnen, es sei in unser freies Belieben gestellt, ob wir für Völkerverständigung und Vertiefung der Menschlichkeit wirken wollen oder nicht, ohne uns zu Bewußtsein zu bringen, daß wir uns ganz vergeblich abmühen, der Probleme, die uns gestellt sind, Herr zu werden, wenn wir uns an unhaltbare geistige Voraussetzungen klammern und eigensinnig an Methoden festhalten, die auch nicht im bescheidensten Maße den tiefinnerlichen Realitäten angepaßt sind, von denen deren dürftige Oberfläche nur ein vollends irreführendes Bild gibt.

Was könnte ein Physiker leisten, der sich immer wieder in Widerspruch zu den Voraussetzungen der Möglichkeit geordneter Erfahrung setzt? Er würde niemals vermocht haben, jenes feste Fundament zu errichten, auf dem sich unsere gesamte Wissenschaft und Technik mit ihren staunenswerten Errungenschaften aufbaut. Von den unabweisbaren Voraussetzungen der Möglichkeit gesicherter sozialer Ordnung hingegen will der Politiker nichts wissen. Wo auf diese hingewiesen wird, da wähnt er stets, hier habe man es bloß mit übertriebenen Schwärmereien lebensfremder Weltverbesserer zu tun. Das ist jedoch das entscheidende Fehlurteil, aus dem sich die Unfruchtbarkeit unserer ganzen Kulturarbeit in der Hauptsache ableitet. Wir wünschen mehr Glück, mehr Wohlstand, mehr Kultur, als sich mit der Stufe geistiger und seelischer Enge, über die hinauszutrachten uns als Sacrilegium erscheint, vereinbaren läßt. Wie die Naturvölker auf Grund ihrer geistigen und seelischen Einstellung unmöglich zu einer tiefergreifenden Naturbeherrschung gelangen konnten, so reicht unsere geistige und seelische Verfassung, trotz aller Fortschritte der Naturerkenntnis und Naturbeherrschung, wegen ihrer Rückständigkeit in der adäquaten Erfassung der sozialen und internationalen Zusammenhänge nicht zu einem wirtschaftlichen und politischen Verhalten aus, das uns eine menschenwürdige Existenz verbürgte. Man kann nicht im nationalen Egoismus beharren und zugleich in den Genuß aller jener Güter treten wollen, die einzig aus intensivster internationaler Zusammenarbeit erwachsen. Es ist ausgeschlossen, die Menschlichkeit als Sentimentalität zu belächeln und trotzdem frohes Adelsmenschentum mit Erfolg zu erstreben.

Eine internationale Konferenz folgt der anderen und jede schließt mit der schwersten Enttäuschung auf allen Seiten. Glaubt man, daß darin bloßer Zufall waltet oder daß hieran wirklich nur der immer wieder beklagte Mangel an starken Persönlichkeiten die Schuld trägt? Ein wie kläglicher Irrtum! Und auch in der bestehenden Wirtschaftsordnung liegt nicht der alleinige Grund unseres kulturellen Versagens. Fragen wir uns doch einmal ehrlich, warum es uns nicht gelang, den Kapitalismus zu überwinden, trotzdem alle historischen Triebkräfte gegen ihn wirken? Zweifellos im weiten Umfang deshalb, weil auch der Sozialismus geistig noch nicht genügend vertieft ist, weil er neben den äußeren Verhältnissen, die sein Reifen begünstigen, die seelischen Triebkräfte viel zu sehr unterschätzt, deren volle Entfaltung für seine Verwirklichung unentbehrlich ist.

Auf allen internationalen Konferenzen und auch in allen sozialen Kämpfen kommt man nur deshalb so ungemein langsam vorwärts, weil man überall dem Eigentlichen beharrlich aus dem Wege geht, weil man auf Grund einer falschen geistigen und seelischen Einstellung praktische Erfolge von Dauer erzielen will. Und zwar liegt die falsche geistige und seelische Einstellung darin, daß man in den ethischen Forderungen, die auf Berücksichtigung des Wohles des Ganzen, auf strengste gleichsam richterliche Objektivität, auf Menschlichkeit, gegenseitige Hilfe und Liebe gerichtet sind, etwas rein Gefühlsmäßiges erblickt, statt sich mit voller Klarheit zu der Einsicht zu erheben, daß in den ethischen Forderungen *Gesetzlichkeiten des Geistes und Lebensgefüges* zum Ausdruck gelangen, deren Nichtbeachtung sich mit ebenso unerbittlicher Härte rächt, wie die Nichtbeachtung der Naturgesetze.

Es ist zutiefst in den objektiven Zusammenhängen der Wirklichkeit und nicht nur etwa in subjektiven Gefühlen der Einzelnen begründet, daß das individuelle Leben bloß Wert erhalten kann durch sein Wirken für die Gemeinschaft. Genau das Gleiche gilt auch für das Leben der Nationen, die sich notwendig um ihr Bestes bringen, wenn sie nicht in dem Dienst der Völkergemeinschaft aufgehen. Nichtswürdig ist die Nation, die nicht ihr Alles setzt an die Verwirklichung internationaler Rechtsgemeinschaft. Das ist der kategorische Imperativ, mit dem nicht etwa individuelles Wünschen an uns herantritt, sondern den die Realität selber mit der Elementargewalt natürlicher Zusammenhänge uns gegenüber erhebt. Hier stehen wir dem *Walten des Totalitätsgesetzes* gegenüber, das von ebenso zwingender Macht ist, wie das schon längst weit besser in seiner vollen Bedeutung erkannte Kausalgesetz.

Weil die Dinge aber so liegen, deshalb ist das Widerstreben gegen den Internationalismus, gegen den Pazifismus und gegen den Menschlichkeitsgedanken und ist in noch höherem Maße die bloß heuchlerische Verbeugung vor diesen Fundamentalprinzipien unseres geistig-seelischen Schöpfungsvermögens, bei welcher man sich damit begnügt, im Wort das als selbstverständlich anzuerkennen, was man in seinen Taten trotzdem unausgesetzt aufs gröblichste verleugnet, dem naiven Fetisch- und Zauberglauben der primitiven Naturvölker zu vergleichen. Und wie diese zur Unkultur verurteilt blieben, so lange sie nicht die Wahnvorstellungen aufgaben, die sie verhinderten, in das innerste Wesen des Natur- und Geistesgefüges einzudringen, so werden auch wir, bei all unserer unleugbaren technischen Meisterschaft und bei all unserer vermeinten seelischen Verfeinerung, wahrer Kultur ohne Anerkennung des Pazifismus, des Internationalismus, der Menschlichkeitsidee als der höchsten Denk- und Seinsgesetze, nicht teilhaftig werden.

Nicht nur die Politik, auch die gesamte Wissenschaft gerät mit unentrinnbarer Notwendigkeit an irgendeinem Punkte in unlösbare Widersprüche, ist von der Gefahr völliger Unfruchtbarkeit bedroht, ja gezwungen, sich barbarisch gegen das Leben zu kehren, wenn sie im Glied-Ganzenverhältnis nicht ihr Alpha und Omega begreift, – womit aber über den nationalen Egoismus, wie über den Sonderinteressenfanatismus, der heute das Rückgrat aller Realpolitik bildet, bereits das inappellable Verdammungsurteil ausgesprochen ist.

Gegen diese eherne Logik der Geschichte, ja der Natur selber, werden deshalb nicht nur Gummiknüttel und Stinkbomben, sondern auch die mit Maschinengewehren und Handgranaten ausgerüsteten Stoßtruppen des internationalen Faszismus auf die Dauer nichts auszurichten vermögen.

Der Glaube an die Gewalt

(‚Die Friedens-Warte' | September/Oktober 1923)[1]

Rudolf Goldscheid

Erst jetzt sieht man es mit voller Klarheit: Es war wohl ein Kinderspiel für ein paar verbrecherische Dummköpfe, den größten Krieg
der Geschichte zu entzünden, aber selbst die vereinigte Arbeit der
erleuchtetsten Geister der ganzen Welt brachte es noch nicht fertig,
die Menschheit wieder zum Frieden zurückzuführen. Hatten die
Anhänger des Krieges schon eine gänzlich unzulängliche Vorstellung von der Ungeheuerlichkeit seiner *materiellen* Zerstörungsge-
walt, so erwiesen sie sich als völlig ahnungslos hinsichtlich des Um-
fanges der seelischen Verwüstung, die seine notwendige Folge ist.
Als der Kampf entschieden war und die Kanonen nicht weiter zu
sprechen brauchten, da begann man die Bilanz des Krieges zu ziehen, rechnete aus, welche Verluste jedes Volk an Gütern, an Toten,
Verwundeten und Verkrüppelten zu beklagen hatte, stellte Ländergrenzen und Reparationsverpflichtungen nach der neuer Machtverteilung fest. Die Aufmerksamkeit richtete sich ausschließlich auf das
Politisch-Ökonomische – die grundstürzenden Veränderungen, die
der Krieg auf *psychischem* Gebiete nach sich gezogen hatte und weiter nach sich ziehen mußte, beachtete man hingegen nur ganz nebenbei.

Und doch sind es, wie man heute nicht länger verkennen kann,
diese, die alle nach den sorgsamsten Gutachten der Fachleute gefaß-
ten Beschlüsse ungestüm über den Haufen warfen. Wirtschaftlicher
Wiederaufbau *mitten im unaufhaltsam fortschreitenden, bis ins Innerste
greifenden seelischen Zersetzungsprozeß*, das ist ein ganz hoffnungslo-
ses Unternehmen. Die ungeheuren materiellen Schäden, die der
Krieg verursachte, hätten sich nur gutmachen lassen durch ein ent-
sprechendes Plus an sittlicher Kraft, aber da statt dessen der Krieg
uns auch sittlich auf ein weit tieferes Niveau herabsenkte, ver-

---

[1] Textquelle | Rudolf GOLDSCHEID: *Der Glaube an die Gewalt.* In: Die Friedens-
Warte 23. Jg. (1923) H. 9/10 – September/Oktober, S. 289-293.

schlimmert sich die Lage des Menschengeschlechts unausgesetzt.

Es war das große Wunder des Krieges, daß er uns erst die ganze gewaltige Fülle unseres Reichtums offenbarte. Vor unserem gigantischen Zerstörungswerk ahnten wir garnicht, über welche schier unerschöpflichen Hilfsquellen wir verfügen, zu wie ungeheuren Leistungen jedes Volk bei äußerster Anspannung seines konzentrierten Kollektivwillens fähig ist. Und in noch höherem Maße erschloß sich uns diese Einsicht in den Jahren nach dem Krieg. Wir wissen heute, daß selbst die angestrengtesten und mit allen Künsten der Technik aufs raffinierteste unterstützte Kulturverwüstungsarbeit eines halben, ja selbst eines ganzen Jahrzehnts nicht ausreicht, uns der Natur gegenüber zur Ohnmacht zu verurteilen.

Nicht was der Krieg in der äußeren Welt verwüstet hat, ist somit irreparabel; die Zerstörungen, die er im geistigen Gefüge der Welt anrichtete, sind das schwerste Übel, das uns bedrückt. Es war nicht nur die Macht des technischen Leistungsvermögens, was uns in den vergangenen Jahrzehnten befähigte, immer größere Kulturschöpfungen zu vollbringen, sondern diese waren ebenso sehr das Produkt des festeren geistigen Bandes, das Menschen und Völker zusammenhielt. Dieses *unsichtbare geistige Band,* das aus zuverlässig funktionierenden Institutionen und Gefühlen gebildet wurde, ist infolge des Krieges an den mannigfachsten Stellen verletzt und hat sich dadurch wesentlich gelockert. Die Menschen haben Hemmungen eingebüßt, die ihre wertvollsten Errungenschaften bedeuteten und die umso notwendiger gewesen wären in einer Zeit, wo die wesentlich stärkeren Spannungen, Beanspruchungen, Versuchungen jeden Einzelnen vor außerordentliche Aufgaben stellten. Nichts oberflächlicher, als anzunehmen, bei zerrütteter Massenpsyche sei auch nur eine Wirtschaft möglich, deren Produktivität nicht erheblich zurückginge und die deshalb so zahlreiche lebensnotwendige Bedürfnisse unbefriedigt lassen muß, daß die Menschen in ihrer Verzweiflung über die unerträglichen Entbehrungen von Leidenschaften ergriffen werden, denen sie umso wehrloser gegenüberstehen, je weniger intakt ihre Hemmungen sind.

Warum läßt sich eine Kultur nicht ohne weiteres von einem Volk auf das andere übertragen? Weil es sich bei allen kulturellen Leistungen nicht nur um den äußeren Apparat von technischen Einrichtungen und gesetzlichen Bestimmungen handelt, sondern ebenso sehr um die geistige und moralische Reife der einzelnen Individuen und, was nicht minder wichtig ist, um das seelische Gefüge, das sie sozial verbindet. Von dem Zustand, in dem sich jeweilig das *seelische Gefüge der Welt* befindet, hängt es ab, nicht nur wie viel von der Kultursehnsucht der Menschheit verwirklicht werden kann, sondern auch, in welchem Ausmaß wir unser wissenschaftliches Erkennen und technisches Können zu nutzen vermögen. Wundern wir uns bei wilden Völkerschaften, daß Mord und: Totschlag bei ihnen das Alltägliche ist, daß sie außerstande sind, in Frieden nebeneinander zu leben, daß sie vor keiner Grausamkeit bewahrt bleiben, allen Leidenschaften zügellos preisgegeben sind?

Was ist es, was zivilisierte Völker von ihnen unterscheidet? Ihr reiferer Verstand, ihre differenzierte Psyche und eine Einstellung der einzelnen Individuen zu einander, die sich zu Institutionen verdichtet, durch die friedliche Zusammenarbeit und damit ein höheres gesellschaftliches Leistungsvermögen gesichert wird. Kultur ist gleichermaßen ein Produkt des materiellen wie des geistigen Milieus. Auch die besten physischen Anlagen müssen in einem geistigen Milieu verkümmern und entarten, in dem die Möglichkeit gegenseitiger Hilfe im weiten Umfang unterbunden ist, in dem die vorgeschrittenen altruistischen Instinkte in ihrer freien Auswirkung auf Schritt und Tritt gehindert sind. Wir wollen uns nicht mehr an das halten, was uns über die Stufe der Wildheit emporhob und trotzdem der Segnungen der Kultur teilhaftig werden. Das ist aber nicht nur geistig und moralisch, sondern auch wirtschaftlich und technisch unmöglich.

Wenn gerade für diese Zusammenhänge gegenwärtig das geringste Verständnis vorhanden ist, so liefert dies den schlagendsten Beweis dafür, einer wie verhängnisvollen Illusion diejenigen sich hingeben, die glauben, daß Kriege günstige Wirkungen nach irgend einer Richtung hin haben können, daß Kriege fähig sind, irgend ein menschliches Problem zu lösen. Ganz im Gegenteil. Die Wirkung von Kriegen ist in unserer Zeit bei Kulturvölkern nichts als heillose Verwirrung. Nur deshalb gehen wir auch an den verheerendsten Kriegen nicht zu Grunde, weil wir sowohl ihren biologischen wie ihren ökonomischen Folgen besser gewappnet gegenüberstehen als alle Generationen vor uns. Nicht das Gleiche ist jedoch der Fall hinsichtlich ihrer *psychologischen* Nachwirkungen.

Noch aus den unzähligen Wunden blutend, die der Krieg ihnen geschlagen und darum naturgemäß von stärksten Abscheu gegen ihn erfüllt, vermögen sich trotzdem breite Schichten der Bevölkerung in allen Ländern nicht von der *Gewaltpsychose* freizumachen, die als sein traurigstes Erbe zurückblieb. Ist es doch diese die Welt heute in ihren letzten Tiefen beherrschende Gewaltpsychose, die die Völker nicht zu Frieden und Ordnung kommen läßt. Man gelangt freilich leicht zu einer Überschätzung der Abkehr von der Gewalt, die sich in den Menschen vollzogen hat, weil die Vergewaltigten naturgemäß die lautesten Anklagen gegen das Gewaltsystem erheben, Aber auch sie verfluchen die Gewalt vielfach nur deshalb, weil sie deren Opfer sind, nicht jedoch aus der felsenfesten Überzeugung heraus, daß die Gewalt nie und nimmer den Menschen zum Segen gereichen könne. Beinahe muß man sagen: so instinktmäßig der Mensch sich gegen Vergewaltigung zur Wehr zu setzen sucht, ebenso instinktmäßig neigt er zur Gewalt, wo ihm die Möglichkeit hierzu in die Hand gegeben ist. Dies vor allem ist die Erklärung dafür, warum die Gewalt bisher nicht aus der Welt geschafft zu werden vermochte.

Wie sehr es die tiefe Verwurzelung des Gewaltprinzips im Innersten der menschlichen Psyche ist, die unsere Macht über die Natur herabsetzt, die verhindert, daß unser hochentfaltetes Wissen sich in auch nur annähernd adäquates soziales Können umsetzt, das zeigt sich an nichts deutlicher, als an der völlig verschiedenen Situation, die sich bei *Naturkatastrophen* und bei *Kulturkatastrophen* ergibt. Eben wurde Japan von *dem* entsetzlichsten Erdbeben heimgesucht, das die Geschichte des Menschengeschlechts jemals verzeichnete: mit der moralischen Wirkung, daß sich in der ganzen Welt das lebendigste Mitgefühl entfaltet und in elementarster praktischer Hilfsbereitschaft manifestiert. Amerika stellt trotz aller politischen Gegensätze Kapital und Arbeit in umfassendem Maße zur Verfügung, damit die gewaltigen Schäden so rasch als möglich gut gemacht werden können, und in Japan selber zweifelt niemand daran, daß es der Macht des Geistes gelingen werde, das, was blinde Naturgewalten zerstörten, in entschlossener Zusammenarbeit wieder neu aufzubauen.

In ganz anderer Verfassung ließ uns die Kulturkatastrophe des Krieges zurück. Die Wirkungen, die das Erdbeben in Japan nur bei

verkommenen koreanischen Räuberbanden auslöste, daß sie nämlich den unglücklichen Opfern der Naturkatastrophe das Wenige,
das ihnen blieb, noch gewaltsam zu nehmen; suchten – diese Wirkung ist in anderen Ausdrucksformen die Haltung, welche sich bei
den Kulturvölkern als Ergebnis der Kulturkatastrophe des Weltkrieges herausbildete. Während aber in Japan eine überlegene Ord-
nungsgewalt dem Treiben der koreanischen Räuberbanden bald ein
Ende zu bereiten vermochte, fehlt es in Europa an einer ähnlichen
Potenz, die fähig wäre, die moralische Zerrüttung, die das Kriegs-
beben hervorrief, kraftvoll und erfolgreich zu bekämpfen. Diejenigen, die berufen wären, als eine derartige überlegene Ordnungsge-
walt zu wirken, sind vielmehr trotz aller hochtrabenden idealistischen Phrasen auf das Niveau der koreanischen Räuberbanden her-
abgesunken. Und wie sehr auch die einen Räuber sich über die Un-
taten der andern Räuber beklagen – Raub und Mord dauern fort,
weil sie die notwendigen Begleiterscheinungen des moralischen Ni-
veaus sind, von dem die Machthaber sich nicht trennen wollen.

Wir müssen die Gewaltpsychose, in die der Krieg die Menschen
gestürzt hat, genau so nüchtern und exakt untersuchen und behandeln, wie jede andere Krankheit, die die Menschen überfällt, wie jedes andere Übel unter dem die Menschen leiden. Es wäre oberflächlich, wollten wir das Wesen der Gewaltpsychose nur nach den
excessiven Formen beurteilen, in denen sie sich bei den extremsten
Parteien auf der Rechten und Linken in allen Ländern äußert. Bei
den diesen Gruppen Angehörigen ist die Gewaltpsychose gleichsam
eine endemische Krankheit. Sie würden aber über nicht größere
Macht verfügen als die koreanischen Räuberbanden nach dem Erdbeben in Japan, wenn die *Disposition zur Gewaltpsychose* bei der überwiegenden Mehrzahl der Menschen nicht als natürliche Anlage vorhanden wäre, die dann in erregten Zeiten leicht zu weitaus stärkerer
Entfaltung gelangt.

Die Disposition zur Gewaltpsychose hat ihre Wurzel *im Willen
zur unbedingten Voranstellung des eigenen Interesses,* welcher aber sowohl unbewußt instinktmäßig als auch durchaus bewußt rational
fundiert sein kann. In letzterer Gestalt stellt er das weitaus schwe-
rere Übel dar. Denn rohe Instinkte lassen sich nur durch Intellekt
und Erziehung unterdrücken. Kommt ihnen deshalb der Intellekt zu
Hilfe, statt sie zu bändigen, so ist die Hölle entfesselt. Nun sind die

Menschen aber Gewaltanbeter geblieben, wie die Wilden im Dämonenkult verharren. Wie die Wilden nicht vom Zauberglauben loskommen, so sitzt im Tiefsten unserer Seele noch der *Gewaltglaube* fest. Ja, dieser Gewaltglaube beherrscht unser Denken in noch viel höherem Maß weiter als unsere Instinkte, die ja vielfach schon gelernt haben, sich unserem Denken zu fügen. Wo aber auch unser Denken versagt, da sind wir verloren.

Und in Bezug auf die Gewalt ist unser Denken noch nicht frei. So wenig, daß sie den Menschen umso mehr imponiert, je unverhüllter sie auftritt; wofern nur der leiseste Hoffnungsschimmer für sie besteht, daß im Endeffekt etwas von ihren Erfolgen auch ihnen zugute kommen werde. In dieser Illusion befangen, sind sie dann auch freudig bereit, äußerlich wie innerlich ihr Letztes für sie zu opfern. Die Schlaueren, die sich von Illusionen nicht so weit fortreißen lassen, sind natürlich erst recht geneigt, jederzeit mit der Gewalt zu paktieren; nur daß sie realere Garantien für die Berücksichtigung ihrer Interessen beanspruchen, als bloß ideologische Verheißungen. Ihr Gewaltglaube gleicht dem Wunderglauben der Priester, denen ihr Gott seine Allmacht damit beweisen muß, daß er ihren Dienst einträglich gestaltet. Wie sich in den vergangenen Jahrhunderten der gesamte Kampf um den Wunderglauben drehte und unser Denken Schritt für Schritt nur in dem Maß vorwärts kam, in dem es über den Wunderglauben hinauswuchs, so ist es heute der Glaube an die Gewalt, der niedergerungen werden muß, wenn unser Denken neuerlich ein Stück weiter kommen soll.

Heute verlangen die Einen nur aus moralischem Empfinden heraus Ächtung der Gewalt, Bruch mit der Gewalt, während die Andern, ihren Sonderinteressen gemäß eingestellt, wo es ihr Vorteil erheischt, auch vor den brutalsten Gewaltakten nicht zurückscheuen und deswegen die unbedingte Ächtung der Gewalt, den Ersatz der Gewalt durch Recht aufs erbittertste bekämpfen. Aber weder ist die Abkehr von der Gewalt nur eine *moralische* Forderung, noch bedeutet das Festhalten am Gewaltprinzip lediglich eine *politische* Angelegenheit. Mit der Entscheidung über das zulässige Maß von Gewalt sind vielmehr zugleich die Grenzen unseres geistigen Leistungsvermögens überhaupt nach jeder Richtung hin unverrückbar abgesteckt.

Man mag z. B. vielleicht den Eindruck haben, daß es sich bloß um ein Ereignis von untergeordneter *politischer* Bedeutung handelt, wenn der Völkerbund nicht die Kraft aufbrachte, Mussolini wegen seiner brutalen Vergewaltigung Griechenlands energisch zu Leibe zu rücken oder wenn er tatlos, ja sogar wortlos über das Mörderregime Horthy-Ungarns hinweggeht – sicherlich wäre dies aber eine überaus oberflächliche Auffassung. Im Gegenteil: Gerade diese scheinbar rein politischen Ereignisse offenbaren am deutlichsten, wie es in Wirklichkeit geistig um uns bestellt ist. Indem wir hier die Lösung großer gesellschaftlicher Aufgaben entweder nur durch ein Ausbalanzieren der Gewalten zu lösen versuchen oder überhaupt nicht in Angriff zu nehmen wagen, zeigt sich, daß die Macht des Geistes sofort auf ein sehr tiefes Niveau herabsinkt, sobald irgendwo das Interesse oder die Gewalt mitspielt. Heute heißt es: die *Vernunft innerhalb der Grenzen der Gewalt*, wie es ehemals hieß: die Vernunft innerhalb der Grenzen des Wunderglaubens. Gewalt geht vor Recht, weil Interesse vor Vernunft geht – weil wir im Letzten noch ebenso gewaltgläubig sind, wie die Generationen vor uns wundergläubig waren, wie die Naturvölker am Dämonenglauben festhalten.

Wir haben den Gewaltglauben intellektuell nicht überwunden, darum kommen wir auch moralisch nicht über die Gewalt hinaus. Wir erkennen nicht, daß Gewalt und Geist unversöhnliche Gegensätze sind, sodaß, wie auf dem Boden des Wunderglaubens keine leistungsfähige Naturwissenschaft, so auf dem Grunde des Gewaltglaubens auch keine Sozialwissenschaft möglich ist, die uns mit ähnlichen Errungenschaften beglückt. Am Gewaltglauben ist das kaiserliche Deutschland zugrunde gegangen, am Gewaltglauben ist der Sozialismus in Sowjetrußland zerbrochen, wie schon vorher genau so der Welteinheitstraum des alten Rom und der Napoleons durch den blinden Glauben an die Gewalt in Nichts zerrann. Alle bisherigen Kulturen sind schließlich dem Gewaltglauben zum Opfer gefallen. Überall erweist sich der Ruf nach der Diktatur als das unzweideutige Verfallssymptom; der Diktator erscheint auf der Bildfläche, wenn die Logik sogar noch in der Gewalt siegt, diese zwingt, sich ins Absurde zu übersteigern und damit ihren letzten Schlag gegen sich selbst zu führen.

Mag *Mussolini* vorübergehend triumphieren und Demokratie und Recht ungestraft als Illusionen verlachen dürfen, mag *Lenin*, auf

Bergen von Leichen thronend, die Anbetung der kommunistischen Hölle als sozialistischen Himmel mit Kerker und Galgen erzwingen können, mag *Poincaré* aus den Giftstoffen, die in Deutschlands Körper kreisen, den Trank brauen, der Deutschlands Geist in Raserei treibt und damit zugleich breite Schichten des französischen Volkes stumpf macht gegen den weltzerstörenden Wahnsinn seiner Gewaltpolitik – mit alledem wird nichts daran geändert, daß es das unabwendbare Schicksal der Gewalt ist, zu ihrem eigenem Totengräber werden zu müssen. Wohl wohnt der Gewalt in ihrem ersten Siegeslauf eine große Anziehungskraft inne – aber im Verlauf erweisen sich *die Lebensgesetze des Organischen*, erweist sich der Zusammenhaltsdrang des Ganzen als stärker – und die auf rücksichtslose Sonderinteressen allein gegründete Gewalt sieht sich zur Isolierung verurteilt.

Hat man nicht auch zur Aufrechterhaltung des Wunderglaubens Kriege geführt und alle Auflehnung gegen diese in Massen von Blut erstickt? Und doch hat schließlich die Wissenschaft gegen den Wunderglauben gesiegt. Auch der Gewaltglaube wird nicht ewig bestehen. Weder die raffinierten vor keiner Brutalität zurückscheuenden Bemühungen seiner Nutznießer, noch die Leidenschaften Verblendeter, die um des Heils der Welt oder ihrer Nation willen für ihn in den Kampf ziehen, ja nicht einmal eine feile Wissenschaft, die sich ebenso in seinen Dienst stellt, wie sie sich vordem in den Dienst des Wunderglaubens stellte, wird ihn davor bewahren, von dem aus den letzten Tiefen schöpfenden wahrhaft menschlichen Geist überwunden zu werden. Der Menschengeist, der im größten Umfang der Elementargewalten Herr geworden ist, er wird ebenso Herr werden des zerstörenden Gewaltdranges, der aus uns selbst entspringt. Vom Wunderglauben genesen, werden wir auch über den Gewaltglauben hinauswachsen, trotzdem er sich jetzt durch den Krieg zu einer so aufwühlenden Massenpsychose entfaltet hat, daß er sogar den ihm verwandten *Wunderglauben* zu neuer Stärke belebt.

Sehen wir es nicht schon heute deutlich, wie der Völkerbund, der berufen ist, der Gewalt organisatorisch ein Ende zu bereiten, dessen tiefsten Sinn es darstellt, wie in der innerstaatlichen Gemeinschaft so auch im Völkerleben, *die Gewalt gewaltlos zu machen*, die Gewalt außerhalb des Rechts zu stellen und damit zur Ohnmacht zu verurteilen – wie dieser Völkerbund, so unzulänglich er noch ist, so sehr er verhöhnt und bekämpft wird, doch immer wieder als die letzte Rettung vor dem Versinken ins Chaos angerufen werden muß. Gewiß, noch ist das Verständnis für den Völkerbund nicht so weit entwickelt, daß man in ihm mehr erblickt, als bloß ein *politisches* Requisit. Aber die Zeit muß kommen, wo man entdeckt, daß er die unentbehrliche Kulturinstitution für jene Zeit bedeutet, die mit dem Glauben an die Gewalt innerlich ebenso fertig ist, wie die vorgeschrittenen Menschen mit dem Dämonenglauben der Naturvölker. Vergebliche Vergeudung, sinnlose Verwüstung von Menschenleben, Arbeit und wertvollsten Gütern, das ist die notwendige Signatur der Zeitalter, die noch unter dem Joch des Gewaltglaubens schmachten.

Die Einsicht: *mens sana in corpore sano* – bildete eine Etappe in unserer Entwicklungsgeschichte. Zu einer weiteren und höheren müssen wir uns jetzt durchringen, zur Erkenntnis: *Corpus sanum in mente sana.* In voller Gesundheit kann aber unser Geist erst erblühen, wenn er den Gewaltglauben abgestreift hat und damit auch von der Disposition zur Gewaltpsychose befreit ist. Hier winkt der Wissenschaft die allerhöchste Aufgabe: Was sie mit der Zerstörung des Wunderglaubens begonnen, das muß sie erst vollenden im unermüdlichsten zähesten *Kampf gegen den uns am tiefsten versklavenden Glauben an die Gewalt.*

Die Verfolgung Quiddes wegen Landesverrat

(,Die Friedens-Warte' | Januar/März 1924)[1]

Rudolf Goldscheid

Man kann sich gegen die Vernunft in verschiedener Weise versündigen. Erstens, indem man die sittlichen Gebote verletzt, die sie verkündet, und zweitens indem man Unvereinbares vertritt, sich an das nicht hält, was schon der Satz des Widerspruchs fordert. Die deutsche Politik verfällt abwechselnd in den einen wie in den andern Fehler. Die jüngste Zeit liefert dafür leider wieder die traurigsten Beweise. Geradezu ein Schulbeispiel in dieser Richtung stellt die Verfolgung Quiddes wegen l.andesverrat dar.

Es wäre ganz verfehlt, die Verhaftung Quiddes nur als einen Übergriff der bayerischen Behörden zu betrachten und seine Freisetzung der Reichsregierung zur Entlastung gutzuschreiben. In Wirklichkeit war es die deutsche Reichsregierung, die Prof. Quidde schon nach der Eingabe der Friedensorganisationen in Sachen der „Schwarzen Reichswehr" auch General von Seeckt die Anklage wegen Landesverrat androhen ließ, mit der Begründung, daß in einer Zeit, wo Deutschland international mißhandelt werde, pazifistische Beleidigung den Gipfel nationaler Würdelosigkeit bedeute. Die Verwahrung gegen diese Beleidigung bei Reichskanzler Marx und Außenminister Stresemann blieb völlig wirkungslos. Es ist also klar, daß Bayern nur den Wünschen der Reichsregierung zu entsprechen glaubte, als es den Staatsanwalt gegen Quidde in Bewegung setzte. Was man in Berlin doch nicht recht wagte, das ließ man von München aus durchführen. Hat sich in anderer Hinsicht Bayern ja im Falle Ehrhardt bereits so glänzend bewährt! Und wie gut muß es Bayern passen, die Aufmerksamkeit vom Ausgang des Hitler-Ludendorff-Kahr-Prozesses abzulenken, indem nun die verhaßten Pazifisten als Landesverräter entlarvt werden.

In Bayern leistet man obendrein gleich ganze Arbeit. Die Ankla-

---

[1] Textquelle | Rudolf GOLDSCHEID: *Die Verfolgung Quiddes wegen Landesverrat*. In: Die Friedens-Warte, 24. Jg. 1924 (H. 1/3 – Januar/März), S. 2-4.

ge gegen Quidde wird auf Grund einer Notverordnung wegen Vorschubleistung gegenüber einer fremden Macht während der Besetzung deutschen Gebietes erhoben. Auf dieses Delikt steht lebenslängliches Zuchthaus, resp. zehn Jahre Zuchthaus als Mindeststrafe. Mit so barbarischen Strafen will man in Bayern gegen einen Quidde, den Nestor der deutschen Friedensbewegung, einen der edelsten Geister Deutschlands, vorgehen. Gleichzeitig leitet man in Berlin auf Antrag des Reichswehrministers gegen Gerlach die Untersuchung wegen Landesverrat ein, weil er den Artikel Quiddes in der „Welt am Montag" veröffentlichte. Geradezu unbegreifliche Verbohrtheit! Schücking hat ganz Recht, wenn er angesichts dessen im „Berliner Tageblatt" ausruft: „Gibt es denn gar keine Dummheit, die in Deutschland nicht gemacht wird.'

Vergleichen wir mit diesen Handlungen die Reden der leitenden deutschen Staatsmänner. In Wien hielt Stresemann am 20. März eine Ansprache, in der er in Erwiderung auf die Begrüßung des österreichischen Bundeskanzlers sagte: „Ihre wahrhaft staatsmännischen Worte über den Zusammenschluß aller Völker und Nationen zur Erhaltung und Sicherung des Weltfriedens haben in unseren Herzen ein Echo gefunden … *Wehe dem Lande, das den großen Gedanken der Geistigkeit verfallen läßt. … Wir haben von dem was wir einst waren, von dem Volke der Denker und Dichter viel verlernt. Wir haben zuviel von Baumwolle, Kohle und Petroleum gesprochen und dabei vergessen von Haydn, Mozart, Beethoven und Kant zu sprechen, die die geistigen Führer des deutschen Volkes waren, weit über die Grenzen des deutschen Reiches hinaus.*" Bald darauf erklärte Reichskanzler Marx in Elberfeld: „*Erfüllungspolitik ist Befreiungspolitik.*" Und unzählige Male wurde bereits von den verschiedensten Vertretern der Reichsregierung autoritativ mit aller Entschiedenheit zum Ausdruck gebracht, daß es keinen größeren Wahnsinn für Deutschland geben könne, als den Gedanken an einen Revanchekrieg, daß es das schwerste Verbrechen sei, das deutsche Volk zur Vorbereitung eines Revanchekrieges aufzurufen.

Wie reimt sich mit diesem Standpunkt die Anklage gegen Quidde wegen Landesverrat. Wozu die Duldung illegaler militärischer Formationen, wenn man von derartigen Gewaltzielen nichts wissen will? Warum leitet man nicht eine Untersuchung ein, um festzustellen, ob und in welchem Ausmaß Quiddes Mahnruf berechtigt ist? Wie, es wird behauptet, es bestünden illegale militärische Formationen, und man will das Gesetz nur gegen denjenigen anwenden, der auf diese hinweist, nicht aber gegen die illegalen Formationen selber! *Illegale Formationen* – man hat sich in Deutschland so sehr an diesen Begriff gewöhnt, als handle es sich um eine verfassungsmäßige, auf Gewohnheitsrecht beruhende Einrichtung, gegen die nicht das Geringste einzuwenden wäre!

Wie die „Menschheit" berichtet, hat kürzlich der *Deutsche Offiziersbund* folgende Entschließung veröffentlicht:

„Wir Deutsche alle müssen durch unsere Haltung dem Ausland zeigen, daß die Kontrollkommissionen, gleichgiltig welcher Art, endlich aus Deutschland zu verschwinden haben, wenn nicht Komplikationen entstehen sollen, die für Mitteleuropa eine ernste Gefahr bedeuten. Deshalb rufen wir zum äußersten Widerstand gegen diese neueste Gewalttat, die allein französischem Sadismus entspringt, auf. Dem Ausland muß der einmütige Entschluß des deutschen Volkes in die Ohren gellen: „Raus mit allen fremdländischen Kontrollkommissionen aus Deutschland."

Wäre es nicht das einzig und allein Angemessene, den Offiziersbund unter Anklage zu stellen, statt daß man Quidde verfolgt, der sich nur des einen Verbrechens schuldig machte, die Reichsregierung zur *Wahrung der Gesetze* aufzurufen.

Und nun die Reden des Außenministers in Wien und des Reichskanzlers in Elberfeld! Sie beide haben Worte gesprochen, wie man sie sich nicht schöner wünschen kann. Kein Pazifist hätte bessere zu finden vermocht. Sie wurden auch längst vorher von Pazifisten geprägt. Aber warum hat es bei der Regierung bloß mit den schönen Worten sein Bewenden. So sehr sogar, daß sie gleichzeitig Anschauungen vertritt, die diesen schnurstracks widersprechen, ja, daß sie sie durch ihr Handeln so vollkommen desavouiert, daß sie die Pazifisten als Landesverräter anklagt, als jeder nationalen Würde bar beschimpft, nur weil sie die gleichen Wendungen gebrauchen wie die leitenden Staatsmänner, allerdings zugleich darauf bestehend, daß die schönen Worte auch zu guten Taten führen. Ist es möglich daß das Ausland diese fortgesetzten schreienden Widersprüche verstehen kann, nährt man dadurch nicht direkt das Mißtrauen gegen Deutschland, auf dessen Zerstreuung alle gesunde deutsche Außenpolitik ausgehen müßte?

Es ist hier genau so, wie im Kampf um die Schuldfrage. Statt daß man entschlossen das Maß von Schuld auf sich nähme, das man nicht bestreiten kann, um auf diese Weise zu *innerer* Läuterung zu gelangen, erhebt man ein wüstes Geschrei gegen die „Schuldlüge", mit dem man nur das Gegenteil dessen erreicht, was man anstrebt. Versuche bloß *äußerer* Reinwaschung können für Deutschlands nationale Ehre gar nichts leisten. Unsere Gegner werden nur dann Deutschland nicht mehr Schuld aufzubürden vermögen, als sich in einem objektiven Verfahren nachweisen läßt, wenn Deutschland selber beharrlich darauf hindrängt, keine Schuld vertuschen zu lassen, die es tatsächlich auf sich geladen hat.

Und noch schlimmer als im Kampf um die Schuldfrage sündigt man an Deutschlands Ehre und Deutschlands Interesse, mit der zwiespältigen Haltung, die gegen die Revanchekriegshetzer eingenommen wird. Will Deutschland den objektivsten Beweis erbringen, daß ihm nichts ferner liegt, als die Idee des Revanchekrieges, dann muß es mit Freuden einer Militärkontrolle (die möglichst vom Völkerbunde auszuüben wäre) zustimmen, damit endlich unanfechtbar festgestellt werden kann, daß in Deutschland nicht insgeheim gerüstet wird, daß alle Behauptungen über illegale militärische Formationen „nichtswürdige Übertreibungen" sind, und darf sich besonders an jenen nicht vergreifen, die mit allem Nachdruck derartige einwandfreie Untersuchungen verlangen.

Die Anklage gegen Quidde und Gerlach muß eingestellt werden, ihre feierliche Rehabilitation muß ehebaldigst erfolgen: das ist das dringendste Gebot des Kulturprestiges Deutschlands im Ausland. Aber daran allein darf man es nicht genügen lassen. Die Reichsregierung hat vielmehr endlich für eine systematische Aufklärungsarbeit im ganzen Land zu sorgen, die jedem Einzelnen klar vors Auge rückt, daß der Gedanke an einen Revanchekrieg vollendeten Wahnsinn darstellt, wie auch, daß alle jene das deutsche Volk aufs schwerste schädigen, die es zu sinnlosen militärischen Spielereien verführen.

„Befreiungspolitik ist Erfüllungspolitik!" Dieses Wort des Reichskanzlers muß lebendige Tat in Deutschland werden!

———

Aus der Fülle der Protestkundgebungen gegen die Verfolgung Quiddes seien hier einige wenige zur Illustration wiedergegeben:

Die Deutsche Liga für Menschenrechte und die Deutsche Friedensgesellschaft erklären:

Professor Ludwig Quidde, der Veteran des deutschen Pazifismus, Vorsitzender des Deutschen Friedenskartells mit 21 Friedensorganisationen, hat in der „Welt am Montag" am 10. März 1924 in einem Aufsatz „Die Gefahr der Stunde" die Tatsache zur Sprache gebracht, daß viele Gerüchte im Lande umgehen, über vertrags- und gesetzwidrige militärische Ausbildungen junger Leute, und er hat die Aufmerksamkeit der Regierung und des Reichstags darauf gelenkt. Dieser Artikel ist von ihm, wie alle anderen pazifistischen Artikel an ausländische Gesinnungsfreunde versandt, darunter an mehrere befreundete englische Minister. Auf Grund dieses Tatbestandes ist Professor Quidde am Sonntag, dem 16. März 1924, in München wegen Landesverrats verhaftet worden. Gegen dieses ungeheuerliche Vorgehen erheben die Deutsche Liga für Menschenrechte und die Deutsche Friedensgesellschaft feierlich Einspruch. Wir weisen darauf hin, daß dieser Vorgang geeignet ist, eine Katastrophe für unsere auswärtige Politik herbeizuführen, wie sie schlimmer nicht gedacht werden kann. Wir erwarten von der Reichsregierung, daß sie innerhalb 24 Stunden die Freilassung dieses Ehrenmannes herbeiführt.
Deutsche Lira für Menschenrechte
gez.: Arnold Freymuth.
Deutsche Friedensgesellschaft
gez.: Hans Schwann.
Berlin, den 17. März 1924.

Protestresolution des Deutschen Pazifistischen Studentenbundes.

Tiefste Empörung erfüllt uns pazifistische Studenten Deutschlands bei der Nachricht von der Verhaftung des von uns so sehr verehrten Präsidenten des Deutschen Friedenskartells, Herrn Professor Quidde in München. Aus schwerster Sorge um das Schicksal des deutschen Volkes und aus ehrlicher Vaterlandsliebe hat Professor Quidde auf die Rechtsverletzungen hingewiesen, die von unverantwortlichen Kriegstreibern unter Duldung, ja, mit Unterstützung amtlicher Stellen, seit langem zum Schaden Deutschlands getrieben wurden. Die Münchner Verhaftung bedeutet einen Schlag gegen die gesamte deutsche Friedensbewegung, die sich mit Quidde solidarisch fühlt, sie bedeutet aber auch einen Schlag gegen das ganze deutsche Volk, denn sie gibt der Welt den Anschein, als ob das deutsche Volk revanchelustig zu neuen militärischen Rüstungen greifen wolle. Die Rechnung solcher Tat wird das deutsche Volk durch neuen außenpolitischen Druck und durch die Last militärischer Kontrollen zu bezahlen haben. Wir erwarten sofortiges Eingreifen der Reichsregierung und fordern die Freilassung Professor Quiddes! Jeder rechtlich denkende und *wahrhaft* nationalfühlende Deutsche wird in der Billigkeit solcher Forderung mit uns einig sein. Wie lange läßt sich das deutsche Volk noch die Münchener Herausforderungen und Rechtsbeugungen gefallen? *Quidde muß frei werden,* sei der Kampfruf der deutschen Jugend!

Im Namen des Deutschen Pazifistischen Studentenbundes
Wolfgang Medding, Bundesvorsitzender.

Gegen die Verfolgung Quiddes wegen Landesverrat.
Kundgebung Österreichischer Friedensvereine.

Vor Kurzem erreichte uns die verblüffende Kunde, Professor Quidde sei in München unter der Beschuldigung des Landesverrats verhaftet worden. Dieses Verbrechen soll dadurch begangen worden sein, daß der berühmte Pazifist in einem Zeitungsartikel auf die großen, außenpolitischen Gefahren hingewiesen hatte, welche aus den nicht verstummenden Gerüchten über die geheime militärische Ausbildung junger Leute in Deutschland entständen. Professor Quidde hatte die Aufmerksamkeit der Reichsregierung und des Reichstages auf diese Gefahren gelenkt in der Hoffnung, daß durch eine parlamentarische Untersuchung die Gerüchte von geheimen, vertragswidrigen Rüstungen widerlegt und dadurch ein ernster Konfliktfall mit Frankreich aus dem Weg geräumt würde. Dieser Schritt war von der reinsten Vaterlandsliebe, von der lebhaften Sorge vor der Anwendung neuer erdrückender Repressalien seitens Frankreich eingegeben.

In dem Vorgehen Quiddes Landesverrat zu sehen, und durch die schärfsten Mittel, selbst die Verhängung der Untersuchungshaft, ahnden zu wollen, charakterisiert in trauriger Weise, die Verwirrung aller Rechtsbegriffe, im deutschen Reiche, insbesondere in Bayern, wo der Ausnahmezustand überdies die Grenzen der Kompetenzen der Obersten Gewalten in bedenklichem Maße verwischt hat.

Wenn auch inzwischen die Enthaftung Quiddes wegen Mangels der Fluchtgefahr erfolgte, so halten es doch die unterzeichneten österreichischen Friedensorganisationen für ihre Pflicht, schärfsten Einspruch zu erheben, gegen die jeder Rechtsgrundlage entbehrende Vorgangsweise der bayerischen Behörden; insbesondere aber gegen den Geist des blinden Chauvinismus, der in selbstmörderischer Weise die Revanchelust im deutschen Volk nährt, jede ehrliche Erfüllungspolitik unmöglich macht und die heute der Regelung der Reparationsfrage relativ günstige Lage auf das schwerste schädigt. Wir protestieren mit allem Nachdruck gegen das System der Verfolgung deutscher Patrioten, die durch loyale Erfüllung der Verpflichtungen von Versailles und Bekämpfung des auf einen Revanchekrieg hinarbeitenden Nationalismus, den wahren Frieden herbeiführen und Deutschland vor dem Untergange bewahren wollen.

Oesterreichische Völkerbundliga
gez.: Botschafter a. D. Dr. Constantin Dumba.
Internationale Frauenliga für Frieden und Freiheit
(Zweig Oesterreich)
gez.: Rosa Mayreder.
Oesterreichische Friedensgesellschaft
gez.: Rudolf Goldscheid.

Das Jubiläum des Weltkrieges
und die Parole: Nie wieder Krieg!

('Die Friedens-Warte' | April/Juli 1924)[1]

Rudolf Goldscheid

In diesem Monat vor zehn Jahren, da kam es über uns, das unnenn-
bare Grauen, das Dummheit und Gedankenlosigkeit, Leichtfertig-
keit und Niedertracht auf uns heraufbeschworen. Und mehr als
zehn Jahre tobte sich dann der Wahnsinn, von Wissenschaft und
Technik methodisch vollkommen entfaltet, bis in seine letzten Konsequenzen aus. Heute weiß die Menschheit, wie ein Krieg in unserer
Zeit aussieht. Alle Verantwortlichen haben darum jetzt nur ein Bestreben: die Schuld an diesem Kriege von sich abzuwälzen.

Mit der dereinst so beliebten Kriegsverherrlichung ist es mithin
vorbei. Die Entwicklung zu einer Geistesverfassung, die den Kriegsursachen von Grund auf energisch zu Leibe zu rücken fähig wäre,
steht aber freilich trotzdem erst in ihren Anfängen. Noch lange ist
die Parole „Nie wieder Krieg", „Krieg dem Kriege" nicht der einheitliche unverrückbare Wille Aller. Nach wie vor muß der Pazifismus um seine Anerkennung vielmehr kämpfen, nach wie vor glaubt
man, unzählige schlagende Einwände gegen die Umstellung der Politik im Geiste des Pazifismus vorbringen zu können.

Aber dennoch hat sich zugleich auch ein ganz ungeheurer Umschwung vollzogen. Alle ehrlichen Demokraten erblicken heute im
Pazifismus bereits das Fundament ihres gesamten Programms, und
je mehr die Demokratie ihnen Herzenssache ist, desto begeisterter
bekennen sie sich zum Pazifismus. Die *„Pazidemokratie"*, ehemals
bloß eine unbeachtete Forderung *Alfred H. Frieds* und seiner Ge-
treuen, sie ist nun auf dem Marsch, schickt sich an, vom Westen Europas aus die Welt zu erobern. Und die gleiche Entwicklung wie der
demokratische Gedanke macht seit Kriegsende auch der Sozialis-

---

[1] Textquelle | Rudolf GOLDSCHEID: *Das Jubiläum des Weltkrieges und die Parole: Nie
wieder Krieg!* In: Die Friedens-Warte 24. Jg. (1924) H. 4/7 – April/Juli, S. 101-103.

mus durch. Er wird, wo er sich selbst treu bleibt, zum *pazifistischen Sozialismus* und gewinnt als solcher, weit über die Arbeiterklasse hinaus, zahlreiche neue, entschlossene Anhänger.

Was bedeuten angesichts der Tatsache, daß es in England und Frankreich gerade der Pazifismus war, der den Linksparteien zu ihren gewaltigen Siegen verhalf, die leidenschaftlichen Anstrengungen seiner Gegner in andern großen Ländern, ihn als sentimental, schwächlich, bloß passiv oder gar negativ, ja als utopisch und vaterlandsfeindlich hinzustellen, wie das z. B. in der Sondernummer über Pazifismus, die die *„Süddeutschen Monatshefte"* kürzlich veröffentlichten, in so überaus kläglicher Weise versucht wird. Werden doch alle diese Verleumdungen Tag für Tag von neuem durch die kraftvolle und zielklare Haltung derjenigen Regierungen desavouiert, die den Pazifismus als Staatsmacht verkörpern.

Und muß es nicht auch den in traditionellen Auffassungen Befangensten zu denken geben, daß es überall die extremsten Reaktionäre sind, die die Führung im Kampf gegen den Pazifismus innehaben, daß nirgends Demokraten und Sozialisten hinter denjenigen stehen, die von internationaler Verständigung nichts wissen wollen? Wer macht der Versöhnungspolitik Mac Donalds in England die größten Schwierigkeiten? Die als Überjingos verkleideten Wortführer der Schwerindustrie und des Großgrundbesitzes! Wer sind die erbittertsten Feinde der auf eine demokratische Pazifizierung Europas hinarbeitenden Regierung Herriot? Der Bloc National, der unter der Vorspiegelung lautersten Patriotismus alles zusammenfaßt, was an der Aufrechterhaltung der überkommenen Herrschaftsverhältnisse interessiert ist! Und ist es etwa in Deutschland anders? Vertreten nicht auch da die Deutschnationalen und Deutschvölkischen vor allem jene Schichten, die der verlorene Krieg und der nachfolgende Umsturz zu depossedieren drohte?

In allen Ländern arbeiten die antipazifistischen Nationalisten mit genau den gleichen Methoden, arbeiten sie einander, gerade im wütendsten Kampf gegeneinander, planmäßig in die Hände. Aber trotz ihrer vor keiner Niedertracht und keiner Lüge zurückscheuenden Machenschaften verliert die nationalistische Weltreaktion zusehends an Boden. Ein Land nach dem andern wird vom Pazifismus erobert und schon ist auch die „Gefahr" einer deutsch-französischen Verständigung auf demokratischer Grundlage wesentlich näher gerückt. Was das französische Volk in den letzten Wahlen geleistet hat, kann nicht genug gerühmt werden. Aus eigener Kraft befreite es sich, eingedenk seiner großen revolutionären und menschenrechtlichen Traditionen, von dem Joch der innern und äußern Gewaltpolitik, unter das die militärischen und kapitalistischen Kriegsgewinner es mit Unterstützung der Reaktionäre aller Länder gebeugt hatten.

Und mit dieser Großtat machte es zugleich die Bahn frei zur freundschaftlichen Zusammenarbeit mit dem englischen Volk. Gegenüber dem aus Gesinnungsübereinstimmung natürlich hervorwachsenden Bunde zwischen der französischen und englischen Demokratie wird sich auf die Dauer auch die künstliche Übermacht der Reaktion in Deutschland nicht zu behaupten vermögen. Es sei denn, daß es den raffinierten Intriguen und Wühlereien der zu allem entschlossenen Weltreaktion gelänge, Ramsay Mac Donald zu stürzen oder durch Ermunterung Rußlands zu kriegerischen Abenteuern einen neuen Riesenbrand zu entfachen.

Denn man übersehe nicht: das durch: alle Hetzarbeit unbeirrte Zusammengehen der demokratischen Regierungen Englands und Frankreichs muß nicht nur eine Entspannung zwischen Frankreich und Deutschland und damit eine Erstarkung der deutschen Demokratie bewirken, sondern wird im Verlauf auch eine ganz erhebliche Umgestaltung des Völkerbundes zur Folge haben. Wir wissen: bisher konnte sich der Völkerbund vor allem deshalb nicht im Sinne der ihm zugrunde liegenden Idee entwickeln, weil das imperialistische Frankreich die ganze Macht, die der gewonnene Krieg seinen herrschenden Klassen schuf, dazu nützte, diese neue großangelegte Friedensorganisation zur Verewigung der Gewaltverträge zu mißbrauchen, die kurzsichtiger Siegerübermut geschmiedet hatte.

Schon nach der veränderten politischen Konstellation in England sah sich Frankreich in diesen Bestreben jedoch vor täglich wachsende Schwierigkeiten gestellt. Und zwar sowohl vor außenpolitische Schwierigkeiten, die es in immer größere Isolierung brachten, wie besonders vor innerpolitische, denen es nur durch rohe Gewaltmaßnahmen begegnen konnte, welche – wie es vor allem das Ergebnis des Ruhrabenteuers bewies – mit völligem Mißerfolg nach jeder Richtung endeten. Immerhin vermochte sich aber das imperialistisch-nationalistisch-reaktionäre Frankreich weiter des Völkerbundes als geeigneten Instrumentes zur Unterdrückung aller demokratischen Verständigungsbestrebungen zu bedienen, solange ihm dort nur England und eine Reihe neutraler Kleinstaaten als Gegner gegenüberstanden und es, dank seiner unversöhnlichen Haltung, auch die ihm insgeheim verbündeten nationalistischen Kriegsphrasenhelden in Deutschland zu einer unheimlichen, die Welt beunruhigenden Macht erhob.

Jetzt hingegen, wo, nachdem zuerst die französisch-englische imperialistische Einigkeit in Brüche ging, auch der Gegensatz zwischen dem reaktionären Frankreich und dem demokratischen England den Völkerbund nicht mehr lahm legt, sondern ganz im Gegenteil eine demokratische Entente zwischen Frankreich und England ihm zu einem ganz neuen Rückgrat zu verhelfen im Zuge ist – jetzt sind die wichtigsten Voraussetzungen gegeben, damit der Völkerbund im Verlauf tatsächlich das werden kann, als was er seit je von allen Pazifisten ersehnt wurde. Denn nun werden auch die Völkischen und Nationalisten, trotz allem was an kapitalistischer Machtfülle hinter ihnen steht, die Entwicklung zur Demokratie und damit zur Verständigungspolitik nicht aufhalten können, und erst recht nicht den ihnen verhaßtesten Eintritt Deutschlands in den Völkerbund. Und es ist zweifellos, daß dann Rußland als weiteres Völkerbundmitglied folgen muß und angesichts dessen zuletzt auch Amerika sich nicht länger wird ausschließen können.

Ist aber all dies erst erreicht, so beginnt ein neuer Abschnitt in der Weltgeschichte, hebt das *Zeitalter des Weltparlaments* an, eines Weltparlaments, das unter demokratischer Führung seine internationale Organisations- und Ausgleichsarbeit eröffnet. Gewiß, auch dem Weltparlament werden Stürme - und Rückschläge nicht erspart bleiben, es wird uns oft in gleicher Weise enttäuschen, wie dies bei den Einzelparlamenten der Fall war. Aber ebenso sicher ist, daß es der Reaktion die so beliebte *Flucht vor der inneren Politik in die äußere* sehr wesentlich erschweren wird, daß aller raffinierten Kriegshetzerei mit dieser zwischenstaatlichen Rechtsinstitution ein Riegel vorgeschoben ist, der im Verlauf immer stärker werden muß.

Nie wieder Krieg! Kein Scharfsichtiger wird sich Illusionen darüber hingeben, daß in einer so zerrissenen Welt wie der unsern, wo die Klassengegensätze noch so ungeheure sind, und die infolgedessen von unten bis oben erfüllt ist mit Kriegsursachen und mannigfachen, aus menschlichen Leidenschaften hervorwachsenden Zündstoffen, Kriege sich nicht leicht dauernd verhüten lassen werden. Dennoch bedeutet es schon einen kaum überschätzbaren Fortschritt, wenn vorauszusehen ist, daß künftig wenigstens der Wille der mächtigsten Regierungen auf Beseitigung des Krieges gerichtet sein wird, daß sie in der Vorbereitung von Kriegen keine legalen Mittel der Politik mehr erblicken werden.

Unser großer Vorkämpfer Alfred H. Fried hat einmal das Wesen des Pazifismus sehr richtig damit definiert, daß er sagte, *es genüge nicht, den Frieden nur zu wünschen, es komme vor allem vielmehr darauf an, ihn kraftvoll zu errichten,* und eben diese unermüdliche Arbeit an der organisatorischen Errichtung des Friedens als den innersten Sinn des Pazifismus bezeichnete. So begriffen ist der Pazifismus heute tatsächlich aus einer bloßen Idee zu lebendig pulsierender Wirklichkeit ,geworden. Und ganz besonders in *einer* Hinsicht ist er zum Mittelpunkt des gesamten kulturellen Kampfes der Gegenwart aufgerückt. Der breitesten Massen wie der erlesensten Geister hat sich bereits die Überzeugung bemächtigt, daß wir keines der großen sozialen und ideellen Probleme, deren Bewältigung den eigentlichen Sinn unseres Lebens ausmacht, zu lösen vermögen, solange es uns nicht gelingt, die Kriegsgefahr völlig aus der Welt zu bannen.

Nichts kurzsichtiger, als zu glauben, in dem Ringen um Vermeidung von Kriegen handle es sich nur um eine politische oder gar lediglich um eine parteipolitische Angelegenheit. *Hier stehen wir vielmehr vor der alles Politische weitaus überragenden Grundfrage unserer Gattung überhaupt.* Zu so gewaltiger Größe hat die Entwicklung des wissenschaftlichen und organisatorischen Genius die Kriegstechnik entfaltet, daß die Kulturmenschheit sich nur vor Selbstmord zu bewahren vermag, wenn sie dafür sorgt, die selbstgeschaffene Höllenmaschine nicht in Funktion geraten zu lassen. Das sicherste Mittel hierzu ist natürlich ihr systematischer Abbau. Zu diesem schreiten heißt aber, die Friedenstechnik in noch viel vollkommenerer Weise ausbauen wie bisher die Kriegstechnik, heißt also mit glühendstem Eifer die *allgemeine pazifistische Wehrpflicht* verfechten, sich mit Leib und Seele in den Dienst des allumfassenden Vaterlandes friedlicher Kultur stellen.

Nie wieder Krieg, nie wieder Völkermord, nie wieder planmäßige, bestialisch organisierte Massenschlächterei! – Dies sei der Ruf in allen Zungen, soweit humanes Ehrgefühl die Menschheit erfüllt, bei den internationalen Trauerfeiern zum Andenken an die Millionen Gefallener, Verstümmelter und um ihr Glück Betrogener, die vor zehn Jahren Niedertracht und Wahnwitz unter Kanonendonner und betäubendem Phrasenlärm zu den Fahnen der Vaterlandszerstörung und Kulturverwüstung rief.

Der Ausbau des Paktes von Locarno und der Zusammenschluß Europas

(‚Die Friedens-Warte' | September 1926)[1]

Rudolf Goldscheid

Der kürzeste Weg zu einem Abbau der Zollmauern in Europa – der im Verlauf zu einer europäischen Zollunion, ja zu einer Art Zweckverband Europa überhaupt führen könnte – ist der *wirtschaftliche und kulturelle Zusammenschluß von Frankreich, Deutschland und England.* Erfolgt eine immer inniger werdende Annäherung zwischen diesen drei Reichen, so wäre damit der natürliche Kristallisationskern für die Vereinigten Staaten Europas geschaffen. Dieser Gruppe würden sich sicherlich bald die nordischen Staaten, ebenso wie Holland, Dänemark und die Schweiz anschließen, desgleichen Oesterreich, die kleine Entente, wie jene Länder, die sonst noch in irgendeinem Abhängigkeitsverhältnis zu Deutschland, Frankreich oder England stehen. Auch eine Balkanföderation ließe sich dann viel leichter herstellen, die gleichfalls Anschluß an den neuen Dreiverband suchen müßte.

Italien und Spanien freilich dürften zunächst noch zögern mitzutun, aber auf die Dauer könnten auch sie, wie alle anderen faszistischen Gebilde in Europa, sich den Auswirkungen dieses neuen politisch-wirtschaftlichen Gravitationszentrums nicht entziehen. Ist doch der Faszismus in erster Linie die Folge der politischen und wirtschaftlichen Zerrissenheit Europas. Kommt darum erst eine Konstellation zustande, die Frankreich, Deutschland und England nicht mehr zwingt, die einzelnen Staaten Europas aus Rivalitätsgründen gegeneinander auszuspielen, so wird sich die fascistische Reaktion selbst dort, wo sie heute unüberwindlich scheint, nicht lange weiter halten können. Finden sich Frankreich, Deutschland

---

[1] Textquelle | Rudolf GOLDSCHEID: *Der Ausbau des Paktes von Locarno und der Zusammenschluß Europas.* In: Die Friedens-Warte 26. Jg. (1926) Heft 9 – September, S. 270-273.

und England, dann wird ihr Zusammenschluß sie wechselseitig auch immer mehr demokratisieren, den Parteien der Linken in diesen Ländern stetig wachsende Macht bringen.

Und das ist von nicht zu überschätzender Wichtigkeit! Denn darüber muß man sich im klaren sein: es ist keine Annäherung der Staaten Europas, kein Abbau der Zollmauern zwischen ihnen, keine politische und wirtschaftliche Befriedung Europas möglich, ohne fortschreitende Demokratisierung von Grund auf. Jeder friedliche Staatenbund größeren Umfangs ist nur als *Interdemokratische Union* denkbar und haltbar, wie umgekehrt nur in einem zerrissenen Europa mittelalterlich reaktionäre Staatengebilde eine Rolle spielen und politisch stark bleiben können.

Was nun die politische Verfassung und die wirtschaftliche Reife anlangt, weisen sicherlich Frankreich, Deutschland und England – von einer Reihe kleinerer Staaten abgesehen, die zu schwach sind, die Führung zur Einigung Europas zu übernehmen – die stärkste innere Verwandtschaft auf, so daß bei ihnen vorerst noch am ehesten die unentbehrlichen Voraussetzungen für einen engeren Zusammenschluß gegeben wären. Wir haben uns deshalb zu fragen: Wie steht es mit den Aussichten für deren Zusammenschluß, wenn man darin nicht bloß ein in ferner Weite liegendes Zukunftsideal, sondern die praktische Grundaufgabe der nächsten Zeit erblicken will? Daß Frankreich das stärkste Interesse an einer derartigen Kombination hätte, braucht wohl nicht erst ausführlich bewiesen zu werden. Das demokratische Frankreich von heute, das in so hohem Maße von Isolierung bedroht ist, bedarf nichts dringender als tiefgehende Verständigung mit Deutschland, und ebenso ist für Deutschland die Verständigung mit Frankreich eine Lebensnotwendigkeit. Auch können diese beiden Länder keineswegs wünschen, sich etwa *gegen* England zu verständigen.

Die zwei Grundprobleme, um die sich alles dreht, sind deshalb: *erstens* die Stellung Englands zu dieser ganzen Frage und *zweitens*, welche Gestaltung bei dem Zusammenschluß von Deutschland, Frankreich und England das Verhältnis zu Rußland für jeden dieser Staaten und für alle zusammen, wie für die Beziehungen Europas zu den anderen Kontinenten annähme? Was England anlangt, so knüpft die hier vertretene Kombination unmittelbar an den *Pakt von Locarno* an. Sie wäre nur eine Vertiefung und Befestigung der in Locarno begonnenen Politik, ihr weiterer und geschlossener Ausbau, namentlich in wirtschaftlicher Hinsicht und unter dem Gesichtspunkt der Einigung Europas. Da der Pakt von Locarno aber hauptsächlich der Initiative Englands entsprang, da England seit Beginn des zwanzigsten Jahrhunderts unablässig bemüht war, Deutschland zu den Westmächten herüberzuziehen, ja, da man feststellen muß, daß es eine der Hauptursachen des Weltkrieges war, daß Deutschland im Interesse seiner reaktionären Innenpolitik in erster Linie den Rückhalt an das zaristische Rußland suchte, ist es keinesfalls als utopisch anzusehen, daß England einem Zusammenschluß mit Frankreich und Deutschland, schon um Amerika stärker gegenüberzustehen, durchaus geneigt sein würde, selbst wenn Rücksichten auf die Dominions zunächst vielleicht sehr ernste Bedenken erweckten. Und zwar auch dann durchaus geneigt, falls dieser Block der Westmächte *keinerlei Spitze gegen Rußland* hätte. Die Gefahr der Spitze gegen irgendeine Macht haftet jedem Bündnis an. Käme es zum Beispiel vorerst zu einem Bündnis nur zwischen Deutschland und Frankreich, so bestünde wieder die Gefahr, daß es gegen England gerichtet erschiene. Ja, sogar gegen die Vereinigten Staaten von Europa ließe sich einwenden, sie schüfen eine Kampfposition gegen Amerika einerseits und gegen Asien andererseits. –

Bildet sich jedoch ein Zusammenschluß zwischen Frankreich, Deutschland und England, *als Kristallisationskern für ein wirtschaftlich befriedetes und politisch weniger zerrissenes Europa* heraus, so brauchte dieser durchaus nicht notwendig eine Spitze gegen Rußland zu haben. Es bestünden dann im Gegenteil weit günstigere Voraussetzungen dafür, daß auch Rußland zu friedlichen Beziehungen zu den Westmächten gelangt, die so lange unmöglich sind, als jeder von diesen Großstaaten fürchten muß, die anderen werden sich Rußlands gegen sie bedienen, ja, als Rußland selbst aus deren Uneinigkeit den größten Nutzen für sich ziehen zu können glaubte.

Ganz Europa kann die wirtschaftliche Erstarkung Rußlands nicht entbehren. Es ist nicht an Frieden und wirtschaftlichen Aufstieg Europas zu denken – auch trotz aller Versuche übernationaler Organisation – so lange der ungeheure Reichtum Rußlands nicht ganz Europa nutzbar gemacht werden kann. Namentlich für Deutschland ist regster Güteraustausch und innigster Wirtschaftsverkehr mit Rußland die stärkste Lebensnotwendigkeit. Rußland wieder braucht Kredite von auswärts, um seine gewaltigen wirtschaftlichen und kulturellen Möglichkeiten voll entfalten zu können. Eine derartige finanzielle Unterstützung vermögen Frankreich, Deutschland und England, wenn sie sich erst wirtschaftlich, politisch und kulturell zusammengeschlossen haben, einander nicht mehr wie bisher als eifersüchtige Rivalen gegenseitig das Leben zu erschweren suchen, Rußland jedoch sehr wohl in weitreichendem Maße zu gewähren. –

Mit dieser finanziellen Unterstützung und durch den infolgedessen gesteigerten Wirtschaftsverkehr der Westmächte und deren Anhang mit Rußland würde aber dieser neue demokratische Block allmählich auch politisch auf Rußland hinüberwirken, die demokratischen Tendenzen dort stärken, so daß im Verlauf der Eintritt Rußlands in den Völkerbund gerade durch den Zusammenschluß von Frankreich, Deutschland und England die nachhaltigste Förderung erführe. Ein Völkerbund aber, dem neben Deutschland auch Rußland angehörte, wäre natürlich ein ganz anderes Instrument der Befriedung Europas und der wirtschaftlichen Organisation der Welt als das relativ ohnmächtige, wegen der Zerrissenheit Europas nicht genügend durchgegliederte Rumpfgebilde, das der Völkerbund heute darstellt. Ein so erweiterter und vervollkommneter Völkerbund würde sich naturgemäß, ohne dadurch vom Zerfall bedroht zu sein, auch weit größere Aufgaben in jeder Hinsicht setzen können, nicht haltlos aus Gründen der politischen Rivalität zwischen den führenden europäischen Großmächten tatenlos die beschämendsten Kulturgreuel dulden müssen und so durch sein stetig wachsendes moralisches Prestige, durch sein kontinuierlich steigendes wirtschaftliches Leistungsvermögen vor allem auf Amerika eine weit größere und schließlich unüberwindliche Anziehungskraft ausüben. –

Europäischer Zollverein, planmäßige Kontrolle der Produktion und ihre Anpassung an den Bedarf, Verbesserung der Produktionsmethoden durch systematische Rationalisierung auf allen Gebieten, internationale Arbeitsteilung nach kulturgeographischen Gesichtspunkten, systematische Geburtenregelung in den einzelnen Ländern, Angleichung der sozialpolitischen Gesetzgebung, Überwachung der Kartelle, Trusts und Syndikate durch eine mit genügender Macht ausgestattete zentrale Organisation, schließlich die Schaffung wirklicher Vereinigten Staaten Europas und die Begründung eines gefestigten und gesicherten interkontinentalen Gleichgewichts durch den Völkerbund – all das ist Utopie, solange sich Frankreich, Deutschland und England nicht zusammengefunden haben. Denn wie soll eine Einigung und Befriedung Europas möglich sein, wenn die führenden, wirtschaftlich höchststehenden kulturell verwandtesten und politisch mächtigsten Großstaaten Zentraleuropas nicht den Anfang mit der Einigung machen?

Darum nochmals: *Der wirtschaftliche, politische und kulturelle Zusammenschluß von Frankreich, Deutschland und England ist der kürzeste und beste Weg zur europäischen Zollunion, zu den Vereinigten Staaten Europas, zur friedlichen wirtschaftlichen Organisation der Welt.* Ohne diesen Zusammenschluß kann es wohl zu kleinen und langsamen Fortschritten im Zollabbau, in den Handelsverträgen, in übernationalen industriellen Vertrustungen da und dort kommen, nicht aber zu einem großzügigen Aufbauwerk, das uns vor weiteren, noch entsetzlicheren Kriegen bewahrt und damit den Bestand Europas und seiner Kultur dauernd sichert. –

ANHANG

Dokumentation[1]

Würdigung des pazifistischen Wirkens von Rudolf Goldscheid in der ‚Friedens-Warte' 1930 anlässlich seines 60. Geburtstages

1.

RUDOLF GOLDSCHEID ALS DENKER UND KÄMPFER

Von Dr. Georg Graf Arco, Berlin

Ähnlich, wie die Entwicklung der Naturwissenschaften dem Ziele zustrebt, alles Weltgeschehen aus einer einzigen letzten mathematischen Formel zu erfassen, erleben wir es bisweilen bei großen Persönlichkeiten, daß sie durch Denken und Erfahrungen zu einer ihr ganzes Leben und Handeln beherrschenden Grundeinstellung gelangen und aus dieser alle nötigen Einzelorientierungen ableiten. Das ist die Quelle der Kraft, die auch in Rudolf Goldscheids Persönlichkeit uns sofort fühlbar wird.

In zahlreichen Schriften und in persönlichen Wirken ist Goldscheid seit Jahrzehnten für die Durchsetzung der Geistesfreiheit eingetreten, und zwar in dem Sinne, daß sich der einzelne nur auf wissenschaftliche Erfahrung als Lebenskompaß stütze, besonders auch in bezug auf seine soziale Einstellung, um so sein Handeln gleichzei-

---

[1] Textquelle | *Zu Rudolf Goldscheids 60. Geburtstag* (12. August 1930) ! [Von Georg Graf Arco, Friedrich Hertz, Rosa Mayreder, Walther Schücking und Hans Wehberg]. In: Die Friedens-Warte 30. Jahrgang, Heft 7/8 (Juli/August 1930), S. 193-202.

tig für die Allgemeinheit und für sich selber nützlich zu gestalten. So lernte ich ihn erstmalig in meiner früheren Tätigkeit im Deutschen Monistenbund kennen und bewundern. Sehr bald erwuchsen freundschaftliche persönliche Beziehungen zwischen uns.

Die erste Konsequenz dieser allgemeinen Voraussetzung ist Goldscheids dauerndes Eintreten für erhöhte Menschen-Ökonomie mit allen sich darum gruppierenden Folgerungen. Sein unerhört großes und umfassendes Wissen und sein konsequentes Denken hat sich gerade darin gezeigt, alle aus der einen Grundeinstellung hervorgehenden Folgerungen zu erkennen und sich mit unbeirrbarem Mute dafür einzusetzen. Aus dem Prinzip der Menschen-Ökonomie ergibt sich ohne weiteres seine pazifistische Tätigkeit. Bald nach Ausbruch des Weltkrieges, als die nationalistischen Wogen zum Himmel aufschäumten, trat er mit Unerschrockenheit nicht nur in seiner Heimatstadt Wien, sondern – weil er sich mehr Wirkung hiervon versprach – auch in Berlin *gegen den Krieg* auf, indem er mit wenigen anderen idealistischen Menschen zusammen am Bunde „Neues Vaterland" mitarbeitete und dieser neugeschaffenen Organisation zu bestimmten Richtlinien des Handelns verhalf. Besonders seine Gedanken über die wechselseitige Bedingtheit von innerer und äußerer Politik und die daraus sich ergebende Notwendigkeit, von der autoritären Einstellung des Staatsbürgers zur wirklichen Demokratie zu gelangen, sind für die Entwicklung des Bundes „Neues Vaterland" maßgebend geworden. Rudolf Goldscheid gehörte neben Kurt v. Tepper-Laski, Walther Schücking, Ludwig Quidde und Otto Lehmann-Rußbüldt auch der Delegation an, die 1915 zwecks Gründung der „Zentralorganisation für einen dauernden Frieden" nach dem Haag reiste. Im August 1915 regte Goldscheid an, eine Denkschrift *„Deutschland nach dem Kriege, ein Programm für dauernden Frieden"* unter Mitwirkung hervorragender Gelehrter und Politiker herauszugeben. Der Gedanke konnte nicht verwirklicht werden, weil einige der vorgesehenen Mitarbeiter ihre Mitwirkung versagten und sich auch politische Schwierigkeiten der Herausgabe entgegenstellten.[2]

---

[2] Vgl. Otto LEHMANN-RUßBÜLDT, Der Kampf der Deutschen Liga für Menschenrechte für den Weltfrieden, Berlin 1927, S. 54.

Wie anders würde die Welt aussehen, wenn die von Goldscheid und dem Bunde verkörperte Vernunft durch die Macht eine zielsicheren Presse zur öffentlichen Kenntnis und zur Verwirklichung gekommen wäre!

Über alle Enttäuschungen der Kriegsjahre und der Unvollkommenheit der sich hieran anschließenden politischen Änderungen hinweg ist Goldscheid's Grundeinstellung auf Vernunft und Wissenschaft unbeirrbar die gleiche geblieben. Fern vom politischen Parteigetriebe verfolgt er von seiner hohen wissenschaftlichen Warte aus das Geschehen der Gegenwart. Ich muß bei seinem Namen öfters an Norman Angell denken, der infolge der Mängel der bestehenden politischen Organisationen abseits steht, obgleich ein Platz an der Spitze ihm, dem dramatischen Propheten unseres heutigen politischen und sozialen Elends, von Vernunfts- und Rechtswegen zuerkannt werden müßte.

Ich persönlich habe von Rudolf Goldscheid eine so starke Bereicherung meines Lebens erfahren, daß ich ihm gegenüber die freundschaftlichsten Gefühle und größte Dankbarkeit empfinde.

2.
RUDOLF GOLDSCHEID ALS ORGANISATOR DER FRIEDENSBEWEGUNG

Von Prof. Dr. Friedrich Hertz, Halle a. d. S.

Als Soziologe, Pazifist und Sozialist hat Rudolf Goldscheid ein überaus vielseitiges und fruchtbares Wirken entfaltet, das alle Gesinnungsverwandten zu Bewunderung und Dankbarkeit verpflichtet. Die theoretische Leistung Rudolf Goldscheids liegt vor allem auf den Gebieten der Soziologie und Ethik. Die Wissenschaft verdankt ihm eine ganze Reihe von Werken, die große Würdigung gefunden haben und deren gedankliche Auswirkung noch immer im Gange ist. Insbesonders *ein* Begriff stellt sich ein, wenn man von Goldscheid spricht, nämlich das von ihm geprägte Wort „Menschenökonomie". Sehr scharfsinnig hat ferner Goldscheid die Irrlehren des Sozialdarwinismus bekämpft. Er setzt ihm den Glauben an friedliche Höherentwicklung in der Richtung zum Sozialismus entgegen. Ein fruchtbarer Gedanke war auch Goldscheids Forderung nach einer Finanzsoziologie. Aus seinen vielen sonstigen Arbeiten sei schließlich noch das glänzende Referat über „Naturrecht" hervorgehoben, das er im September 1926 auf dem fünften Deutschen Soziologentag in Wien gehalten hat.

Eine nähere Würdigung der wissenschaftlichen Leistung Goldscheids läßt sich im knappen Rahmen nicht geben. Hier sei daher vor allem auf seine rastlose und erfolgreiche praktische Tätigkeit als Organisator der Friedensbewegung hingewiesen. Seit Jahrzehnten steht Goldscheids Name in der ersten Reihe der Vorkämpfer für einen wahren Pazifismus. Die großen Friedensorganisationen Deutschlands und Oesterreichs zählen ihn zu ihren geschätztesten Mitarbeitern und auch die ‚Friedenswarte' hat ihm viel zu verdanken. Nach dem Tode A. H. Frieds hat er einige Jahre lang die Redaktion geführt und ist dann bis heute Mitherausgeber geblieben. Unvergessen ist auch seine Haltung im Weltkrieg. Er gehörte zu den wenigen, die sich in gar keiner Weise irreführen ließen und die ihre ganze Kraft daran setzten, die öffentliche Meinung über die tieferen Ursachen der Katastrophe aufzuklären. Seine Schrift über „Das Verhältnis der äußeren Politik zur inneren" (2. Aufl. 1915) hat mit der durch die Verhältnisse erzwungenen Reserve doch einen der wichtigsten Faktoren klargelegt.

Besonders viel verdankt der Österreichische Pazifismus dem unermüdlichen Wirken Goldscheids. In allen bedeutenden Organisationen hat er als Gründer, Anreger, Mitarbeiter oder Berater gewirkt. Aber er beschränkte sich nicht auf das Gebiet des äußeren Pazifismus. Mit gleicher Entschiedenheit wie die Feinde des Völkerfriedens hat Goldscheid stets auch die Störer des inneren Friedens bekämpft, die leider in den letzten Jahren in Oesterreich so emporgekommen sind. Sein Verdienst ist vor allem die Gründung der „Oesterreichischen Liga für Menschenrechte", die sich unter seiner Leitung in raschem Aufstieg zu einer bedeutenden Organisation entwickelt hat. Sie trachtet alle ehrlichen Anhänger des äußeren und inneren Friedens, der Demokratie und des sozialen Fortschritts ohne Unterschied der Parteirichtung zu sammeln. Die Liga hat in kurzer Zeit eine überaus reiche Tätigkeit entfaltet, so hat sie u. a. eine große Enquete über das österreichische Eherecht durchgeführt und wichtige Reformvorschläge ausgearbeitet. Wie ihre deutschen und französischen Vorbilder hat sie sich auch für das Menschenrecht einzelner eingesetzt, das durch Verwaltungswillkür oder Justizirrtümer verletzt wurde. Den größten Eindruck auf die öffentliche Meinung machte der Protest, den die Liga gegen das friedenstörende Treiben der Heimwehren organisierte und der in großen Versammlungen zum Ausdruck kam. Stets war Goldscheid der aktive Geist, der der Bewegung die Ziele wies und seine große organisatorische Erfahrung für sie einsetzte.

Der Ruf Goldscheids hat sich schon seit langer Zeit weit über die Grenzen Oesterreichs hinaus erstreckt. Er wurde zu einem wichtigen Bindeglied in der Kette internationaler Beziehungen. Goldscheid steht mit einer großen Zahl von Pazifisten aller Länder in enger Fühlung. Sein Pazifismus ist aber nicht ein bloßes Bekenntnis zur Friedlichkeit. Er ist vielmehr ein sehr streitbarer Glaube, der alle Waffen des Geistes für das Ideal zu verwenden sucht. Auch die soziologischen Bestrebungen Goldscheids stehen im Dienste des Friedensideals und der praktischen Humanität. Er glaubt daran, daß die Aufklärung der Menschen, die Verbreitung richtigen wissenschaftlichen Denkens auch zum sozialen und sittlichen Fortschritt führen muß. In diesem Sinne hat Goldscheid an vielen kulturellen Bestrebungen fördernd teilgenommen. Erwähnt sei hier besonders seine jahrelange Leitung der Wiener Soziologischen Gesellschaft, die eine große Zahl hervorragender Gelehrter zu Vorträgen nach Wien gebracht und eine Schriftenfolge herausgegeben hat. Übrigens gehört Goldscheid auch zu den maßgebendsten Gründern der Deutschen Gesellschaft für Soziologie. In jüngster Zeit hat Goldscheid eine sozialistische Gesellschaft für Wirtschaftsforschung ins Leben gerufen, die große wissenschaftliche Arbeiten unter dem Gesichtspunkte des Sozialismus organisieren soll.

Alle echten Friedensfreunde hegen den Wunsch, daß dieser unermüdliche Vorkämpfer sich noch an vielen großen Erfolgen seines Wirkens erfreuen möge.

3.

RUDOLF GOLDSCHEIDS PERSÖNLICHKEIT
UND STELLUNG ZUR FRAUENFRAGE

Von Rosa Mayreder

Versucht man, dem Ursprünglichen einer Persönlichkeit nachzuforschen, so tritt das Problem in den Vordergrund, welcher Einfluß dem Milieu zugeschrieben werden soll. Ganz allgemein darf man sagen, dieser Einfluß sei dem Grade der Selbständigkeit proportional, die der Einzelne kraft seiner Wesensbeschaffenheit besitzt. Bei starken Naturen macht sich das Bedürfnis nach Unabhängigkeit des Denkens, nach einer völlig aus der eigenen Urteilskraft gewonnenen Gesinnung auch gegenüber einer durchaus wohlwollenden Umgebung geltend.

So sehen wir den Lebensweg Rudolf Goldscheids durch das Streben bestimmt, sich gegen die Macht der Familientradition zur Wehr zu setzen und ihre Herrschaft trotz aller damit verbundenen Vorteile zu durchbrechen. In einer reichen Familie als jüngstes von fünf Kindern geboren, war er seiner geistig lebhaft interessierten, allen freiheitlichen Ideen der Zeit begeistert ergebenen Mutter innig verbunden. Ihr Bruder, in dem Wien der achtziger und neunziger Jahre eine der ersten Finanzgrößen, beherrschte als Oberhaupt den ganzen Familienkreis, dessen Angehörige um seine Gunst wetteiferten und sich seiner Überlegenheit bedingungslos unterwarfen.

Erfüllt von dem Drang, sich eine weitere Welt zu erobern, ging Rudolf Goldscheid schon mit achtzehn Jahren, ohne seine Studien zu vollenden, nach Berlin, wo er August Bebel und mit ihm zugleich die sozialistische Weltanschauung kennen lernte, deren überzeugter Anhänger er fortan blieb. Dem gewaltigen Onkel gegenüber war das keine leichte Aufgabe. Obwohl ein Mann von großem Gesichtskreis und durch den Freimut wie durch den denkerischen Scharfsinn des jugendlichen Neffen eher sympathisch berührt, beharrte der Onkel doch unnachgiebig auf den Grundsätzen der kapitalistischen Ordnung, der er seine Erfolge und sein Ansehen verdankte. Seiner Meinung nach war es die Sache der Arbeiter, sich eine bessere Lebensstellung zu erkämpfen, und er bestritt dem Neffen jedes Recht, gegen eine Gesellschaftsordnung, die ihm die denkbar beste Lebensstellung gewährte, Einwände zu erheben. Diese theoretischen Kämpfe, die an Goldscheids polemische Kraft die höchsten Ansprüche stellten, gingen, wie sich denken läßt, mit großen Aufregungen und Erschütterungen einher; sie steigerten sich noch, als er mit siebenundzwanzig Jahren, nach den Anschauungen der Familie zu früh und zu wenig standesgemäß, ein mittelloses christliches Mädchen zur Frau nahm. Wie tief die Konflikte, denen er sich aussetzte, seinen ganzen Organismus in Mitleidenschaft zogen, geht aus der Tatsache hervor, daß er in dieser Zeit einem mehrjährigen Herzleiden anheimfiel.

Diese kurzen Andeutungen sollen dazu dienen, einen Blick in das besondere und ungewöhnliche Wesen Rudolf Goldscheids zu ermöglichen, in jenes Wesen, das, Außenstehenden verschlossen und nicht leicht verständlich, zwei gegensätzliche Elemente in sich vereinigt: das heroische Element, das ihn zum unerschrockenen Anwalt aller Unterdrückten und Entrechteten macht, und das sensitive Element, das ihn nötigt, den Härten des Lebens auszuweichen, um nicht bis zur Selbstvernichtung von ihnen ergriffen zu werden. In einer seiner vielen unveröffentlichten Schriften hat er eine geistreiche Variante der Zweiseelen-Theorie ausgeführt, nach welcher in jedem höher differenzierten Menschen entgegengesetzte Neigungen und Triebe um die Oberherrschaft kämpfen, so daß er zweierlei Menschen in sich schließt: einen dominanten und einen rezessiven. Bei Rudolf Goldscheid aber wird auch der dominante Mensch durch gegensätzliche Elemente gebildet, eben durch das Heroische und das Sensitive; er ist gleich ausgezeichnet als Kämpfer wie als Freund, als unbeugsamer Verfechter seines radikalen Bekenntnisses, wie als Mensch tiefsten Mitgefühles und unermüdlicher Hilfsbereitschaft.

Goldscheids Begabung fand zuerst in künstlerischer Form Ausdruck. Ein Drama, dessen Held Byron ist, stammt noch aus der Zeit vor seiner ersten Berliner Reise. Durch eine Verkettung von Zufälligkeiten wurde eine schon geplante Aufführung vereitelt; und dieser erste Zusammenstoß mit der Welt der Bühne bewog ihn, auf einem anderen literarischen Gebiet sein Glück zu versuchen. Unter den Romanen, die dem Drama folgten, ragt „*Der alte Adam und die neue Eva*" hervor; wie der Titel glücklich andeutet, handelt sich's um das feministische Problem, indem ein in den alten Geschlechtsvorurteilen gefangener Mann einer zur modernen Persönlichkeit gereiften Frau gegenübergestellt wird. Durch den Erfolg dieses Romanes, der auch in englischer Übersetzung erschien, bestärkt, begann Goldscheid dasselbe Problem in einem noch tiefer schürfenden Werk unter dem Titel *„Venus am Kreuz"* aufzurollen.

Aber dieser Roman wurde nie vollendet. Denn die Arbeit daran veranlaßte den Autor, sich mit der wissenschaftlichen Literatur dieses Gebietes bekannt zu machen – und nun gab ihn die wissenschaftliche Betrachtung des menschlichen Gemeinschaftslebens nicht mehr frei. Der Soziologe Goldscheid war erstanden.

Das feministische Problem jedoch beschäftigte den Soziologen, wie es den Romanschriftsteller beschäftigt hatte. Jene dominante Eigenschaft, die aus Goldscheid einen Anwalt des Proletariats gemacht hatte, das hohe Gerechtigkeitsgefühl, bewährte sich andauernd auch in seiner Stellung gegenüber der Frauenfrage. Und nicht nur, weil ihm die Frau als ein durch den Mann entrechtetes und ausgebeutetes Wesen erschien – dem genialen Soziologen lagen die verborgenen Zusammenhänge dieser Frage mit einer in voller Wandlung begriffenen Welt klarer vor Augen als den meisten seiner männlichen Zeitgenossen.

In seiner Abhandlung *„Frauenfrage und Menschenökonomie"*, die zu dem tiefgründigsten und treffendsten gehört, was über das feministische Problem gesagt wurde, stellt Goldscheid jene Zusammenhänge dar. Er, der den Begriff der Menschenökonomie geprägt hatte, erkannte die Rolle des weiblichen Geschlechtes im entwicklungsgeschichtlichen Prozeß wie niemand vor ihm: „Menschenökonomie muß in erster Linie auf Schutz der organischen Reserven ausgehen – die größte organische Reserve, über die das Menschengeschlecht jedoch noch verfügt, ist die Frau." Es ist sein Verdienst, als erster darauf hingewiesen zu haben, daß die rechtliche Gleichstellung der Frau mit dem Manne von einer Erhöhung des Mutterschutzes begleitet sein müsse, wenn der Boden, auf dem die wertschaffenden Kräfte selber wachsen, nicht verwüstet werden soll. Und er kommt zu dem Schlusse: „Unsere Kultur wird bestehen oder vergehen, je nachdem wir die Frauenfrage im tiefsten Sinn zu lösen wissen oder nicht."

Daher kann man von der vielgestaltigen Lebensarbeit Goldscheids nicht sprechen, ohne seine Stellung zur Frauenfrage zu beleuchten. Neben ihren beiden großen Vorkämpfern, John Stuart Mill und August Bebel, erhebt sich als Dritter Rudolf Goldscheid.

4.
RUDOLF GOLDSCHEIDS HALTUNG IM WELTKRIEGE

Von Prof. Dr. Walther Schücking (Kiel),
Mitglied des Haager Ständigen Schiedshofs.

Selbst von solchen Personen, die alle Veranlassung hätten, wegen der Haltung, die sie *selbst* im Weltkrieg eingenommen haben, in Sack und Asche Buße zu tun, kann man gelegentlich Äußerungen lesen, die dem deutschen Pazifismus ein Versagen im Weltkrieg vorwerfen. Die deutschen Pazifisten haben wirklich keinen Grund, sich derartige Vorwürfe machen zu lassen. Ihr Häuflein war klein, und mancher fehlte zwischen ihnen, der später viel darum gegeben hätte, in ihrer Gruppe gewesen zu sein, während er in Wirklichkeit damals öffentlich vor vorzeitigen Friedensschlüssen warnte und die fragwürdigsten Maßnahmen des Militärs im besetzten Gebiet begünstigte. Es war damals wahrlich auf deutschem Boden nicht leicht, ein Pazifist zu sein, denn das war der traurige Humor der Sache, wie Shakespeare sagen würde, daß vielfach auch noch die Pazifisten für den Ausbruch des Krieges verantwortlich gemacht wurden, in welchem Sinne sich z. B. sogar der deutsche Philosoph und Nobelpreisträger Eucken damals auszusprechen pflegte! Ich erinnere mich, daß ein bekannter süddeutscher Romanschriftsteller, der nur zu äußern gewagt hatte, daß er als Künstler die Begeisterung für den Krieg nicht teilen könne, scharf angegriffen, deshalb sich genötigt glaubte, zur Wiederherstellung seines Ansehens auch seinerseits kräftig auf die Pazifisten losschlagen zu müssen, damit er nur ja nicht mit *ihnen* in einen Topf geworfen werden konnte. Unser geistreicher Gesinnungsgenosse Pfarrer O. Umfrid hat damals von diesen Angriffen gegen die Pazifisten vortrefflich gesagt, sie kämen ihm vor wie die Vorwürfe des Sterbenden an einen Arzt, dessen Ratschläge er zeitlebens niemals befolgt habe.

Unter denen, die damals ihren pazifistischen Idealen treu geblieben sind und nach besten Kräften für deren Verwirklichung gekämpft haben, wird immer der Name von Rudolf Goldscheid mit an erster Stelle genannt werden müssen. Je weniger wir waren und je mehr uns Hohn und Verachtung umbrandet haben, weil wir die nur aus einer traurigen Geistesverwirrung, wenn nicht aus dunklen Urtrieben der Menschheit zu erklärende Kriegsbegeisterung der übrigen nicht mitmachen konnten, desto enger schloß man sich untereinander zusammen und desto dankbarer war man dafür, gerade solche Persönlichkeiten unter den Gesinnungsgenossen zu sehen, deren Geistesgaben und Charakter man besonders respektieren mußte.

Es ist jetzt schon ein halbes Menschenleben verflossen, seit ich zu meiner größten Freude den mir von früher her wohlbekannten und von mir hochgeschätzten Wiener Gelehrten Rudolf Goldscheid im April 1915 im Haag aus Anlaß der bedeutsamen Konferenz wiedertraf, die der holländische Anti-Orloog-Raad einberufen hatte. In redlicher Arbeit haben wir damals mit anderen in dem sogenannten Haager Minimalprogramm die ersten Voraussetzungen für einen Dauerfrieden zu formulieren gesucht, längst ehe in Amerika ähnliche Bestrebungen hervorgetreten waren. Ein buntes Häuflein der verschiedenartigsten Menschen hatte sich im Haag versammelt, u. a. Dr. Lange, der Generalsekretär der Interparlamentarischen Union, der später wie der gleichfalls anwesende Ludwig Quidde verdientermaßen durch den Nobelpreis ausgezeichnet werden sollte, der englische Gelehrte Dickinson von der Universität Cambridge, daheim als einer der ersten Stilisten und Platokenner berühmt, Herr v. Tepper-Laski aus Berlin, ein alter preußischer Kavallerieoffizier, der in seinem Leben nicht weniger als 300 Herrenreiten gewonnen und sich damit als Sportsmann einen internationalen Namen gemacht hatte. Nach Abschluß der Tagung fuhr ich mit Rudolf Goldscheid aus Holland nach Deutschland zurück und wurde durch sein kluges und sachverständiges Urteil auf dieser Heimreise noch wesentlich in dem Bestreben unterstützt, die Ergebnisse der Haager Besprechungen auch für einen baldigen konkreten Frieden verwerten zu können, für den die Vermittlungsvorschläge unserer holländischen Freunde, des Staatssekretärs Dresselhuys und des Ministerialrats de Jong van Beek en Donk, die mit Vorwissen des holländischen Justizministers erfolgten, die beste Grundlage gegeben hätten. Nach den Informationen, die man von dieser Seite in England eingeholt, sollte ja eine bloße Erklärung über die Bereitwilligkeit Deutschlands, Belgien zu räumen, die einzige Voraussetzung für den sofortigen Waffenstillstand und den Friedensschluß sein. Ich erinnere mich heute noch mit innerer Bewegung an ein stundenlanges Gespräch, das ich damals mit Goldscheid auf der Heimreise gehabt habe, worin er mir die seelische Vereinsamung schilderte, die auch ihn in Wien getroffen habe, weil er treu an den alten pazifistischen Idealen festgehalten habe, und mit einem geistvollen Vergleich, wie wir ihn bei diesem ganz ungewöhnlich begabten Manne gewohnt sind, sagte er damals, daß man in solcher Situation immer wieder von Zweifeln in seiner Seele bestimmt würde, ob man doch nicht vielleicht sich selbst sozusagen als eine Art von Perversen der Politik in der Masse der Normalen ansehen müßte.

Aber auch ohne daß er wie Luther das Tintenfaß nach dem Teufel geworfen, ist Goldscheid solcher Anfechtungen immer Herr geblieben und hat durch die Klarheit des Geistes, mit der er sie zu überwinden wußte, auch anderen zu der Überwindung verholfen. Der weitere Verlauf der Dinge während des Weltkrieges hat dann ja dazu beigetragen, das Festhalten an den eigenen Anschauungen immer leichter und immer selbstverständlicher zu machen. Unser Bemühen, daraus praktische Konsequenzen durch Hinwirken auf eine Abkürzung des Krieges zu ziehen, hat in der Folgezeit nicht geruht, wenn uns die Hände auch immer mehr durch das Eingreifen der militärischen Instanzen gebunden wurden. Vornehmlich zu diesem Zweck bin ich mit Goldscheid wiederum zusammengetroffen auf der Konferenz, die der mittlerweile zur Zentralorganisation für den Dauerfrieden international ausgestaltete holländische Anti-Orloog-Raad Mitte November 1917 in Bern veranstaltete, durch seine Zusammensetzung und seine Betätigung vielleicht die interessanteste internationale Konferenz, an der ich in einem reichen Leben jemals beteiligt gewesen bin. Die pazifistische Ideenwelt hatte mittlerweile doch solche Fortschritte gemacht, daß auch hervorragende Politiker aus der parlamentarischen Welt der Zentralmächte anwesend waren, namentlich das demokratische Ungarn war stark und glänzend vertreten. Jedes Kind auf der Straße wußte damals in der Schweiz, daß die amerikanischen Bundesgenossen der Entente schon mehr als ¼ Million Soldaten über den Ozean nach Frankreich herübergebracht hatten (was in Deutschland auf Befehl des Kriegspresseamts dem Volke verschwiegen wurde), daß im Frühjahr 1918 etwa 1 Million und im Herbst 1918 bereits 1 ½ Millionen amerikanische Soldaten in Europa sein würden und daß dann das Schicksal der Mittelmächte einfach besiegelt wäre. Wir waren uns also klar darüber, daß alles geschehen mußte, um diesen bevorstehenden wirklichen Krieg mit den Amerikanern zu vermeiden, indem rechtzeitig in Europa Friede gemacht werde. Wir verabredeten, eine planmäßige Aussprache über parlamentarische Aktionen bei den Zentralmächten herbeizuführen. Aber alles das wurde dann selbstverständlich durch die überlegene Weisheit der militärischen Instanzen, die Korrespondenzen vereitelte und Telegramme unterschlug, in seiner Ausführung unmöglich gemacht, und wir mußten uns vor unserem Gewissen mit dem Satze trösten, daß es in großen Dingen bekanntlich genügt, gewollt zu haben.

Doch Rudolf Goldscheid hat seine Tätigkeit während des Weltkrieges nicht darauf beschränkt, auf den baldigen Abschluß eines Verständigungsfriedens hinzuwirken und die Bedingungen eines Dauerfriedens zu formulieren, sondern er hat auch als Gelehrter sein Bestes getan, um den Zentralmächten das furchtbare Elend zu ersparen, das aus der schon während des Krieges einsetzenden und immer mehr zunehmenden Inflation naturgemäß hervorgehen mußte. Während die deutschen Gelehrten noch von großen Kriegsentschädigungen träumten, hat er das ganze Unglück der fortschreitenden Inflation und die vollständige Vernichtung des wirtschaftlichen Mittelstandes, der bis dahin in erster Linie der Träger des kulturellen Lebens gewesen, seherisch in allen Einzelheiten wahrgenommen und den Zeitgenossen geschildert. Lange bevor der Krieg zum Abschluß gekommen war, hat er das Buch ,*Staatssozialismus oder Staatskapitalismus. Ein finanzsoziologischer Beitrag zur Lösung des Staatsschuldenproblems*' (1917)[3] geschrieben und darin Wege gewiesen, wie der vollständige Zusammenbruch allen wirtschaftlichen Lebens, der auf diesen Bahnen kommen müsse, zu vermeiden sei. Wiederholt hat er mir noch während des Krieges mit Recht klargelegt, daß für diese finanziellen Probleme auch bei seinen eigenen sozialistischen Parteigenossen nicht genügendes Verständnis sei, eine

---

[3] Vgl. dazu die Ausführungen von Rudolf GOLDSCHEID in der „Friedenswarte" 1923, S. 267.

Erscheinung, die sich seltsamerweise nicht einmal nach der staats-
rechtlichen Umwandlung der Revolution geändert hat, wo es immer
noch Zeit gewesen wäre, viele Milliarden Volksvermögen zu retten,
die durch die Fortsetzung der Inflationswirtschaft zerstört wurden.

Die Gedanken von Goldscheid liefen darauf hinaus, daß der
Staat sich in der furchtbaren Finanznot, statt durch den Druck die
Menge des umlaufenden Geldes immer weiter zu vermehren, Kraft
Gesetzes zu einer bestimmten Quote zum Teilhaber aller großen
wirtschaftlichen Unternehmen, einerlei ob Banken, Industrie, Großgrundbesitz usw. erklären sollte, um mit Hilfe und auf der Grundlage dieses Staatsbesitzes die Währung zu sanieren und die Bedürfnisse des staatlichen Lebens, mochten sie noch so groß geworden
sein, aus diesem Sozialvermögen zu befriedigen, ähnlich wie auf anderen Stufen der Geschichte das Sozialvermögen eine ungeheure
Rolle im Leben der staatlichen Organisation gespielt hat, bis erst das
Manchestertum uns die traurige Weisheit brachte, daß der Staat arm
und nur die einzelnen Bürger reich sein müßten, mit der Konsequenz, daß bei solchem Zustand die gesamten Lasten des Staates
durch Steuern aufgebracht werden müssen! Welche Schwierigkeiten sich bei der Überlastung des Staatswesens durch die Ausgaben
für den verlorenen Krieg aus der Notwendigkeit, derartig ungeheure Steuerleistungen einzutreiben, heute ergeben, wissen wir.

Goldscheid hat alle diese Schwierigkeiten, die uns heute noch
täglich neue Probleme stellen, schon während des Weltkrieges richtig gesehen. Vergeblich habe ich mich bemüht, im Jahre 1921 für die
Vorschläge von Goldscheid in einer persönlichen Unterredung den
deutschen Reichskanzler Dr. Wirth zu gewinnen. In einem mir sehr
interessanten Gespräch legte er dar, daß, wenn er den für den Staat
beanspruchten Teil der großen Vermögen zu mobilisieren suchte, er
sofort angesichts der damit verbundenen, aus den besonderen Bedingungen der Zeit zu erklärenden Verschleuderung von Staatsgut
der Korruption beschuldigt werden würde, wenn er aber die konfis-
zierten Vermögensanteile dem Staate erhalten wolle, so fehle es ihm
an dem Beamtenpersonal, das genügend wirtschaftlich erfahren sei,
um innerhalb der großen Aktien-Gesellschaften usw. den Staatsan-
teil zu vertreten. Niemand wird solche Bedenken ganz beiseite
schieben können, aber nach wie vor bin ich der Meinung, daß ein
Versuch auf diesem Gebiete gerechter gewesen wäre, als daß man

dem ehrlichen Sparer von mobilem Kapital auf dem Wege der fortgesetzten Inflation in geradezu verbrecherischer Weise den letzten Pfennig seines Vermögens entrissen hat, um den immobilen Besitz der größten Herrschaften in Deutschland und der größten Wirtschaftsunternehmungen völlig unangetastet zu lassen. Die Befolgung der Ratschläge vom Rudolf Goldscheid wäre vielleicht der geeignetste Weg gewesen, nicht nur um die finanziellen Schäden der Zeit zu heilen, sondern um überhaupt einen Übergang aus dem rein privatwirtschaftlichen kapitalistischen Zeitalter in eine neue Epoche des Wirtschaftslebens zu finden.

Vielleicht wird man später noch einmal auf die hier während des Krieges von Goldscheid vertretenen Ideen zurückkommen. Aber schon heute ist wenigstens seine spezifisch pazifistische Gedankenwelt zum großen Teile verwirklicht und deshalb kann man auch auf ihn das schöne Wort des französischen Religionsphilosophen Renan anwenden, daß derjenige wahrhaft glücklich zu preisen sei, der in seinem Alter erlebe, daß sich die Ideale seiner Jugend erfüllten.

5.

RUDOLF GOLDSCHEID UND DIE DEUTSCHE FRIEDENSBEWEGUNG

Von Prof. Dr. Hans Wehberg

Drei Jahre sind es her, als Rudolf Goldscheid, Hellmut v. Gerlach, A. Falkenberg und der Verfasser dieses Aufsatzes von Berlin zum Erfurter Friedenskongreß fuhren. Wir unterhielten uns auf der Fahrt über die Aussichten der bevorstehenden Tagung. Die Gegensätze zwischen der Mehrzahl der damaligen Mitglieder des Zentralvorstandes und den Führern des Westdeutschen Landesverbandes der Deutschen Friedensgesellschaft waren in letzter Zeit immer stärker geworden. v. Gerlach, Falkenberg und ich rechneten mit einer Trennung der beiden Gruppen. Anderer Auffassung war allein Rudolf Goldscheid, der sich auf den Standpunkt stellte, eine Spaltung müsse unter allen Umständen vermieden werden und bei gutem Willen bestehe auch die Aussicht, sie zu verhindern; es sei kein Unglück, den Mitgliedern der Friedensgesellschaft, wie dies die Westdeutschen wollten, den Bezug von Zeitschriften obligatorisch zu machen; man solle freilich versuchen, zu erreichen, daß nicht nur *„Das Andere Deutschland"*, sondern gleichzeitig *„Die Friedenswarte"* Pflichtorgane würden und daß jedes Mitglied der Friedensgesellschaft zwischen den beiden Organen wählen dürfe.

Goldscheid brachte jenen Kompromißvorschlag in der Ausschußsitzung des Erfurter Friedenstages vom 7. Oktober 1927 vor. Besonders A. Falkenberg und Graf Keßler setzten sich dafür ein, und so gelang es damals, eine Zersplitterung der Friedensgesellschaft noch einmal zu verhindern.

Die Bemühungen Goldscheids waren gewiß nicht von dauerndem Erfolge gekrönt. Achtzehn Monate später kam es doch zu der Spaltung, die man bisher zu vermeiden gewußt hatte. Aber für den Einfluß Goldscheids auf die Entwicklung der deutschen Friedensbewegung der Nachkriegszeit und für sein Ansehen unter den deutschen Pazifisten ist das oben geschilderte Erlebnis doch charakteristisch. Goldscheid machte stets seinen Einfluß dahin geltend, die Gegensätze innerhalb der deutschen Friedensbewegung zu überbrücken. Da er dabei ausnahmslos von rein sachlichen Gesichtspunkten geleitet war und allen Streitigkeiten fern stand, wußte er immer eine Formel zu finden, deren Annahme der Sache förderlich war. Seine Vorschläge waren durchweg von einer genauen Kenntnis der verschiedenen Auffassungen getragen. Er versetzte sich so gut in die Mentalität der streitenden Gruppen, daß er durch seine Kompromißformel das Vertrauen aller in seine Persönlichkeit noch vergrößerte, wenn dies überhaupt möglich war. Nie wirkte er als Sprengpulver. Er führte zusammen, ohne selbst von seiner Überzeugung etwas preiszugeben. Das war einer der Gründe, weshalb sich Goldscheid *in der deutschen Friedensbewegung der Nachkriegszeit solches Ansehen erworben* hat.

Goldscheid hat an einer ganzen Reihe deutscher Friedenskongresse und Generalversammlungen teilgenommen und sehr oft auch ein Referat gehalten, zum erstenmale in Leipzig (1922), wo er auf dem XI. deutschen Pazifistenkongresse zusammen mit Hilferding über *„Das Finanzproblem vom nationalen und internationalen Standpunkte aus betrachtet"* referierte, Im folgenden Jahre sprach er auf der Magdeburger Generalversammlung über *„Gewaltanwendung und passiver Widerstand"* in sehr weitsichtiger Weise, ohne sich an allzu enge Formeln zu binden. Als 1924 die Deutsche Friedensgesellschaft ihre Generalversammlung gleichzeitig mit dem Weltfriedenskongresse in Berlin abhielt, nahm Goldscheid ebenfalls an den Verhandlungen teil. Auf dem Berliner Weltfriedenskongreß wurde er Berichterstatter für die wirtschaftlichen Fragen. Mit einem eigenen großen Referate, in welchem er den wirtschaftlichen Zusammenschluß Deutschlands, Englands und Frankreichs als den besten und kürzesten Weg zur europäischen Zollunion, zu den Vereinigten Staaten von Europa predigte, trat Goldscheid auf dem Genfer Weltfriedenskongresse von 1926 hervor, nachdem er bereits über das gleiche Thema einige Monate vorher auf dem Brüsseler Kongresse der Ligen für Menschenrechte gesprochen hatte. 1927 finden wir ihn in Erfurt in der zu Anfang dieses Artikels geschilderten Weise als Vermittler tätig. Schließlich hielt er auf der Nürnberger Generalversammlung (1923) ein groß angelegtes Referat über *„Die Menschenrechte der farbigen Rassen – Probleme der Kolonialpolitik".*

Nimmt man noch hinzu, daß Goldscheid an der *„Deutschen Liga für Menschenrechte"* stets in tatkräftigster Weise mitarbeitete, so hat man eine Vorstellung davon, wie sehr er, der durch die österreichische Friedensbewegung schon so stark in Anspruch genommen war, die deutsche und internationale Friedensbewegung unterstützte. Er trat gewissermaßen die Nachfolge Alfred H. Frieds in der Friedensbewegung an, was auch äußerlich dadurch zum Ausdruck kam, daß Goldscheid 1921 an Stelle von Alfred H. Fried zum Mitglied des Rates des Internationalen Friedensbüros ernannt wurde. In stärkstem Maße setzte er seine Ideen und seinen Sinn für politische Zusammenarbeit zum Nutzen der Friedensbewegung ein. Immer kam er mit neuen Anregungen; immer wußte er durch die Lebendigkeit seines Vortrages die Stunden, in denen er sprach, zu einer nicht nur geistreichen, sondern höchst anspornenden Belehrung, zu einem wahren Erlebnis für die deutschen Pazifisten zu gestalten. Dabei vermochte er durch seine zahlreichen persönlichen Beziehungen, durch seine Kenntnis der politischen Verhältnisse, aber auch durch seinen liebenswürdigen Charakter und seine Überzeugungskraft viele Brücken von einem Lager zum anderen zu schlagen. Als Sozialist, als Soziologe, als Politiker sah er die Dinge oft von einem weiteren Horizonte als mancher nur in seinen Ideologien lebende Pazifist.

Ganz besondere Verdienste hat sich Rudolf Goldscheid um die

Fortsetzung der „Friedenswarte" nach Alfred H. Frieds allzu frühem Tode (4. Mai 1921) erworben. In jener Zeit waren die Verhältnisse für die Herausgabe einer Zeitschrift infolge der Inflation besonders ungünstig. Der „Neue Geist-Verlag", der den ersten, nach dem Kriege wieder in Deutschland erscheinenden Jahrgang der *„Friedenswarte"* herausgegeben hatte, erklärte nach langen Verhandlungen, er könne die Fortsetzung der Zeitschrift nur übernehmen, wenn die *„Friedenswarte"* zum Pflichtorgan der Deutschen Friedensgesellschaft gemacht würde, Es entstand eine gefährliche Krisis für die *„Friedenswarte"*. Mit aller Hingebung hat sich damals Goldscheid, stark unterstützt vor allem durch Walther Schücking und Ludwig Quidde, bemüht, für die Zeitschrift eine Subvention und einen Verleger zu finden. Erst ungefähr 1 ½ Jahre nach Frieds Tode war die neue Herausgabe der Zeitschrift gesichert. Sie erschien von 1923 bis 1925 im Verlage von C. A. Schwetschke & Sohn. Goldscheid hat die Redaktion bis Ende 1924 persönlich geleitet. Die bisherige Grundlage einer über den Richtungen der deutschen Friedensbewegung stehenden Zeitschrift wurde beibehalten und so wurde auch ermöglicht, die *„Friedenswarte"* zu einem Diskussionsmittelpunkte für alle Probleme des Pazifismus zu machen. Die Zeitschrift stand niemals rechts oder links. Sie suchte die Auffassung aller Gruppen zur Darstellung zu bringen. Dies konnte sie, weil sie niemals das erhabene Lächeln der rechtsstehenden Pazifisten über die Idealisten von links billigte und weil sie sich den Standpunkt der Revolutionären Pazifisten, daß der rechtsstehende Pazifismus im Grunde nur eine Abart des Militarismus sei, ebenso wenig zu eigen machte.

Es sei in diesem Zusammenhange hervorgehoben, daß Goldscheid seine Verehrung für Fried keineswegs nur durch sein Eintreten für die *„Friedenswarte"* zum Ausdruck brachte. Noch in vieler anderer Hinsicht suchte er das Andenken Frieds hoch zu halten. So gab er 1922 im „Neuen Geist-Verlag" unter dem Titel *„Alfred H. Fried, eine Sammlung von Gedenkblättern"* (in Gemeinschaft mit Therese Fried und Mundy Schwalb) eine Zusammenstellung von Urteilen hervorragender internationaler Persönlichkeiten über Frieds Bedeutung heraus. Man findet in diesem Buche Äußerungen von Max Huber, Chr. Lange, Charles Richet, Romain Rolland, Walther Schücking, Lord Weardale, Stefan Zweig u. a. über den großen Vorkämpfer des organisatorischen Pazifismus.

Von den vielen Anregungen, die Goldscheid im Laufe der Jahre gegeben hat, möchte ich schließlich noch nachdrücklich auf seinen Vorschlag der Errichtung von *„Lehrstühlen für Friedenswissenschaft"* hinweisen. In der „Friedenswarte" hat er sich mehrmals besonders (1923 S. 196, 383) für diesen Gedanken eingesetzt. Er führte einmal dazu aus: „Ist es nicht beschämend: Die Kriegswissenschaft steht bereits in vollster Blüte – bei der Friedenswissenschaft dagegen wirkt sogar der neue Begriff noch allzu verblüffend. Es ist bezeichnend für das Ganze der menschlichen Mentalität, daß nichts allgemein mehr überrascht und verwirrt als dasjenige, von dem man annehmen sollte, daß es wegen seiner Einfachheit und Selbstverständlichkeit einleuchtet".

Als einer, der nicht allein in Theorien, sondern gleichzeitig auch in der Wirklichkeit lebt, hat Goldscheid nie den billigen Standpunkt derer geteilt, die über den Völkerbund ablehnend urteilen. Er führte einmal aus, man könne hinsichtlich des Völkerbundes als einer Institution nur zu einer richtigen Beurteilung gelangen, wenn man sich weniger an das halte, was er bereits sei, als an das, was er im Verlaufe werden müsse. Deshalb müsse man sich auch in bezug auf Deutschlands Stellung im Völkerbunde nicht davon bestimmen lassen, wie sie bei seinem Eintritt beschaffen sei, sondern wie die Entwicklung sie naturgemäß gestalten werde.

So hat Goldscheid die deutsche Friedensbewegung in außerordentlich bedeutsamer und mannigfacher Weise gestützt und gefördert, Goldscheid gehört zu ihren entschiedensten und unermüdlichsten Vorkämpfern. Möge es ihm noch viele Jahre vergönnt sein, seine großen Fähigkeiten und seine Hingebung zum Nutzen der deutschen Friedensbewegung zu bewähren.

6. Goldscheids wissenschaftliche Veröffentlichungen

In den obigen Artikeln zur Feier des 60. Geburtstages Rudolf Goldscheids ist in erster Linie von der tapferen Persönlichkeit sowie der praktischen Betätigung unseres großen Mitkämpfers die Rede. Hinsichtlich der wissenschaftlichen Verdienste Rudolf Goldscheids verweisen wir unsere Leser vor allem auf die Lektüre der von ihm veröffentlichten Schriften und Aufsätze! […]

Bibliographie

SCHRIFTEN VON RUDOLF GOTTSCHEID

1. *Dichterische Werke*
(unter dem Pseudonym ‚Rudolf Golm')

1888 | *Lord Byron.* Ein Drama in einem Vorspiele und drei Aufzügen. Wien 1888.

1890 | *Die Logik der Gesellschaft.* Schauspiel in fünf Aufzügen. Berlin 1890.

1894 | *Das Einmaleins des Lebens.* Roman. Dresden/Leipzig 1894.

1895 | *Der alte Adam und die neue Eva.* Ein Roman unserer Übergangszeit. Dresden/Leipzig/Wien 1895.

1897 | *Ein falsches Liebeslied.* Novelle. Dresden/Leipzig/Wien 1897.

1899 | *Bäume, die in den Himmel wachsen.* Roman. Dresden/Leipzig 1899.

2. *Selbstständige philosophische, soziologische und politische Veröffentlichungen / Ausgaben der ‚Werke'*

1902 | *Zur Ethik des Gesamtwillens.* Eine sozialphilos. Untersuchung. Leipzig 1902.

1905 | *Grundlinien zu einer Kritik der Willenskraft.* Willenstheoretische Betrachtungen des biologischen, ökonomischen und sozialen Evolutionismus. Wien und Leipzig 1905. [https://archive.org]

1906 | *Der Richtungsbegriff und seine Bedeutung für die Philosophie.* Leipzig 1906.

1906 | *Verelendungs- oder Meliorationstheorie?* Berlin 1906.

1907 | *Soziologie und Geschichtswissenschaft.* Leipzig 1907.

1908 | *Entwicklungswerttheorie, Entwicklungsökonomie, Menschenökonomie.* Eine Programmschrift. Leipzig 1908.

1909 | *Darwin als Lebenselement unserer modernen Kultur.* Wien und Leipzig 1909.

1911 | *Höherentwicklung und Menschenökonomie.* Grundlegung der Sozialbiologie. (Philosophisch-soziologische Bücherei). Leipzig 1911.

1912 | *Friedensbewegung und Menschenökonomie.* Berlin und Leipzig 1912.

1913 | *Frauenfrage und Menschenökonomie.* Wien und Leipzig 1913.

1913 | *Monismus und Politik.* Vortrag gehalten auf der Magdeburger Tagung des Monistenbundes im Herbst 1912. Wien und Leipzig 1913.

1914 | *Das Verhältnis der äußern Politik zur innern.* Ein Beitrag zur Soziologie des Weltkrieges und Weltfriedens. Wien und Leipzig 1914.

1915 | *Deutschlands größte Gefahr.* Ein Mahnruf. Berlin 1915.

1915 | *Menschenökonomie als neuer Zweig der Wirtschaftswissenschaften.* München 1915.

1917 | *Finanzwissenschaft und Soziologie.* Jena 1917.

1917 | *Staatssozialismus oder Staatskapitalismus.* Ein finanzsoziologischer Beitrag zur Lösung des Staatsschulden-Problems. Wien 1917.

1918 | *Reine Vernunft und Staatsvernunft* (= Sonderdruck der drei letzten Kapitel aus „Zur Ethik des Gesamtwillens"). Leipzig und Wien 1918.

1919 | *Sozialisierung der Wirtschaft oder Staatsbankerott. Ein Sanierungsprogramm.* Leipzig und Wien 1919.

1919/1920 | *Grundfragen des Menschenschicksals.* Gesammelte Aufsätze. Leipzig / Wien: E. P. Tal & Co. Verlag 1919. [228 Seiten].

1921 | *Frauen, Freiheit und Friede.* (= Der Aufstieg. Neue Zeit- und Streitschriften Nr. 23/24). Leipzig 1921.

1928 | *Die generative Revolution.* (Jahrbuch der Weltliga für Sexualreform). London 1928.

1928 | *Steuerverwendung und Interessenpolitik.* (Reihe „Schriften des Vereins für Sozialpolitik", Bd. 174/1). München und Leipzig 1928.

2018 | *Rudolf Goldscheid: Entwicklungstheorie, Finanzsoziologie, Menschenökonomie.* Narrative einer anderen Soziologie. Herausgegeben und eingeleitet von Arno Bammé. Marburg: Metropolis 2018. [533 Seiten; Lesebuch].

2020 | *Rudolf Goldscheid – Werke.* Herausgegeben von Arno Bammé. Band 1 – 5. München / Wien: Profil 2020. (Band 1: *Zur Ethik des Gesamtwillens;* 600 Seiten. – Band 2: *Grundlinien zu einer Kritik der Willenskraft;* 256 Seiten. – Band 3: *Entwicklungswerttheorie, Entwicklungsökonomie, Menschenökonomie;* 272 Seiten. – Band 4: *Höherentwicklung und Menschenökonomie;* 756 Seiten. – Band 5: *Staatssozialismus oder Staatskapitalismus. Schriften zur Finanzsoziologie;* 416 Seiten).

3. Beiträge in Zeitungen, Zeitschriften und Sammelwerken
(Kleine Auswahl)

1904 | *Der Wille zum Schmerz. Ein psychologisches Paradoxon.* In: Wissenschaftliche Beilage zum siebzehnten Jahresbericht der Philosophischen Gesellschaft an der Universität zu Wien. Leipzig 1904.

1904 | *Über die Notwendigkeit willenstheoretischer Betrachtungsweise neben der erkenntnistheoretischen.* In: Wissenschaftliche Beilage zum siebzehnten Jahresbericht der Philosophischen Gesellschaft an der Universität zu Wien. Leipzig 1904.

1906 | *Der Richtungsbegriff und seine Bedeutung in der Philosophie.* In: Annalen der Naturphilosophie. Band 5. Leipzig 1906.

1907 | *Soziologie und Geschichtswissenschaft.* In: Annalen der Naturphilosophie. Band 7. Leipzig 1907.

1911 | (Anonym) *Höherentwicklung und Menschenökonomie.* In: Die Friedens-Warte, Juli 1911, S. 193-196.

1912 | *Krieg und Kultur. Die Lehren der Krise.* In: Die Friedens-Warte 14. Jg. (1912) H. 12 – Dezember, S. 441-446.

1912 | *Kulturperspektiven.* In: Annalen der Natur- und Kulturphilosophie. Band 12. Leipzig 1912.

1913 | *Beitrag zur Werturteilsdebatte im Verein für Socialpolitik (1913).* – Auch zugänglich in: R. GOLDSCHEID: *Entwicklungstheorie, Finanzsoziologie, Menschen-*

ökonomie. Narrative einer anderen Soziologie. Herausgegeben von Arno Bammé. Marburg 2018, S. 167-177.

1912 | *Kulturperspektiven.* In: Annalen der Natur- und Kulturphilosophie 12. Jg. (1913), S. 3-27.

1914 | *Bertha von Suttner.* Ein Nachruf. In: Arbeiter-Zeitung vom 23.6.1914.

1914 | (Anonym:) *Baronin Bertha Suttner.* Überführung nach Gotha. Kundgebungen der Teilnahme. In: Österreichische Volks-Zeitung vom 24.6.1914.

1914 | (Anonym:) *Das Leichenbegängnis der Baronin Suttner.* In: Neue Freie Presse vom 24.6.1914.

1914 | (Anonym:) *Das Leichenbegängnis der Baronin Suttner.* In: Neues Wiener Journal vom 24.6.1914.

1915 | *Garantien dauernden Friedens.* In: Arbeiter-Zeitung vom 23.2.1915.

1916 | *Unzeitgemäße Kant-Moral.* In: Arbeiter-Zeitung vom 6.2.1916.

1916 | *Die öffentliche Meinung.* In: Arbeiter-Zeitung vom 11.6.1916.

1917 | *Finanzwissenschaft und Soziologie.* In: Weltwirtschaftliches Archiv. Jena 1917.

1917 | *Friedensstrategie.* In: Arbeiter-Zeitung vom 23.6.1917.

1917 | *Das Buch der Suttner.* In: Arbeiter-Zeitung vom 28.6.1917.

1918 | *Friedensoffensiven und Friedensstrategie.* In: Arbeiter-Zeitung vom 5.7.1918.

1918 | *Wer soll die Kriegskosten zahlen?* Aus einem Vortrag. In: Arbeiter-Zeitung vom 18.4.1918.

1921 | *Die Stellung der Entwicklungs- und Menschenökonomie im System der Wissenschaften.* In: Kölner Vierteljahrshefte für Sozialwissenschaften, 1921, H. 1, S. 5-15.

1921 | *Frauen, Freiheit und Friede.* Vortrag gehalten in der österreichischen Friedensgesellschaft. Am 7. Mai 1921 in der Volkshalle des Wiener Rathauses. In: Der Aufstieg. Neue Zeit- und Streitschriften Nr. 23/24, 1921.

1921 | *Friedenstechnik und Internationalistik.* Ein Gedenkblatt für Alfred H. Fried. In: Arbeiter-Zeitung vom 10.7.1921.

1922 | *Vorwort.* In: Max Heller: Der bewaffnete Pazifismus. Leipzig /Wien 1922.

1923 | *Zur Einführung.* In: Die Friedens-Warte 23. Jg. (1923) H. 1/2 – Januar, S. 1-4.

1923 | *Weltreaktion und Pazifismus.* In: Die Friedens-Warte 23. Jg. (1923) H. 3 – März, S. 65-68.

1923 | *Internationalismus und Menschlichkeit.* In: Die Friedens-Warte 23. Jg. (1923) H. 4/5 – April/Mai, S. 109-111.

1923 | *Errichtet Lehrstühle für Friedenswissenschaft!* In: Die Friedens-Warte 23. Jg. (1923) H. 6 – Juni, S. 196.

1923 | *Befreiungsfrieden!* In: Die Friedens-Warte 23. Jg. (1923) H. 7/8 – Juli, S. 221-224.

1923 | *Die Sabotage der Verständigung.* In: Die Friedens-Warte 23. Jg. (1923) H. 7/8 – Juli, S. 255-257.

1923 | *Die neue Internationale.* In: Die Friedens-Warte 23. Jg. (1923) H. 6 – Juni, S. 191-194.

1923 | *Der Glaube an die Gewalt.* In: Die Friedens-Warte 23. Jg. (1923) H. 9/10 – September/Oktober, S. 289-293.

1923 | *Die Kapitulation und der Kampf gegen die Demokratie.* In: Die Friedens-Warte 23. Jg. (1923) H. 9/10 – September, S. 302-308.

1923 | *Die Fortschritte der Friedenspolitik und das Wettrüsten gegen die historische Ent-wicklung.* In: Die Friedens-Warte 23. Jg. (1923) H. 11/12 – Nov., S. 357-360.

1923 | *Der internationale Kongreß der Liga für Menschenrechte.* In: Die Friedens-Warte 23. Jg. (1923) H. 11/12 – November, S. 365-368.

1924 | *Die Verfolgung Quiddes wegen Landesverrat.* In: Die Friedens-Warte, 24. Jg. 1924 (H. 1/3 – Januar/März), S. 2-4.

1924 | *Das Jubiläum des Weltkrieges und die Parole: Nie wieder Krieg!* In: Die Friedens-Warte 24. Jg. (1924) H. 4/7 – April/Juli, S. 101-103.

1924 | *Nochmals: Die Wechselbeziehungen zwischen äußerer und innerer Politik.* In: Die Friedens-Warte 24. Jg. (1924) H. 4/7 – April/Juli, S. 124-128.

1924 | *Geburtenregelung und Menschenökonomie in der kapitalistischen Gesellschaft.* In: Der Kampf (sozialdemokratische Monatsschrift), 17. Jg. (1924), H. 8, S. 314-321.

1925 | *Staat, öffentlicher Haushalt und Gesellschaft. Abriß der Finanzsoziologie.* In: „Handbuch der Finanzwissenschaft". Tübingen 1925.

1926 | *Menschenrechte und Menschenökonomie.* In: Die Menschenrechte, 1. Jg. (1926), H. 6, S. 1 ff.

1926 | *Für die Vereinigten Staaten von Europa !* In: Die Menschenrechte, 1. Jg. (1926), H. 7, S. 1 ff.

1926 | *Der Ausbau des Paktes von Locarno und der Zusammenschluß Europas.* In: Die Friedens-Warte 26. Jg. (1926) H. 9 – September, S. 270-273.

1926 | *Staat, Öffentlicher Haushalt und Gesellschaft.* Wesen und Aufgabe der Finanzwissenschaft vom Standpunkte der Soziologie. In: W. Gerloff / F. Neumark (Hg.): Handbuch der Finanzwissenschaft. Band 1. Tübingen 1926.

1926 | *Weltorganisation.* In: Strupps „Wörterbuch des Völkerrechts und der Diplomatie". Berlin 1926.

1927 | *Naturrecht.* In: Verhandlungen des Fünften Deutschen Soziologentages vom 26. bis 29. September 1926 in Wien. Tübingen 1927.

1929 | *Weltorganisation.* In: Karl Strupp (Hg.): Wörterbuch des Völkerrechts und der Diplomatie. Band 3. Berlin und Leipzig 1929, S. 484-496.

1931 | *Menschenökonomie.* In Ludwig Heyde / Heinz Potthoff (Hg.): Der wirtschaftliche Wert der Sozialpolitik. Eine Sammelschrift. Jena 1931, S. 19-54.

1931 | *Zur Geschichte der Sexualmoral.* Sonderdruck aus Herbert Steiner (Red.). Sexualnot und Sexualreform. Verhandlungen der Weltliga für Sexualreform am IV. Kongress zu Wien vom 16. bis 23. September 1930. Wien 1931.

1932 | *Aufruf zum Schutz der menschlichen Vernunft.* In: Die Stimme der Vernunft 17. Jg. (1932), Nr. 1, S. 1-2.

1932 | *Die Zukunft der Gemeinschaft.* In: Festschrift für Carl Grünberg. Leipzig 1932, S. 112-151.

1932 | *Menschenökonomie.* In: Ludwig Heyde (Hg.): Internationales Handbuch des Gewerkschaftswesens. Zweiter Band. Berlin 1932, S. 1114-1123.

ANDERSON 1990 = Harriet Anderson: *„Mir wird es immer unmöglicher, die Männer als die Feinde der Frauensache zu betrachten …".* In: Heide Dienst / Edith Saurer (Hg.): „Das Weib existiert nicht für sich." Geschlechterbeziehungen in der bürgerlichen Gesellschaft. Wien: Verlag für Gesellschaftskritik 1990.

ASH/STIFTER 2002 = Mitchell G. Ash / Christian Stifter (Hg.): *Wissenschaft, Politik und Öffentlichkeit.* Von der Wiener Moderne bis zur Gegenwart. Wien 2002.

BAMMÉ 2020 = Arno Bammé: *Rudolf Goldscheid. Eine Einführung.* Marburg: Metropolis-Verlag 2020. [169 Seiten].

BAMMÉ 2021 = Arno Bammé: *Ferdinand Tönnies und Rudolf Goldscheid.* Zur Aktualität frühmoderner Soziologen. Maburg: Metropolis-Verlag 2021.

BISTER 2002 = Feliks J. Bister: *Rudolf Goldscheid und die Österreichische Liga für Menschenrechte.* In: Mitchell G. Ash (Hg.): Wissenschaft, Politik und Öffentlichkeit: von der Wiener Moderne bis zur Gegenwart. (= Wiener Vorlesungen Band 12). Wien: WUV Universitätsverlag 2002, S. 321-328.

BLOSSFELD 1913 = *Der Magdeburger Monistentag. 6. Hauptversammlung des Deutschen Monistenbundes vom 6.-9. September 1912.* Herausgegeben im Auftrag des Vorstandes des Deutschen Monistenbundes von Willy Blossfeld. München: Reinhardt 1913, S. 64. (Erwähnung).

EXNER 2004 = Gudrun Exner: *Rudolf Goldscheid (1870–1931) and the Economy of Human Beings.* A new point of view on the decline of fertility in the time of the first demographic transition. In: Vienna Yearbook of Population Research, Volume 2. Wien: Vienna Institute of Demography 2004, S. 283-301.

EXNER 2013 = Gudrun Exner: *Die „Soziologische Gesellschaft in Wien" (1907-1934) und die Bedeutung Rudolf Goldscheids für ihre Vereinstätigkeit.* Wien 2013.

EXNER 2014 = Gudrun Exner: ‚Goldscheid, Rudolf; Ps[eudonym]. Golm Rudolf (1870-1931), *Soziologe und Schriftsteller.'* In: Österreichisches Biographisches Lexikon ab 1815. 2. überarbeitete Auflage. Online-Ausgabe: www.biographi en.ac.at/oebl/oebl_G/Goldscheid_Rudolf_1870_1931.xml?frames=yes

FLECK 1990 = Christian Fleck: *Rund um „Marienthal".* Von den Anfängen der Soziologie in Österreich bis zu ihrer Vertreibung, Wien 1990. (Erwähnungen).

FLEISCHHACKER 1996 = Jochen Fleischhacker: *Wandel generativer Verhaltensmuster im 20. Jahrhundert.* Eine Betrachtung der bevölkerungstheoretischen Diskurse des Soziologen Rudolf Goldscheid. In: Mitteilungen aus der kulturwissenschaftlichen Forschung 19 (1996), Nr. 37, S. 54-68.

FLEISCHHACKER 2000 = Jochen Fleischhacker: *Rudolf Goldscheid. Soziologe und Geisteswissenschaftler im 20. Jahrhundert.* Eine Porträtskizze. In: AGSÖ | Archiv für die Geschichte der Soziologie in Österreich. Newsletter Nr. 20 (Graz, Juni 2000), S. 3-14.

FLEISCHHACKER 2002 = Jochen Fleischhacker: *Menschen- und Güterökonomie.* Anmerkungen zu Rudolf Goldscheids demoökonomischen Gesellschaftsentwurf. In: Mitchell G. Ash (Hg.): Wissenschaft, Politik und Öffentlichkeit: von der Wiener Moderne bis zur Gegenwart. (=Wiener Vorlesungen Band 12). Wien: WUV Universitätsverlag 2002, 207-229.

FRIEDENS-WARTE 1930 = *Zu Rudolf Goldscheids 60. Geburtstag* (12. August 1930)! [Von Georg Graf Arco, Friedrich Hertz, Rosa Mayreder, Walther Schücking und Hans Wehberg]. In: Die Friedens-Warte 30. Jahrgang, Heft 7/8 (Juli/August 1930), S. 193-202.

FRITZ/MIKL-HORKE 2007 = Wolfgang Fritz / Gertraude Mikl-Horke: *Rudolf Goldscheid. Finanzsoziologie und ethische Sozialwissenschaft.* Wien/Berlin/Münster: LIT-Verlag 2007. [253 Seiten].

HALLER 2028 = Max Haller (Hg.): *Aktuelle Probleme der Finanzsoziologie.* Die Fragestellungen von Rudolf Goldscheid heute. (= Beiträge der Wiener Gesellschaft für Soziologie, Band 1). Wien: LIT-Verlag 2018.

HANSEL 2004 = Karl Hansel (Hg.): *Rudolf Goldscheid und Wilhelm Ostwald in ihren Briefen.* (= Mitteilungen der Wilhelm-Ostwald-Gesellschaft zu Großbothen e.V., Sonderheft 21). Großbothen 2004.

HICKEL 1976 = Rudolf Hickel (Hg.): *Rudolf Goldscheid, Joseph Schumpeter.* – Die Finanzkrise des Steuerstaats. Beiträge zur politischen Ökonomie der Staatsfinanzen. Erste Auflage. Frankfurt 1976.

HOFER 2002 = Veronika Hofer: *Rudolf Goldscheid, Paul Kammerer und die Biologen des Prater-Vivariums in der liberalen Volksbildung der Wiener Moderne.* In: Mitchell G. Ash (Hg.): Wissenschaft, Politik und Öffentlichkeit: von der Wiener Moderne bis zur Gegenwart. (= Wiener Vorlesungen, Band 12). Wien: WUV Universitätsverlag 2002, S. 149-184.

HONIGSHEIM 1959 = Paul Honigsheim: *Die Gründung der Deutschen Gesellschaft für Soziologie.* In: Kölner Zeitschrift für Soziologie und Sozialpsychologie. Neue Folge der Kölner Vierteljahreshefte für Soziologie (Opladen), 11. Jahrgang (1959), S. 8 f. (Erwähnung).

KAZIANSCHÜTZ 2008 = Stefan Kazianschütz: *Biologie und Legitimation.* Die Heterogenität des Biologismusdiskurses an der Schwelle zum 20. Jahrhundert. Dargestellt am Beispiel ausgewählter Personen. Diplomarbeit zur Erlangung des akademischen Grades eines Magisters der Philosophie an der Geisteswissenschaftlichen Fakultät der Karl-Franzens-Universität Graz, 2008. [Online-Ausgabe: https://unipub.uni-graz.at/obvugrhs/download/pdf/205600?originalFilename=true] [Zu Goldscheid ebd., S. 48-60].

KNOLL 1964 = August Maria Knoll: ‚Goldscheid, Rudolf.‘ In: Neue Deutsche Biographie 6 (1964), S. 607-608. [Online-Version: https://www.deutsche-biographie.de/pnd116754796.html#ndbcontent]

KÖRNER 1976 = Erich Körner: *Ein halbes Jahrhundert im Dienst der Menschheit.* Grundlagen und Entwicklung der ‚Österreichischen Liga für Menschenrechte'. Teil I. In: Das Menschenrecht. Offizielles Organ der österreichischen Liga für Menschenrechte (Wien), 31. Jahrgang (1976), Nr. 4, S. 4. (Erwähnung).

LEHMANN-RUßBÜLDT 1927 = Otto Lehmann-Rußbüldt: *Der Kampf der Deutschen Liga für Menschenrechte für den Weltfrieden,* Berlin: Hensel & Company 1927, S. 54. (Erwähnung).

MIKL-HORKE 2004 = Gertraude Mikl-Horke: *Max Weber und Rudolf Goldscheid.* Kontrahenten in der Wendezeit der Soziologie. In: Sociologia Internationalis 42 (2004), S. 265-286.

NEEF 2014 = Katharina Neef: Rezension zu: *„Fritz, Wolfgang; Mikl-Horke, Gertraude: Rudolf Goldscheid. Finanzsoziologie und ethische Sozialwissenschaft.* Wien 2007, ISBN 978-3-7000-0521-6 / *Peukert, Helge: Rudolf Goldscheid: Menschenökonom und Finanzsoziologe.* Frankfurt am Main 2009, ISBN 978-3-631-59436-0". In: H-Soz-Kult, 10.02.2014, https://www.hsozkult.de/publicationreview/id/ reb-11626.

NEEF 2018 = Katharina Neef: *Rudolf Goldscheids Menschenökonomie.* Biopolitik und soziale Revolution. In: Albert Dikovich / Alexander Wierzock (Hg.): Von der Revolution zum neuen Menschen. Stuttgart: Franz Steiner Verlag 2018, S. 201-218.

PEUKERT 2009 = Helge Peukert: *Rudolf Goldscheid. Menschenökonom und Finanzsoziologe.* Frankfurt a. M.: Lang 2009. [130 Seiten].

STADLER 1997 = Friedrich Stadler: *Studien zum Wiener Kreis.* Ursprung, Entwicklung und Wirkung des Logischen Empirismus im Kontext. Frankfurt a. M.: Suhrkamp 1997, S. 215. (Erwähnung).

STEKELER-WEITHOFER 2011 = Pirmin Stekeler-Weithofer u. a. (Hg.): *An den Grenzen der Wissenschaft.* Die Annalen der Naturphilosophie und das natur- und kulturphilosophische Programm ihrer Herausgeber Wilhelm Ostwald und Rudolf Goldscheid. Leipzig 2011.

TÖNNIES 1932/1998= Ferdinand Tönnies: *Rudolf Goldscheid* (1870–1931) [Nekrolog 1932]. In: Ferdinand Tönnies – Gesamtausgabe Band 22. 1932–1936. Berlin/New York: Walter de Gruyter 1998, S. 308-314.

WITRISAL 2004 = Georg Witrisal: *Der ,Soziallamarckismus' Rudolf Goldscheids.* Ein milieutheoretischer Denker zwischen humanitärem Engagement und Sozialdarwinismus. = Diplomarbeit, Universität Graz 2004.[Online-Ausgabe ehedem: www.witrisal.at/goldscheid/rudolf_goldscheids_soziallamarckismus. pdf ; 2024 nicht mehr aufrufbar].

Ernst Toller
Nie wieder Friede

Eine bittere Komödie über Militarismus
und Antipazifismus aus dem Jahr 1936

Norderstedt: BoD 2014. – ISBN: 9783758382468
(Paperback; 140 Seiten; 7,80 Euro)

Über Nacht haben Militarismus und Kriegsertüchtigung wieder die Kontrolle über das öffentliche Leben übernommen. Noch gestern hatte man den Ewigen Frieden in der Verfassung beurkundet und sich stolz gebrüstet, bei den ‚Lehren aus der Geschichte‘ alle anderen zu überflügeln. Doch jetzt bläst dieselbe Fraktion zur Hetze gegen die ‚Lumpenpazifisten‘, bringt Militainment zur besten Sendezeit und setzt eine gigantische Aufrüstung der Waffenarsenale ins Werk. Die angestrebte Weltmeisterschaft gilt nunmehr dem Sektor der Totmach-Industrien.

Ernst Tollers bittere Komödie „Nie wieder Friede" (1934/36) klärt uns auf, wie so etwas möglich ist. Das falsche Friedensplakat trug auf seiner Rückseite immer schon die Parole für neue Kriegsabenteuer: „Man muß es nur umdrehen." Ob Kosmopolitismus oder nationale Weltgeltung, ob Freiheitspredigt oder autoritäre Staatspolitik, ob Krieg oder Frieden – das entscheidet sich stets an der jeweiligen Lageeinschätzung der Besitzenden und Herrschenden. Zu folgen ist den Einflüsterungen der Kriegsprofiteure.

Wer wird beim Experiment zur Kriegstauglichkeit der Erdenbewohner gewinnen: Soldatenkaiser Napoleon oder Franziskus aus Assisi? Der Verfasser des hochaktuellen Bühnenstücks war linker Pazifist mit jüdischer Herkunft. Damit passte er gleich dreimal ins Feindbildvisier der Nazis. 1933 setzte NS-Deutschland Toller auf die allererste Ausbürgerungsliste und warf seine Werke ins Feuer. Nach neun Jahrzehnten sollten wir die „verbrannten Bücher" wieder unter die Leute bringen, denn der Militarismus scheint unausrottbar zu sein.

Zu den Beigaben dieser friedensbewegten Edition gehören acht Kapitel aus Tollers Autobiographie „Eine Jugend in Deutschland" (1933), die Schluß-Szene des Dramas „Hinkemann" (1923) und eine Warnung des Schriftstellers vor dem deutschen Faschismus aus der ‚Weltbühne‘ vom Oktober 1930.

Ein Band der *edition pace*,
herausgegeben von Peter Bürger

Johann von Bloch
Die wahrscheinlichen politischen und wirtschaftlichen Folgen eines Krieges zwischen Großmächten

Neuedition der Übersetzung von 1901 mit Begleittexten von
B. Friedberg, Manfred Sapper und Jürgen Scheffran

(*Regal*: *Pazifisten & Antimilitaristen aus jüdischen Familien* 1)
Norderstedt: Bod 2024. – ISBN: 978-3-7597-2313-0
(edition pace – Paperback; 176 Seiten; 9,90 Euro)

Der russische Staatsangehörige und Eisenbahnmagnat Johann von Bloch (1836-1902), aufgewachsen in Polen als Sohn einer ärmlichen jüdischen Handwerkerfamilie, veröffentlichte 1898 in sechs Bänden sein in mehrere Sprachen übersetztes monumentales Werk über den modernen Krieg im Industriezeitalter – ein „Klassiker der Friedensforschung" (M. Sapper). Der vorliegende Band enthält eine erst nach der Jahrhundertwende erschienene kleine Arbeit *„Die … Folgen eines Krieges zwischen Großmächten"* (Übersetzung: Berlin 1901) sowie drei ausführliche Begleittexte zu Blochs pazifistischem Wirken.

Im Juli 1919 schrieb Dr. B. Friedberg in der jüdischen Monatsschrift Ost und West rückblickend: Die Anstifter des Weltkrieges „werden sie sich nicht damit entschuldigen können, sie wären nicht gewarnt worden; denn Gott wird zu ihnen sprechen: Habe ich nicht Propheten zu euch geschickt, die euch zur Umkehr und zum Frieden mahnten … Es war etwas ganz Neues, bis dahin Unerhörtes, als im Jahr 1899 aus den Reihen der *Wirklichkeitsmenschen*, der Führer und Organisatoren des europäischen Wirtschaftslebens dem Völkerfrieden ein mächtiger Fürsprecher, dem Kriege ein heftiger und unerbittlicher Gegner erstand, nämlich *Johann von Bloch*, der wirkliche Urheber der *Haager Friedenskonferenzen*."

In seinen Studien zum Krieg der Zukunft „wollte Bloch nicht nur beschreiben, er wollte den Gang der Geschichte auch beeinflussen. … Die Analysen Blochs wurden mit geradezu unerbittlicher Präzision im Ersten Weltkrieg bestätigt. Viele Überlegungen zum Krieg wie zum Frieden bleiben bis heute aktuell. Die Vernichtungswirkung der Waffentechnik wurde gegenüber dem Ersten Weltkrieg ins Unermessliche gesteigert und führte zum Totalen Krieg, der ganze Gesellschaften erfasste … Damit Krieg unmöglich wird, gilt es …, die zum Kriege drängenden Sachzwänge zu vermeiden und alternative Entscheidungsspielräume zu schaffen. Hierzu gehört, den Bedingungen für einen neuen großen Krieg entgegen zu wirken …" (*Jürgen Scheffran*).

edition pace

Begründet von Thomas Nauerth
und Peter Bürger

John Dear
EIN MENSCH DES FRIEDENS
UND DER GEWALTFREIHEIT WERDEN
Ausgewählte Aufsätze und Reden.
Norderstedt: BoD 2018 – ISBN: 978-3-7460-8898-3

Heinrich Missalla
„GOTT MIT UNS"
Die deutsche katholische Kriegspredigt 1914-1918.
Norderstedt: BoD 2018 – ISBN: 978-3-7528-1568-9

Christian Weisner / Friedhelm Meyer / Peter Bürger (Hg.)
„GEDENKT DER HEILIGSPRECHUNG VON OSCAR ROMERO
DURCH DIE ARMEN DIESER ERDE"
Dokumentation des Ökumenischen Aufrufes
zum 1. Mai 2011 – Zuschriften – Lesesaal.
Norderstedt: BoD 2018 – ISBN: 978-3-7460-7979-0

Reinhard J. Voß
DIE KATHOLISCHE KIRCHE IN DER DR KONGO
IM KONTEXT VON GESELLSCHAFT UND ÖKUMENE.
Norderstedt: BoD 2019 – ISBN: 978-3-7481-4482-3

Matthias-W. Engelke
ZELT DER FRIEDENSMACHER
Die christliche Gemeinde
in Friedenstheologie und Friedensethik.
Norderstedt: BoD 2019 – ISBN: 978-3-7494-3645-3

IM SOLD DER SCHLÄCHTER
Texte zur Militärseelsorge im Hitlerkrieg
Hg. von R. Schmid, Th. Nauerth, M.-W. Engelke, P. Bürger.
Norderstedt: BoD 2019 – ISBN: 978-3-7481-0172-7

John Dear
GEWALTFREI LEBEN
Aus dem Englischen von Ingrid von Heiseler,
herausgegeben von Thomas Nauerth.
Norderstedt: BoD 2019 – ISBN: 978-3-7494-5179-1

DIE SEELEN RÜSTEN
Zur Kritik der staatskirchlichen Militärseelsorge
Hg. von R. Schmid, Th. Nauerth, M.-W. Engelke, P. Bürger.
Norderstedt: BoD 2019 – ISBN: 978-3-7494-6804-1

Peter Bürger
OSCAR ROMERO, DIE SYNODALE KIRCHE
UND ABGRÜNDE DES KLERIKALISMUS
Zum 40. Todestag des Lebenszeugen aus El Salvador.
Norderstedt: BoD 2020 – ISBN: 978-3-7504-9377-3

Ullrich Hahn
VOM LASSEN DER GEWALT
Thesen, Texte, Theorien
zu Gewaltfreiem Handeln heute.
Hg. von Annette Nauerth & Thomas Nauerth.
Norderstedt: BoD 2020 – ISBN: 978-3-7519-4442-7

Wilhelm Wille
SIE SAGEN FRIEDE, FRIEDE …
Zwanzig Jahre Forum Friedensethik
in der Evangelischen Landeskirche in Baden (FFE).
Norderstedt: BoD 2020 – ISBN: 978-3-7526-2956-9

Thomas Nauerth /
Ökumenisches Institut für Friedenstheologie (Hg.)
WAS IST FRIEDENSTHEOLOGIE ? EIN LESEBUCH.
Norderstedt: BoD 2020 – ISBN: 978-3-7526-4444-9

George Pattery S.J.
GANDHI ALS GLAUBENDER
Eine indisch-christliche Sichtweise.
Aus dem Englischen von Ingrid von Heiseler.
Herausgegeben von Klaus Hagedorn & Thomas Nauerth.
Norderstedt: BoD 2021 – ISBN: 978-3-7557-0056-2

Ulrich Frey
AUF DEM WEG DER GERECHTIGKEIT UND DES FRIEDENS
Texte aus drei Jahrzehnten.
Herausgegeben von Gottfried Orth.
Norderstedt: BoD 2022 – ISBN: 978-3-7543-8569-2

Thomas Nauerth / Annette M. Stroß (Hg.)
IN DEN SPIEGEL SCHAUEN
Friedenswissenschaftliche Perspektiven für das 21. Jahrhundert.
Ein Lesebuch mit Texten von Egon Spiegel.
Norderstedt: BoD 2022 – ISBN: 978-3-7562-2081-6

Jochen Vollmer
„FRIEDENSKIRCHE WERDEN – ANKOMMEN IM
POSTKONSTANTINISCHEN ZEITALTER".
Friedenstheologische Beiträge zur Entgiftung von Kirche und Glauben.
In Zusammenarbeit mit dem OekIF, hg. von Matthias-W. Engelke.
Norderstedt: BoD 2023 – ISBN: 978-3-7583-0420-0

Gottfried Orth (Hg.)
… DASS GERECHTIGKEIT UND FRIEDEN SICH KÜSSEN
Helmut Gollwitzer (1908-1993).
Norderstedt: BoD 2024 – ISBN: 978-3-7583-7214-8

Alfred Hermann Fried
GESCHICHTE DER FRIEDENSBEWEGUNG.
Eine Darstellung zum Pazifismus bis 1912.
(Regal: Geschichte der Friedensbewegung 1)
Norderstedt: BoD 2024 – ISBN 978-3-7597-0334-7

Ludwig Quidde
UBER MILITARISMUS UND PAZIFISMUS.
Vier friedensbewegte Texte aus den Jahren 1893-1926.
(Regal: Geschichte der Friedensbewegung 2)
Norderstedt: BoD 2024 – ISBN 978-3-7597-0320-0

Richard Barkeley
DIE DEUTSCHE FRIEDENSBEWEGUNG 1870-1933.
Unveränderter Text der Darstellung von 1947 – Bibliographie.
(Regal: Geschichte der Friedensbewegung 3)
Norderstedt: BoD 2024 – ISBN 978-3-7597-0405-4

Eberhard Bürger
FRIEDENSBEWEGUNGEN IN DER ÖKUMENE
UM DIE ZEIT DES ERSTEN WELTKRIEGS – EIN ÜBERBLICK
(Regal zur Geschichte des Pazifismus 4)
Norderstedt: BoD 2024 – ISBN 978-3-7597-0660-7

Dieter Riesenberger
DIE KATHOLISCHE FRIEDENSBEWEGUNG IN DER WEIMARER REPUBLIK.
Neuedition der Auflage von 1976.
Mit einem Vorwort von Walter Dirks und einem
Nachruf für Dieter Riesenberger von Helmut Donat.
(Regal: Geschichte der Friedensbewegung 5)
Norderstedt: BoD 2024 – ISBN 978-3-7597-0649-2

David Low Dodge
KRIEG IST MIT DER RELIGION JESU CHRISTI UNVEREINBAR.
Eine pazifistische Pionierschrift aus dem Jahr 1812,
mit einer Einführung von Edwin D. Mead –
aus dem Englischen von Ingrid von Heiseler.
(Regal: Geschichte der Friedensbewegung 6)
Norderstedt: BoD 2024 – ISBN: 978-3-7597-3038-1

Erasmus von Rotterdam
ALLE MÜSSEN DEN KRIEG VERLÄSTERN
„Die Klage des Friedens" 1517, übersetzt von Rudolf Liechtenhan –
mit einem Vorwort von Eugen Drewermann
Norderstedt: BoD 2024 – ISBN: 978-3-7583-8178-2

Johann von Bloch
DIE WAHRSCHEINLICHEN POLITISCHEN UND WIRTSCHAFTLICHEN
FOLGEN EINES KRIEGES ZWISCHEN GROßMÄCHTEN.
Neuedition der Übersetzung von 1901 mit Begleittexten
von B. Friedberg, Manfred Sapper und Jürgen Scheffran
(Regal: Pazifisten & Antimilitaristen aus jüdischen Familien 1)
Norderstedt: Bod 2024 – ISBN: 978-3-7597-2313-0

Rudolf Goldscheid
MENSCHENÖKONOMIE, WELTKRIEG UND WELTFRIEDEN
Ausgewählte Schriften 1912 – 1926
(Regal: Pazifisten & Antimilitaristen aus jüdischen Familien 2)
Norderstedt: Bod 2024 – ISBN: 978-3-7597-7885-7

edition pace

Die hier fortgesetzte *edition pace,*
initiiert von Thomas Nauerth und Peter Bürger,
erschließt Quellentexte, Inspirationen & Forschungsbeiträge
zu folgenden Themenschwerpunkten:

Kultur der Gewaltfreiheit und des Friedens;
Persönlichkeiten, Spiritualität und Praxis
des gewaltfreien Widerstands;
Friedenstheologie, Kritik der Kriegsreligion;
Kirchliche Friedenslehren und Geschichte des
religiös motivierten Pazifismus;
Ökumenische und interreligiöse Lernprozesse
in der Bewegung für Gerechtigkeit, Frieden und
Bewahrung der Schöpfung.

Ergänzend:
Regal zur Geschichte der Friedensbewegung.

Regal: Pazifisten & Antimilitaristen
aus jüdischen Familien.

Buchausgaben:
https://buchshop.bod.de/
(Suchfunktion | Eingabe: *edition pace*)